Zum Schweigen gezwungen

Vicky Jaggers
mit Helen Roberts

Zum Schweigen gezwungen

Vom Bruder missbraucht – schwanger mit 12

Aus dem Englischen von Usch Pilz

Weltbild

Die englische Originalausgabe erschien 2009 unter dem Titel *Silenced*
bei Hodder & Stoughton Ltd, London.

Besuchen Sie uns im Internet:
www.weltbild.de

Übersetzung: Usch Pilz
Lektorat: lüra – Mues & Klemt GbR, Wuppertal
Umschlaggestaltung: zeichenpool, München
Umschlagmotiv: Getty Images, München (© Don Smith)
Druck und Bindung: GGP Media GmbH, Pößneck
Printed in the EU
ISBN 978-3-8289-2976-0

2016 2015 2014
Die letzte Jahreszahl gibt die aktuelle Ausgabe an.

Für Kirsty, Mum und Tante Chris

Danke

Ich möchte diese Gelegenheit nutzen, um Helen Roberts zu danken, denn ohne ihre Hilfe, ihre Unterstützung und Einfühlsamkeit hätte ich nicht die Kraft gefunden, meine Lebensgeschichte mit Ihnen, liebe Leserinnen und Leser, zu teilen. Dafür, dass Helen an mich glaubte, werde ich ihr ewig dankbar sein – genau wie meiner Familie, den Menschen, für die ich lebe. Sie geben meinem Leben seinen Wert. Weil ich durch sie eine Zukunft habe, kann die Vergangenheit verblassen. An der Seite meines Mannes Kelly und umgeben von meinen Kindern und Enkeln habe ich inzwischen das Gefühl, alles schaffen zu können. Erwähnen möchte ich hier auch, was für ein besonderer Mensch mein Vater war. Er wird stets in meinen Gedanken und in meinem Herzen sein.

Ein herzliches Dankeschön geht an alle bei Hodder, die dieses Buch ermöglicht haben. Ich hoffe, meine Geschichte wird anderen helfen, die Kraft zu finden, sich den Problemen in ihrem Leben zu stellen.

Inhalt

Prolog 11
Frühe Tage 17
Weiterziehen 30
Warnsignale 39
Angst 65
Verlorene Unschuld 84
Wehrlos und voller Ekel 92
Sicher und wohlbehalten 118
Mein wunderschönes Baby 145
Erwachsenwerden 163
Das wahre Gesicht 187
Der Prozess und die Folgen 215
Auf Wiedersehen, Dad 232
Eine schöne Hochzeit 273
Gift 284
Die Wahrheit muss ans Licht 301
Benommen 313
Bewältigungsarbeit 332
Kirsty und Danny 352
Den Mund aufmachen 366
Epilog 377

Prolog

Manchmal fühlte ich mich, als wäre ich hinter der Stille verschwunden. Mein dunkles, schändliches Geheimnis hatte mir alles genommen. An anderen Tagen war das Leben so schwer, dass ich meinte, unter der Last zerbrechen zu müssen, weil mein Geheimnis mich zu vergiften drohte. Nur eines war ganz sicher: Die Zeit drängte. Immer gefährlicher, immer schamloser wurden seine brutalen Taten – und was ich wusste, konnte ihn für alle Zeiten hinter Gitter bringen.

Der Tag vor dem Prozess war einer der schwersten, die ich je überstehen musste. Im Rückblick stelle ich mir vor, wie alles hätte anders werden können, wenn ich eher geredet hätte. Aber ein einziger Blick in Mutters Gesicht sagte mir, dass das unmöglich war. Es gibt Worte, die man nie wieder zurücknehmen kann, und es gibt Dinge, die eine Mutter nie erfahren sollte.

»Um Himmels willen, Vicky, er gehört zur Familie. Vielleicht wart ihr nie die besten Freunde, aber er ist dein Fleisch und Blut, und wir sind alles, was er hat.« Sie stand am Küchenfenster und starrte hinaus. »Dich zu sehen würde ihm so viel bedeuten.«

»Mum, ich würde ja hingehen, das weißt du ...« Mit rasendem Herzen und schweißnasser Stirn suchte ich nach einer Ausrede. Doch Mum war zu angespannt, um das zu bemerken.

»Ich habe nie verstanden, warum ihr beiden nicht miteinander auskommen konntet. Er muss furchtbare Angst haben.«

»Im Moment habe ich so viel Arbeit mit Kirsty ...«, sagte ich lahm. Sie fing an zu weinen.

»Warum sehen die denn nicht, dass es ein Unfall war? Ein tragischer, dummer Unfall.«

Wie sehr Mom David vergötterte, wusste ich. Aber sicher würde ihr der Prozess doch die Augen öffnen und ihr zeigen, was für ein Monster ihr Sohn war? Wie konnte sie ihn immer noch lieben und ihm vertrauen, wo doch inzwischen die ganze Welt wusste, dass Blut an seinen Händen klebte? Ich wollte sie schütteln, umarmen, ihr die Liebe zu ihm ausreden. Doch das einzige Argument, das ich hatte, musste ich ihr verschweigen. So hatte ich es mir für alle Zeit geschworen.

Es war Jahre her, seit ich diesen Pakt mit mir geschlossen hatte. Damals, als mir meine Kindheit entrissen worden war, hatte ich mir selbst versprochen, dass niemand sonst unter dem leiden sollte, was David getan hatte. Was immer auch geschah – ich würde nicht zulassen, dass er unsere Familie zerstörte.

Doch während meine Familie eine Lüge lebte, kam jemand zu Schaden. Auf schwerste Weise. David hatte Helen für immer zum Schweigen gebracht. Wollte ich wirklich zulassen, dass er mit mir dasselbe tat?

Ich holte tief Luft. Zum tausendsten Mal fragte ich mich, ob ich die richtigen Worte finden und mein Schweigen brechen konnte. Doch ein einziger Blick auf Mum sorgte dafür, dass sie mir im Hals stecken blieben. Sie wirkte so zerbrechlich, als könnte ein Windhauch sie umwerfen. Auf gar keinen Fall konnte ich ihr und meinem geliebten Vater noch mehr zumuten. Sie hatten bereits so viel ertragen müssen, und ich wusste, dass sie an meinem Geheimnis zerbrechen würden. Damit würde ich einen Sturm der Gewalt entfesseln, der alles zerstören und zu Staub zermahlen konnte, was in unserem Leben jemals gut gewesen war.

So schob ich wieder einmal den Riegel vor die Tür, hinter der sich die Wahrheit verbarg, und suchte nach einer Ausflucht.

»Ich und Kirsty sind ihm doch gar nicht so wichtig. Er will dich sehen und Dad .... Er ist doch ein großer Junge.«

Mum sah mir direkt ins Gesicht. Konnte sie mir etwas ansehen? Hatte sie schon immer einen Verdacht gehabt? Ein Teil von mir wünschte sich, sie würde es einfach erraten und mir die erdrückende Last von den Schultern nehmen. Einen Moment lang sah sie so aus, als wollte sie mir eine Frage stellen, als hätte sie die dunkle Wolke in meinen Augen gesehen und wollte herausfinden, was dahintersteckte. Aber es sollte nicht sein. Seufzend wandte sie sich ab und ließ mich wieder einmal mit meinem tödlichen Geheimnis allein. Das

Gespräch war beendet, und erneut hatte ich uns alle im Stich gelassen.

Der Prozess dauerte vier albtraumhafte Tage lang. Mum wich nicht von Davids Seite; sie sagte sogar als Zeugin der Verteidigung für ihn aus. Zu erleben, wie sie sich für ihn einsetzte, zerriss mich innerlich. Ich hoffte nur, der Richter und die Geschworenen würden die Lügen durchschauen und erkennen, was für ein gefährlicher Mann er war.

Am vierten Tag konnte ich mich auf nichts konzentrieren. Ständig nahm ich Kirstys Spielsachen in die Hand und trug sie von einem Zimmer ins andere, während ich darauf wartete, dass Mum nach Hause kam und mir sagte, wie das Urteil ausgefallen war. Trotzdem zuckte ich zusammen, als der Schlüssel ins Schloss gesteckt wurde. Dad ging ohne ein Wort direkt nach oben. Er sah mich nicht einmal an. Ich schenkte Mum eine Tasse Tee ein und wartete. Das Herz schlug mir bis zum Hals.

Anfangs schien es, als könnte sie gar nicht sprechen. Ich schaute zu, wie meiner Mutter die Tränen übers Gesicht liefen, fühlte aber nichts. Sie sollte nur reden, mir endlich sagen, wie das Urteil lautete. Ich hatte das Gefühl, mein gesamtes Schicksal hinge an den Worten, die sie zurückhielt. Mein Magen brannte vor Wut und Frustration. Vor mir saß ein graues, verhärmtes Gespenst. Eine Fremde. Was war mit der lebhaften Frau geschehen, die in allen Pubs im Mittelpunkt stand, die unsere Mutter und Davids treueste Unterstützerin gewesen war? Die letzten Monate hatten ihr schwer zugesetzt; dunkle Schatten lagen unter ihren Augen. Das hatte er ihr angetan. Aber das war gar nichts im Vergleich zu dem Schaden, den ich anrichten konnte, wenn ich ihr einfach nur die Wahrheit sagte.

Mum rieb zwanghaft die Fingerknöchel ihrer linken Hand. Ich wollte meine Hand auf ihre legen und sie festhalten, als wäre sie die Tochter und ich die Mutter, die sie schützen und ihren Schmerz wegzaubern konnte. Doch nach all den Jahren voller Bitterkeit und Heimlichtuerei brachte ich es nicht über mich, sie zu berühren. Sie war der Grund, weshalb David noch immer in meinem Leben war. Sie war der Grund, weshalb ich nie frei sein würde – ganz egal, wie das Urteil lautete.

Die Augen meiner Mutter waren gerötet, und sie zitterte.

Mühsam presste sie die Worte hervor. »Er hat acht Jahre bekommen. Acht Jahre.«

Ich schaute zu, wie die Tränen wieder kamen, und nickte.

Verzweifelt huschten meine Augen zwischen den vertrauten Einrichtungsgegenständen in ihrem Wohnzimmer hin und her, damit ich Mum nicht anschauen musste. Ich wollte den Zorn und die Fassungslosigkeit nicht sehen, die ihr im Gesicht standen. Innerlich fühlte ich mich wie ausgehöhlt. Jahrelang hatte ich mir diesen Moment immer wieder vorgestellt – wie es sein würde, frei zu sein von meinem Bruder und der Last der Schuld und Schande, die mein Leben erstickte. Was ich tun würde. Was ich sagen würde – jetzt, wo die ganze Welt wusste, wie böse und schlecht er tatsächlich war.

Doch er hatte etwas in mir abgetötet, und jetzt war nichts mehr übrig. Kein Mitleid, keine Wärme, nicht einmal der Wunsch nach Rache. Meine Mutter wurde von Schluchzern geschüttelt, aber ich ging nicht zu ihr. Ich konnte sie nicht trösten. Nach den vielen Jahren, in denen ich das schreckliche Geheimnis mit mir herumgeschleppt hatte, wusste ich kaum noch, wie sich eine richtige Tochter benehmen sollte. Selbst jetzt, wo er im Knast saß, stand David noch zwischen meiner Mutter und mir und zerstörte unsere Beziehung zueinander. Das konnte ich ihm niemals verzeihen.

»Wein doch nicht, Mum«, sagte ich hilflos.

»Entschuldige, Liebes.« Sie wischte sich über die Augen. »Du hast recht. Wir müssen stark sein für David. Wir werden gegen das Urteil Berufung einlegen und können sicher bald wieder eine richtige Familie sein.«

In diesem Moment wusste ich eines ganz sicher. Mein niederträchtiger Bruder mochte zu acht Jahren verurteilt worden sein, doch meine Strafe dauerte viel länger. Für mich gab es keine vorzeitige Entlassung, keine Freiheit, auf die ich mich freuen konnte. Und schlimmer noch: Ich musste mein Leiden stumm ertragen, sonst würde ich alle, die ich liebte, um ihr Glück und ihren Verstand bringen.

Frühe Tage

Ich streckte die Arme weit nach oben und rieb mir die Augen. Dann schnellte ich hoch, warf mein geblümtes pinkfarbenes Federbett beiseite und sprang aus dem Bett. »Dad!«, rief ich. »Wo bist du?« Ich hörte sein leises Lachen und fand ihn in der Küche. Mit ausgebreiteten Armen wartete er auf mich. »Da bist du ja«, sagte ich und warf mich an seine Brust.

»Was möchtest du denn heute machen?«, fragte er. Erwartungsvoll sah ich ihn an. Sicher hatte er längst einen Plan. Für Len, meinen Vater, war ich die Nummer eins, sein ganz besonderes Mädchen. Jeder Tag mit ihm war ein Abenteuer.

Samstags morgens rannte ich fast immer aufgeregt durch die Sozialwohnung in Tilbury und suchte nach Dad, weil ich wissen wollte, was er sich für den Tag überlegt hatte. Dann quietschte ich vor Aufregung, während Dad gemütlich die Zeitung las und über meine kindliche Ungeduld lachte.

»Los, geh, wasch dich, und zieh dich an. Ich denke mir solange etwas aus«, sagte er dann. Und ich sauste wie der Blitz ins Badezimmer ... Ohne Dad wäre meine Kindheit ziemlich öde gewesen.

Seit ich mich erinnern kann, hatten er und ich uns sehr nahegestanden. Er war ein liebevoller Mensch, und seine Umarmungen waren so fest, dass man glaubte, ein großer knuffiger Bär habe einen gepackt. Dabei war er ein eher schlanker, schlaksiger Mann und wirkte viel jünger als die meisten Erwachsenen in seinem Alter. Als ich und meine Geschwister geboren wurden, war er noch sehr jung gewesen, fand aber der Familienlegende nach sofort in die Vaterrolle hinein. Mein Dad mag nicht ausgesehen haben wie ein Bär, aber dennoch fühlte man sich in seinen Armen geborgen und beschützt. Viele Angehörige haben mir immer wieder erzählt, dass ich vom ersten Tag an Dads Prinzessin war. Gleich als ich aus der Klinik kam, badete er mich und wechselte meine Windeln. Tatsächlich kümmerte er sich stets viel hingebungsvoller um mich, als Mum es je tat. Sie war erschöpft von der Geburt, und die anderen Kinder brauchten sie ebenfalls.

Avril, meine Mum, war eine lebhafte Blondine, die es sich gerne gut gehen ließ. Sie war zierlich wie mein Dad und sehr attraktiv. Ich fand sie wunderschön und betete sie an. Obwohl Mum es manchmal nicht zeigen konnte, wusste ich, dass sie mich liebte. Wenn ich ihr eine meiner langatmigen, kindlichen Geschichten erzählen wollte, ließ sie mich manchmal einfach stehen, weil eine Zeitschrift auf dem Küchentisch oder ein Geräusch auf der Straße sie mehr interessierte. Für David, meinen älteren Bruder, hatte Mum immer Zeit. Sie war einfach kein Mädchen, das mit Mädchen viel anfangen konnte. Wenn Dad sie gelegentlich ermahnte, kein Kind zu bevorzugen, gab sie sich daraufhin immer große Mühe, auch an mir Interesse zu zeigen, und dies hielt immerhin für eine Weile an.

Mum war ein paar Jahre älter als Dad und hatte nicht viel Zeit für irgendwelchen Kinderkram mit mir. Sie war berufstätig und oft sehr müde, sorgte aber auch dafür, dass der Spaß in ihrem Leben nicht zu kurz kam. Mum hatte einen ziemlich lebhaften und lauten Freundeskreis. Als ich etwa fünf Jahre alt war, zogen wir in ein Haus in der Bata Avenue in der Nähe der gleichnamigen Schuhfabrik. Dad arbeitete dort bereits als Schweißer, und Mum fand in der Fabrik eine Teilzeitstelle als Helferin. Ich weiß noch, wie begeistert Mum und Dad waren, denn wenn sie beide dort arbeiteten, konnten wir in ein Firmenhaus auf dem Fabrikgelände ziehen. Die enge Vierzimmer-Sozialwohnung, die aus allen Nähten platzte, war damit Vergangenheit.

Wir waren eine ziemlich große Familie mit ein paar Besonderheiten. Aber die gibt es ja fast überall. Ich war das Nesthäkchen – das jüngste von vier Kindern. Zu John Paul, meinem ältesten Bruder, der fast zehn Jahre älter war als ich, hatte ich nie eine sehr enge Verbindung. Er traf sich lieber mit seinen Freunden oder hantierte mit seinem CB-Funkgerät, als sich mit seiner kleinen Schwester zu beschäftigen.

Eine große Schwester namens Tina hatte ich auch. Aber sie lebte nicht bei uns. Sie war acht Jahre älter als ich und lange vor meiner Geburt aus einem Hochstuhl gefallen. Seither hatte sie Verhaltensprobleme. Als sie älter wurde, konnten Mum und Dad sie fast nicht mehr bändigen. Sie wurde handgreiflich, speziell Mum gegenüber, deren Gesicht nach Tinas Ausbrüchen oft von Kratzern und Platzwunden übersät war.

Als ich noch ein Baby war, versuchte Tina während eines Wutanfalls angeblich einmal, John Paul zu erwürgen. Er wurde ohnmächtig, und Mum musste Tina ins Schlafzimmer sperren, um John Paul wiederbeleben zu können. Danach kamen meine Eltern um die schwierige Entscheidung nicht mehr herum, wie Tinas weitere Zukunft aussehen sollte. Letztendlich mussten sie sich der Tatsache stellen, dass Tinas Ausbrüche uns alle und auch sie selbst gefährdeten. Sie wurde auf eine spezielle Schule geschickt.

So war Tina während meiner Kindheit meist in dieser besonderen Schule oder in einem Heim. Sie kam gelegentlich übers Wochenende oder während der Ferien nach Hause, und ich hatte immer ein bisschen Angst vor ihr. Ich weiß noch, dass ich mich als kleines Kind in ihrer Gegenwart nicht wohlfühlte, weil sie so anders war als wir anderen. Jetzt, wo ich älter bin, kann ich schmerzhaft nachempfinden, wie einsam sie sich gefühlt haben muss. Aber damals war ich noch zu jung, um das zu verstehen. Ich fand es schwer, die destruktive, aggressive Tina als Familienmitglied zu betrachten. Heute denke ich, dass Mum Tina sehr vermisste. Vielleicht schenkte sie David deshalb immer so viel Aufmerksamkeit. Vielleicht hoffte sie, seine traurige, schwierige ältere Schwester vergessen zu können, wenn sie meinen Bruder mit Liebe überschüttete.

Von allen Geschwistern standen David und ich uns am nächsten. Er war fünf Jahre älter als ich und ein typischer großer Bruder. Man sagt, als ich noch ein Baby war, sei er ganz vernarrt in mich gewesen. Er küsste mich ständig und streichelte meinen Kopf. Als ich älter wurde, wollte er mich vor allem beschützen – manchmal auch mit übertriebenem Eifer. Mein Bruder war ein aufgeweckter kleiner Junge, und meine Mutter liebte ihn abgöttisch. Während sie sich mir gegenüber oft distanziert verhielt, fragte sie ihn ständig, was er gemacht hatte und wer seine Freunde seien. Er hatte schon damals eine fast unheimliche Gabe, mit seinem Charme Menschen in seinen Bann zu ziehen. So gab es immer viele neue Freunde, von denen er Mum berichten konnte.

Im Lauf meiner Kindheit wurde die Beziehung zu meinem Dad immer enger, und ich folgte ihm auf Schritt und Tritt. Manchmal ging ich mit ihm zur Arbeit; an anderen Tagen fuhren wir mit dem Wagen zum Angeln oder zu den Wiesen und Feldern in der Nähe, wo wir Insekten beobachteten. Ich war seine kleine Prinzessin und sah ihm zudem mit meinen großen Augen und dem breiten, ansteckenden Grinsen ziemlich ähnlich. Gleichzeitig behaupteten alle, die Jungs seien das Ebenbild meiner Mutter. Sie hatten dasselbe blonde Haar und dieselben stechenden, hellen Augen.

Ich war ein richtiger Wildfang – die meisten Leute meinten, ich hätte ein Junge werden sollen – und tat am liebsten das, was mein Vater gerade machte. Überall, wo wir auftauchten, riefen die Leute: »Alles klar, Kumpel?«, und ich war unglaublich stolz, weil er so beliebt war. Gerne hätte ich von sämtlichen Dächern gerufen: »Das ist mein Dad, und er gehört ganz allein mir!«

Dad war ein aufrichtiger, hart arbeitender Mann, der uns ein schönes, sicheres Leben ermöglichen wollte. Im Lauf der Jahre versuchte er sein Glück in verschiedenen Branchen, aber eigentlich war er Schweißer. Er stammte aus Essex, wo viele Männer diesen Beruf ausübten. Dabei war es für einen so schlanken, drahtigen Mann eher ungewöhnlich, körperlich dermaßen schwer zu arbeiten. Er kleidete sich gerne schick und ließ sein volles braunes Haar so schneiden, dass die Frisur zu seinem schmalen und doch markanten Gesicht passte. Obwohl er ein gut aussehender Mann war, konnte Dad sein Glück nie recht fassen, eine so umwerfend schöne Frau wie meine Mutter abbekommen zu haben. Wenn die Nachbarinnen mit ihm flirteten, lachte er immer und dachte, sie würden ihn nur aufziehen. Und da Mum so mit David beschäftigt war, hatte ich viel Zeit, sein größter und treuester Fan zu sein.

Auch wenn Dad oft lange arbeitete, nahm er sich viel Zeit für mich. Häufig trug er seine Arbeitskleidung, und wenn ich ihm dann nahe war, atmete ich seinen Geruch in tiefen Zügen ein. Er hatte den herben Geruch eines körperlich arbeitenden Mannes, den viele Leute wahrscheinlich als unangenehm empfunden hätten. Ich aber liebte ihn, weil er zu ihm gehörte.

Das Bata-Schuhfabrikgelände, auf dem wir jetzt wohnten, war wie ein eigenes kleines Dorf für die Fabrikarbeiter. Die Firma hatte für alles gesorgt: Es gab eine Schule, Läden, ein Kino, ein Hotel und sogar ein Schwimmbad. Hier konnte man wunderbar und ganz anders leben als in den trostlosen Sozialsiedlungen, von denen meine Eltern uns gerne fernhalten wollten.

Mum arbeitete normalerweise montags bis freitags von neun Uhr morgens bis drei Uhr nachmittags. Fast immer holte sie uns von der Schule ab, ging mit uns heim und bereitete dann ein warmes Abendessen zu. Unser Haus war stets von verlockenden Essendüften erfüllt, weil Mum gerne neue Rezepte ausprobierte. Unser aller Leibgericht war allerdings ein ganz altmodischer Eintopf mit Klößen. Er schmeckte himmlisch.

Meinen Eltern war es wichtig, dass wir jeden Abend beim Essen gemeinsam am Tisch saßen. Wir mussten sauber und pünktlich um sechs Uhr zur Stelle sein. Mum kochte immer etwas mehr, falls zufällig jemand vorbeikam oder falls die Freunde meines Bruders da waren und Hunger hatten. Ich war nicht so gesellig wie meine Geschwister, doch meine Brüder hatten immer viele Freunde zu Besuch, und Mum und Dad luden sie gerne ein. »Esst ihr heute Abend mit uns?«, fragte Mum, wenn das Essen fertig war. »Ist das o.k., Mrs J?«, fragten die Jungen dann, kamen angerannt und stürzten sich wie die Geier auf alles, was auf dem Tisch stand.

Ich erinnere mich noch gut an einen Abend, als ich etwa sechs war, David elf und John Paul sechzehn, an dem ausnahmsweise nur die Familie beieinandersaß. Mum hatte einen gigantischen Cottage Pie gemacht, und John Paul fiel darüber her, sobald sie ihn auf dem Tisch abgestellt hatte.

»Finger weg!« Mum schlug mit den Ofenhandschuhen nach ihm. »Lass für uns auch noch was übrig. David hat noch gar nichts, und er ist ein Junge im Wachstum.«

Dad und ich sahen uns über den Tisch hinweg an und lachten. Mum war so berechenbar.

»Schon gut. Mach, was du willst!«, murmelte John Paul beleidigt.

David grinste. »Bloß weil du ein Volltrottel bist, musst du dich nicht gleich aufführen wie ein Tier«, sagte er. John Paul sah aus, als würde er seinem kleinen Bruder am liebsten die Lichter auspusten.

»Sei still, David, und schieb die Schüssel rüber. Hmmmmm. Sieht lecker aus.« Dad wollte keinen Streit.

Ich wollte gerne nachfragen, was ein Volltrottel war, doch John Paul guckte bereits grimmig genug. David schien die angespannte Stimmung nicht zu bemerken. Das war typisch für ihn. Er provozierte fröhlich drauflos und war dann überrascht, wenn andere wütend wurden. Umgekehrt verhielt sich das ganz anders. Bereits als ganz kleiner Junge war David oft ohne Vorwarnung explodiert und hatte sich erst wieder beruhigt, wenn er seinem Gegenüber richtig wehgetan oder es gedemütigt hatte. Deshalb bemühte ich mich stets, es mir mit ihm nicht zu verscherzen.

Weil mir Spannungen in der Familie zuwider waren, fing ich an, einen langen, komplizierten Witz zu erzählen, den ich bei einem von Dads Freunden aufgeschnappt hatte. Natürlich war ich zu jung, um ihn richtig zu verstehen, deshalb brachte ich immer wieder alles durcheinander. Mein Geplapper war so albern, dass am Ende alle lachten – selbst John Paul. Mum gab mir sogar einen Extralöffel Eiscreme, und ich hatte das Gefühl, dass wir jetzt wieder eine glückliche, traute Familie waren.

Bevor David auf die weiterführende Schule wechselte, gingen wir ein Jahr lang auf dieselbe Schule. Damals war ich etwa fünf oder sechs Jahre alt, und das Lernen fiel mir zunehmend schwerer. Mum brachte mich schließlich zu einem Fachmann, der nach ein paar Tests feststellte, dass ich Legasthenikerin war. Als die anderen Kinder in der Schule das herausfanden, nannten sie mich »Doofi« und jagten mich über den ganzen Hof. Die Schule wurde für mich zum Albtraum.

Einmal drängten mich ein paar ältere Kinder auf dem

Schulhof in eine Ecke. Das passierte am Anfang der Mittagspause; die Lehrkräfte waren noch beim Essen. Ich schaute mich nach Hilfe um, doch niemand kam.

»Ich kenne dich«, sagte ein kräftiger rothaariger Junge. Er kam auf mich zu und stieß mir den Zeigefinger in die Brust. »Du bist die Zurückgebliebene.«

Hinter ihm kicherten seine Freunde spöttisch. Als ich nicht reagierte, schnappte er sich meine Schultasche.

»Du kriegst sie zurück, wenn du sie buchstabieren kannst.«

»Gib her!«, schrie ich und wollte danach greifen. Der Junge warf sie seinen Freunden zu und stieß mich so heftig, dass ich das Gleichgewicht verlor. Die Tasche hatten wir erst am letzten Samstag gekauft. Mum würde toben.

»Komm, Doofi. Ich helfe dir«, spottete er. Inzwischen hatte sich eine ganze Meute um uns versammelt. Alle warteten auf meine Antwort. Als ich David am Rand der Gruppe stehen sah, war mir die Situation noch viel peinlicher. Nie würde mein schlauer großer Bruder in eine solche Lage geraten. Wenn er jetzt auch noch Mum davon erzählte, würde mich sicher die ganze Familie auslachen. Bei diesem Gedanken konnte ich die Tränen nicht mehr zurückhalten.

»T ...«

Ein Mädchen drehte die Tasche um. Mein lilafarbener Federkasten knallte zu Boden und sprang auf.

»A ...«

Der rothaarige Junge kam noch näher. Sein Atem roch nach Zwiebeln. Ich konnte einfach nicht aufhören zu weinen.

»S ...«

Plötzlich hörte ich einen Schrei, und David stürmte wie aus dem Nichts auf den Jungen zu.

»Hey! Was soll das?«

Er brüllte in voller Lautstärke. Ich war klein für mein Alter und schüchtern. Doch David kannten und fürchteten sämtliche Kinder an der Schule. Sie waren vor ihm auf der Hut.

Ich zog mich in eine Ecke zurück und war ausnahmsweise einmal glücklich, dass sich nun alles um meinen Bruder drehte. »Macht es dir Spaß, meine kleine Schwester zu ärgern? Willst du es vielleicht auch mal mit mir versuchen?«, knurrte er.

Weil der rothaarige Junge sich vor seinen Freunden keine Blöße geben wollte, holte er aus und versuchte, David zu schlagen. Darauf hatte mein großer Bruder nur gewartet. Er wich dem ungeschickten Schlag aus und stieß meinem Peiniger mit Wucht das Knie in den Magen. Der Junge fiel hin; David trat auf ihn ein. Er hörte selbst dann nicht auf, als der Rothaarige sich am Boden krümmte und alle seine Freunde längst weggerannt waren.

Ich konnte das nicht mit ansehen und schlich mich am Ende sogar weg. Eigentlich hatte ich nie gewollt, dass David sich für mich prügelte. Ich mochte Prügeleien nicht. Doch das schien seine Art zu sein, Zuneigung für mich zu zeigen.

Kein Mensch wäre je auf die Idee gekommen, David als »Doofi« zu bezeichnen. Im Gegenteil: Bald hatten wir sogar schwarz auf weiß, wie überaus intelligent er war. Die Lehrer baten Mum und Dad immer wieder in die Sprechstunde, um mit ihnen über seine Fähigkeiten zu sprechen. Klassenarbeiten füllte er innerhalb von drei Minuten vollständig aus und erreichte so gut wie immer die höchstmögliche Punktzahl, ohne sich dafür groß anstrengen zu müssen. Ein paar Jahre später ergab ein an der Schule durchgeführter Test für David einen IQ von 158. Da der Durchschnitt bei 100 liegt, machte ihn das zu einer Ausnahmeerscheinung. Das Ergebnis war umso beeindruckender, wenn man bedachte, auf was für berüchtigte Schulen er gegangen war. Man war sich allgemein einig, dass er ein begabtes Kind mit außerordentlichen Veranlagungen sei.

Eines Tages konnte ich direkt miterleben, wie viel Talent in David steckte. An einem Nachmittag hockte ich in seinem Zimmer und schaute zu, wie er mit ausrangierten Computerteilen spielte. »Was machst du da?«, fragte ich. Er sah mich nur schweigend an. Dann bastelte er weiter. Ich saß auf seinem Bett und beobachtete staunend, wie er aus irgendwelchen x-beliebigen Teilen, die in seinem Zimmer herumlagen, ein Karussell baute. »Wow. Das ist fantastisch!«, quietschte ich. Dabei drehte ich die komplizierte Konstruktion im Kreis. Obwohl er sich vorher sehr gleichgültig gegeben hatte, sah er jetzt so aus, als gefiele ihm meine Bewunderung. Ich nahm das Karussell mit in mein Zimmer, hütete es wie einen Schatz und zeigte es jedem, der zu Besuch kam. In diesen frühen Jahren freuten Mum und Dad sich vermutlich, dass ihre Kinder sich so gut verstanden – besonders David und ich. Von außen betrachtet benahm sich David wie der typische große Bruder: Er war nicht übermäßig bemüht, aber doch so interessiert an mir, dass ich mich wichtig fühlte.

Für mich war die Sache ein bisschen komplizierter. Zwar redeten wir nie darüber, doch der Vorfall auf dem Schulhof ging mir nicht aus dem Kopf. Einerseits war ich schockiert, wie brutal David sein konnte. Andererseits war ich auf merkwürdige Weise stolz auf ihn und sehr dankbar, dass er mich vor meinen Peinigern beschützt hatte. Und ich war froh, dass er meinen Eltern nichts davon erzählte. Wie ein blödes Opfer dazustehen wäre mir furchtbar peinlich gewesen. Vor allem aber hatte ich das Gefühl, dass ich ihm nun etwas schuldete. Deshalb versuchte ich, seine Macken nicht mehr zu beachten und stattdessen die positiven Seiten seiner Persönlichkeit zu sehen. Das machte Davids Verrat an mir am Ende umso schrecklicher. Es sollte sich herausstellen, dass ich von ihm viel mehr zu befürchten hatte als von irgendwelchen dummen Jungen, die mich auf dem Schulhof drangsalierten.

Weiterziehen

Zu meinen schönsten Kindheitserinnerungen gehören die Ferintage, die wir zusammen als großer Clan im Lambeach-MarinaCaravan-Park in Cambridgeshire verbrachten. Wir, das waren Mum, Dad, David, John Paul und ich, dazu Dads Schwester, Tante Chris, mit ihrem Mann und meinen Cousinen Kate und Kayley. Wann immer wir es uns leisten konnten, fuhren wir auf den Campingplatz: im Sommer, zu Ostern und Halloween – manchmal sogar an langen Wochenenden. Nur an Weihnachten und zu Silvester blieben wir zu Hause, weil Dad Weihnachten im engsten Familienkreis so liebte. Heute weiß ich, dass meine Eltern damals Sorgen hatten. Zu Hause gab es immer wieder Zeiten, in denen sie wochenlang flüsternd stritten und Türen zuknallten. Doch als Kind dachte ich nur an die Ferientage, in denen die Anspannung von Mum und Dad abfiel, sodass sie normal miteinander redeten und wieder lachten, während ich Stunde um Stunde mit meinen Brüdern und Cousinen Karten spielte.

Der Campingplatz war wunderschön und von Seen, Feldern und Wäldern umgeben. Für Zelte, Wohnwagen und Dauercamper gab es jeweils separate Bereiche. Die Erwachsenen konnten zwischen drei verschiedenen Bars wählen, wir Kinder hatten als Treffpunkt ein Café.

Ich liebte den Platz. Damals besaßen wir dort einen Wohnwagen, dazu stellten wir ein paar Zelte auf. Die Jungs genossen die Freiheit draußen in den Zelten, wir anderen schliefen im Wohnwagen. Ich war fast ununterbrochen mit meiner Cousine Kate zusammen. Die Leute meinten, wir wären ein Gespann wie Laurel und Hardy. Wir hatten immer viel Spaß. Kate war in meinem Alter, nur etwas kleiner. Ihr braunes, wuscheliges Haar stand in alle Richtungen ab. Sie sah richtig drollig aus und guckte meist, als würde sie gleich losprusten. Weil sie so niedlich aussah, bekam sie selten ernsthafte Schwierigkeiten. Ich selbst war in diesem Alter noch furchtbar schüchtern und machte nur ungern den Mund auf, wenn mir etwas nicht passte. Kate hingegen war sehr laut und keck. Wir müssen ein ziemlich gegensätzliches Duo gewesen sein.

Kate war aber auch ein sehr lieber Mensch, und ich ließ nichts auf sie kommen. Außerdem gehörte sie zur Familie; das unterschied sie von anderen Freunden. In ihrer Gegenwart verlor ich meine Hemmungen und meine Unsicherheit.

Der Campingplatz war für uns ein kleines Paradies. Einmal fand auf dem See ein Wasserfestival statt, bei dem Wasserski-Akrobaten Kunststücke vorführten. Ich war sehr beeindruckt. So etwas hatte ich noch nie gesehen. Die Sportler schienen so frei, wenn sie übers Wasser sprangen. So als könnte nichts sie halten.

Bei dem Fest lief ein Mann in einem Affenkostüm

durch die Menge. David lachte sich halb tot, aber Katy rannte wie ein Hase, als sie ihn sah. Dar Affenmann jagte ihr furchtbare Angst ein. Stundenlang mussten wir nach ihr suchen, weil sie kopflos einfach geflüchtet war. Das passte so gar nicht zu meiner vorlauten, selbstbewussten Cousine, aber die Erwachsenen lachten nur darüber. Ich hingegen sorgte mich, dass ihr etwas passiert sein könnte. Am Ende fanden wir sie unverletzt und wohlbehalten unter ihrer Bettdecke im Wohnwagen. Offenbar hatte meine kesse Cousine doch eine sensible Seite. Hinterher tat sie, als sei nichts gewesen, und wollte nie darüber reden, was ihr solche Angst gemacht hatte. In unserer Familie war es nicht üblich, Probleme voreinander auszubreiten. Deshalb drängte ich sie nie, ihr Schweigen zu brechen. Und wenige Jahre später versuchte auch niemand, mich dazu zu bewegen.

Kurz nachdem wir diesmal vom Campingplatz nach Hause zurückgekehrt waren, lief in unserer Familie etwas gründlich schief. Anscheinend war Kate nicht die Einzige, die sich ungern in die Karten schauen ließ. Anhand der angespannten Atmosphäre im Haus hätte ich erraten können, dass Mum ernste Sorgen hatte. Doch ich war damals erst neun Jahre alt und vertraute ganz darauf, dass meine Eltern stets dafür sorgen würden, dass mein glückliches, sicheres kleines Leben einfach immer so weiterging.

Eines Nachmittags kam Mum mit blassem Gesicht und geröteten Augen aus der Bata-Schuhfabrik nach

Hause. Sie zog Dad ins Schlafzimmer und schloss die Tür. Die beiden redeten leise miteinander, sodass ich nicht verstehen konnte, was sie sagten. Das Herz schlug mir bis zum Hals. Was konnte passiert sein? War sie krank? Warum wollten die beiden nicht, dass ich sie hörte? Ich wusste, dass es etwas Schlimmes sein musste, denn auf dem Weg die Treppe hinauf hatte Mum nicht wie sonst nach David gefragt. Obwohl es mich schon immer geärgert hatte, dass David ihr erklärter Liebling war, war die Angst riesengroß, dass meiner wunderschönen Mum etwas fehlen könnte.

Es dauerte eine Ewigkeit, bis Mum und Dad aus dem Schlafzimmer kamen und sich mit mir zusammensetzten.

»Hör zu, Liebes.« Dad strich mir übers Haar. »Es gibt Neuigkeiten.«

»Was ist denn?«, fragte ich. Mum sah aus, als könnte sie nur mit Mühe die Tränen zurückhalten.

»Wir ziehen um, Vicks. Wir packen alles zusammen. Das wird ein Abenteuer.« Dad versuchte zu lächeln.

»Oh«, sagte ich langsam. »Und Kate? Kommt sie mit?«

»Nein. Sie bleibt bei Tante Chris. Aber wir können herkommen und sie besuchen. Das ist kein Problem«, murmelte er. Er sah, wie meine Unterlippe anfing zu zittern. »Und du kannst mit deinen Brüdern spielen. Die Familie bleibt zusammen, nur darauf kommt es an.«

»Aber warum …?«

Meine Mutter unterbrach mich vielleicht ein wenig schroffer als beabsichtigt.

»Vicky, ich habe meinen Job verloren. Wir ziehen weg. Du musst dir keine Sorgen machen. Und jetzt will ich nichts mehr darüber hören.« Damit ging sie davon, um nach David zu suchen, und ich flüchtete in Dads warme Arme, wo ich mich immer zu Hause fühlte. So lange ich ihn hatte, konnte mir nichts passieren.

Rückblickend bin ich froh, dass ich damals noch zu jung war, um zu verstehen, wie prekär unsere Lage war. Viel Geld hatten wir nie gehabt, und Mums Entlassung brachte uns in ernsthafte finanzielle Schwierigkeiten. Während ich mich sorgte, weil mein kleines Leben aus den Angeln geriet, hatten meine Eltern Mühe, genügend Geld fürs Essen aufzutreiben. Aus dem Schlafzimmer hörte ich nun öfter Streit, und wir lebten wochenlang nur von Pommes und Eiern.

Nach Mums Entlassung verbrachten wir zwei Wochen auf dem Campingplatz. In dieser Zeit beschlossen meine Eltern, noch mal von vorn anzufangen und sich ganz in dieser Gegend niederzulassen. Ich war begeistert. Für mich klang das nach endlosen Ferien. Es war ein Neuanfang, und auf einem Campingplatz zu leben erschien einer Neunjährigen wie die beste Nachricht aller Zeiten. Dad fand einen neuen Job, und der Caravan-Park wurde unser Zuhause. Doch nach der aufregenden Anfangszeit wurde mir klar, dass das Leben dort ohne meine Cousinen nicht dasselbe war. Lange vermisste ich Kate und sehnte mich danach, sie zu sehen. Ich saß auf meinem Bett und überlegte, welchen Unsinn sie wohl gerade ausheckte.

»Komm, Vicky«, sagte Dad ab und zu. »Nun lach doch mal.«

»Warum ist sie bloß so eine Heulsuse?«, grunzte David aus dem Etagenbett.

»Hey, es würde dich nicht umbringen, dich ein bisschen mehr um deine Schwester zu kümmern ...«, antwortete Dad.

»Ich weiß nicht. Auszuschließen ist es nicht«, nuschelte David unter der Bettdecke hervor. »Oder ich bringe sie um, wenn sie nicht aufhört zu jammern.«

»Vicks, lass deinen Bruder in Ruhe, bitte«, rief Mum aus der Kochecke. Dad verdrehte die Augen und ging mit mir hinaus auf den Platz.

So jäh aus der gewohnten Umgebung gerissen zu werden wäre für fast jedes Kind in meinem Alter schwierig gewesen. Aber ich war entschlossen, das Beste daraus zu machen und meinen Eltern nicht noch zusätzlich Sorgen zu bereiten.

Wie die Sardinen hausten wir in unserem alten Wohnwagen, bis Mum eine Putzstelle fand und die Frau des Platzverwalters, eine Maklerin, uns nicht allzu weit entfernt, in Meeple, ein Haus zur Miete vermittelte, wo wir leben konnten. Ich war froh, wieder ein eigenes Zimmer zu haben. David konnte so launisch und unberechenbar sein, dass ich nicht mehr gern so nah bei ihm schlafen mochte. Sobald wir aus dem Wohnwagen ausgezogen waren, verflog mein Unbehagen, und Mums Jobverlust war schnell nur noch eine blasse Erinnerung.

Ich liebte unser neues Heim und fand an der Grundschule in Meeple schnell Freundinnen. Wie üblich war ich zwar nicht das kontaktfreudigste Kind der Klasse, doch unter meinen Mitschülern gab es ein sehr nettes Mädchen namens Alice. Sie war ziemlich schüchtern, und ich glaube, sie hatte auch nicht viele Freunde. Also hatten wir etwas gemeinsam.

»Möchtest du heute Abend zum Essen zu uns kommen?«, fragte Alice eines Tages. »Mum meint, es sei o.k., und wir haben viele Tiere.« Ich liebte Tiere, und bald ging ich fast jeden Nachmittag nach der Schule mit zu ihr.

Alice und ihre Familie lebten auf einer Farm nur ein Stück weiter die Straße entlang. So hatte ich einen kurzen Heimweg. Wir sahen zusammen fern oder gingen spazieren. Auf der Farm gab es Schweine, Kühe und Ställe voller Pferde. Alice war eine hervorragende Reiterin, und jedes Mal, wenn ich sie auf einem Pferd sah, war ich voller Bewunderung. Wir wurden sehr enge Freundinnen, und sie brachte mir das Reiten bei. Für mich war es neu, dass andere Menschen nett zu mir waren und sich für mich interessierten. Bisher hatte das nur Dad getan. Normalerweise drehte sich immer alles um meinen charmanten, klugen großen Bruder. Alice hatte auch einen älteren Bruder, Stephen, der manchmal mit uns spielte. Erstaunt registrierte ich, wie gut die zwei sich verstanden. Nie gab es zwischen den beiden irgendwelche seltsamen Spannungen. Obwohl sie sich gegenseitig gnadenlos aufzogen, war nicht die Spur von Bosheit dabei. Wenn sie sich stritten, dann immer nur spielerisch. Ich wünschte mir, David und ich hätten ein so entspanntes Verhältnis zueinander.

Mit Alice als bester Freundin und mit meiner neuen Leidenschaft, dem Reiten, blühte ich auf und wurde zu einem glücklichen, viel beschäftigten kleinen Mädchen. Gerne wäre ich für immer in Meeple geblieben. Selbst die Schule erschien mir hier nur halb so schlimm! Wenn wir irgendwo geblieben wären, wo ich echte Freunde hatte, denen ich vertrauen konnte, wäre vielleicht alles ganz anders gekommen. Doch dieses schöne aufregende Leben war nicht von langer Dauer. Nach kaum zwei Jahren erklärten meine Eltern uns, dass wir wieder umziehen müssten. Ich nickte nur steif, ging in mein Zimmer und weinte und weinte. In meiner Erinnerung sind die Jahre in Meeple die glücklichsten meines Lebens.

Dad kam zu mir und versuchte mich zu trösten, indem er sagte, dass wir Meeple verlassen müssten, sei zwar traurig, aber nicht das Ende der Welt.

»Du wirst neue Freunde finden, Liebes.« Er sah mir angespannt ins Gesicht. »Und ist es nicht das Wichtigste, dass wir alle zusammen sind? Freunde kommen und gehen, aber die Familie bleibt für immer.«

»Ja, wahrscheinlich.« Ihm zuliebe versuchte ich zu lächeln.

»Schon besser.« Dad schenkte mir sein breites, unwiderstehliches Grinsen. »In unserem neuen Zuhause haben wir sicher ebenso viel Spaß miteinander. Du wirst sehen ...«

In dieser Nacht weinte ich nicht mehr in mein Kopfkissen. Dad hatte recht – ich brauchte nur meine Familie. Sie würde sich um mich kümmern.

Damals konnte ich noch nicht ahnen, dass mein Bild von unserer perfekten Familie nur ein schöner Schein war und dass die ganze Fassade schon bald in sich zusammenfallen würde.

Warnsignale

Im Alter von zehn Jahren fing ich langsam an zu verstehen, dass unsere Familienstruktur nicht so harmonisch war, wie sie auf den ersten Blick erschien. Dass Mum David vergötterte, hatte ich immer gewusst und war als Reaktion darauf eine hundertprozentige Vatertochter geworden. Deshalb konnte ich nicht unparteiisch bleiben, als Mum und Dad anfingen, einander anzufauchen. Vielleicht war ich vorher nur zu jung gewesen, um es zu bemerken. Doch nachdem wir Meeple verlassen hatten, schienen sie einfach nicht mehr miteinander klarzukommen. Dad tat mir leid, denn ich merkte, wie furchtbar er unter den Streitereien litt. Gleichzeitig wurde das Verhältnis zwischen David und Mum noch enger. Ich spürte, dass die Familie auf dem besten Weg war, in zwei Lager zu zerfallen. In Meeple hatte ich die Warnsignale ignorieren können, denn ich war vollkommen glücklich und viel mit meinen Freunden beschäftigt gewesen. Seit ich nun wieder andauernd mit meiner Familie zusammen war, begann ich wieder zu fürchten, dass etwas Schlimmes passieren würde. Die Folge war, dass ich mich ganz in mich selbst zurückzog. Wenn ich ein braves, stilles Mädchen war und niemandem zur Last fiel, würde doch sicher alles gut werden. Oder nicht?

Wir verließen Meeple und zogen in ein neues Haus in Chittering; das Leben schien so weiterzulaufen wie immer. Ich ging allen aus dem Weg und versuchte, die Streitereien meiner Eltern möglichst zu überhören. Außerdem betätigte ich mich als Friedensstifter, beruhigte David, wenn er einen Wutanfall hatte, und versuchte, meine Eltern zum Lachen zu bringen. Meine Taktik schien zu funktionieren ... eine Zeitlang zumindest.

Doch eines Morgens wachte ich auf, hüpfte wie immer in die Küche, merkte aber plötzlich, dass etwas anders war als sonst. Ich suchte nach dem Grund für die seltsame Atmosphäre, und schlagartig wurde mir klar: Dad war nicht mehr da. Ich ging ins Schlafzimmer meiner Eltern – all seine Sachen waren verschwunden. Beim Anblick des leeren Schrankes fühlte ich mich, als hätte mir jemand in den Magen getreten; plötzlich stieg mir Galle in die Kehle. Mir wurde übel vor Panik. Verzweifelt rannte ich durchs Haus und suchte nach irgendeiner Spur von meinem Dad. Doch alles war weg – die Kleider, die Schuhe, sein Mantel. Wie ein Welpe, der seinen Herrn verloren hat, war ich ratlos und völlig verwirrt. Am vergangenen Abend hatte ich Mum und Dad nicht streiten hören; doch ich reimte mir zusammen, was passiert sein musste. Dad hatte uns verlassen, aber ich wollte es nicht glauben. Wie ein Roboter machte ich mir ein Frühstück, wartete, dass Mum erschien und mir eine andere Erklärung gab. Eine, die nicht lautete, dass meine Familie zerbrochen war.

Mum schaute mich nicht an, als sie in die Küche kam.

»Wo ist Dad?« Ich rührte in meinen Frühstücksflocken. Eine ganze Minute lang starrte ich sie an, weil ich hoffte, dass sie es nicht mehr aushalten und mit der Wahrheit herausplatzen würde.

»Vicky ...« Sie klang müde. Ich spürte, dass sie sich wünschte, ich würde einfach alles so hinnehmen. Aber es war wichtig.

»Er wollte mit mir zum Angeln gehen. Das hat er versprochen.«

Sie blieb stumm. Konzentriert spülte sie das Geschirr vom Vorabend und räumte es weg. Vielleicht hatte sie mich wegen des ganzen Geklappers gar nicht gehört? Ich versuchte es noch einmal. »Mum. Wo ist Dad? Wann kommt er zurück?«

Sie fuhr herum, und eine Sekunde lang glaubte ich, sie würde mir sagen, was los war. Doch blitzschnell schlugen alle Türen in ihr zu, und sie wandte sich wieder ab.

»Los. Iss dein Frühstück auf«, sagte sie kühl. »Ich kann nicht den ganzen Tag hier rumstehen.«

»Mum ...«, jammerte ich. Aber sie weigerte sich, mich auch nur anzusehen.

Das war alles. Eine weitere Erklärung, weshalb mein Dad gegangen war, bekam ich nicht. Ich konnte es nicht glauben. Natürlich litt Mum selbst ebenfalls unter der Trennung. Aber die Botschaft war klar: Halt den Mund,

und komm damit klar. Diese Lektion vergaß ich nie. Ich erlaubte mir keine Tränen. Stattdessen sah ich zu, wie Mum die Küche aufräumte, als wäre nichts geschehen. Ihr gegenüber empfand ich Bitterkeit – ich konnte nicht anders. Warum legte sie mir nicht einfach den Arm um die Schulter, wie sie es bei David machte? Aber so war Mum. Stets zeigte sie eine harte Fassade, selbst wenn ich mich verzweifelt nach ihrer weichen Seite sehnte.

Meine Familie zerbrach, doch Mum ließ mich deutlich spüren, dass sie die Letzte war, bei der ich Trost finden würde. Für den Rest des Tages hatte ich das Gefühl, mein Herz wäre so schwer wie Stein. Dass unser Heim ohne Dad noch einmal dasselbe sein würde, konnte ich mir nicht vorstellen. Mit Tränen in den Augen, aber fest entschlossen, nicht loszuheulen, würgte ich an diesem Morgen mein Frühstück hinunter. Dad hatte die Familie immer zusammengehalten. Mum dagegen gehörte zu der Sorte Eltern, die glaubten, dass es Kinder nichts anginge, was Erwachsene taten. Sie sollten sich nicht in die Angelegenheiten der Großen mischen. Weil ich Dad so sehr liebte, war ich nun wütend auf Mum. Eine Zeit lang gab ich ihr die Schuld an allem. In meiner Verwirrung fragte ich mich aber auch, ob etwas, das ich oder meine Brüder getan hatten, der Grund für die Trennung gewesen war. Waren wir zu unartig gewesen? David geriet in letzter Zeit häufig in Schlägereien. Hatte er mit seinem Benehmen meinen Vater vertrieben? Hatte Dad plötzlich das Gefühl gehabt, dass er es nicht mehr ertrug?

Als Dad schließlich anrief, war ich so angespannt, dass ich die Worte kaum schnell genug herausbekam. »Dad, wo bist du? Ich will dich sehen. Kann ich bei dir wohnen? Bitte!«

Vor lauter Aufregung vergaß ich das Luftholen.

»Ich bin bei Tante Chris«, sagte er leise. »Nur für eine Weile, weil Mummy und Daddy sich gerade nicht so gut verstehen.«

Ich hatte immer geglaubt, die Beziehung meiner Eltern sei auf Fels gebaut, doch anscheinend galt das nun nicht mehr.

»Bitte komm und hol mich«, bettelte ich. »Hier will ich ohne dich nicht bleiben. Ich möchte bei dir sein.«

»Wir haben keinen Platz, Liebes. Du weißt doch, wie klein Tante Chris' Haus ist.« Die Stimme meines Vaters klang kratzig und kraftlos. Etwas gefasster fuhr er fort: »Und wer würde sich um dich kümmern, wenn ich bei der Arbeit bin? Ich komme dich am Ende der Woche besuchen. Versprochen.«

Solange Dad am Telefon war, raste mein Herz. Doch nach dem Gespräch hatte ich das Gefühl, ins Leere zu stürzen. Als ich auflegte, kamen die Tränen, und diesmal konnte ich sie nicht mehr zurückhalten. Ich war wie ausgehöhlt und so allein. Leise weinend rollte ich mich in dem Sessel zusammen, wo er immer gesessen hatte. Das war der einzige Ort, an dem ich mich immer noch zu Hause fühlte.

Unter der Woche rief Dad mich jeden Tag an, und

jede Nacht weinte ich mich in den Schlaf, weil ich ihn so sehr vermisste. Eigentlich wollte ich nicht bei Mum und David bleiben, doch Dad erklärte mir, er könnte sich nicht um mich kümmern. So zählte ich die Tage bis zum nächsten Wiedersehen – entweder am Wochenende oder zwischendurch abends nach der Arbeit. Doch selbst in diesen kostbaren Stunden konnte ich nicht darüber sprechen, wie mir zumute war. Dad sah so traurig aus, dass ich ihn nicht noch zusätzlich mit meinen Problemen belasten wollte.

Ohne Dad konnten wir uns die Miete für das Haus nicht mehr leisten. Deshalb zogen wir zurück auf den Campingplatz, und Mum fing an, hinter der Bar zu arbeiten. Diesmal bewohnten wir einen großen, feststehenden Wohnwagen, der wie eine kleine Wohnung ausgestattet war, mit drei Schlafzimmern, einer Küche, einem Wohnbereich und einem kleinen Garten ringsum. Mum schien mit ihren neuen Freunden vom Campingplatz viel Spaß zu haben; aber ich war sehr unglücklich. Der Platz, auf dem ich so viele wunderbare Ferientage verbracht hatte, erschien mir jetzt ohne Dad furchtbar öde. Ich war so einsam, dass ich stundenlang mit meinen Puppen redete und tat, als könnten sie mir antworten. Alice schrieb ich ein paar Briefe, und ein paarmal schrieb sie auch zurück. Aber irgendwann brach der Kontakt ab. Niemand ermutigte uns oder half uns, unsere Freundschaft zu pflegen, und da ich nach wie vor Schwierigkeiten mit dem Lesen und Schreiben hatte, quälte ich mich sehr mit dem Briefeschreiben. Ich hatte das Gefühl, wieder ganz von vorn anfangen zu müssen: Ich war allein und hatte keine Freunde, denen ich mich anvertrauen konnte.

So verging fast ein Jahr, und als ich elf wurde, hatte ich mich ans Alleinsein gewöhnt. Mum sollte sich nicht über mich ärgern. Deshalb hatte ich gelernt, geschickt zu verbergen, wie unglücklich ich war. Doch von Dad getrennt zu sein tat mir immer noch sehr weh.

Dann kam plötzlich die Nachricht, dass Dad einen schweren Arbeitsunfall gehabt hatte. Während des Telefongesprächs wurde meine Mutter totenblass, doch sie versuchte, sich nichts anmerken zu lassen. Als ich Dad besuchte und ihn zum ersten Mal mit all den Bandagen sah, war ich schockiert. Er hatte ernste Gesichtsverletzungen erlitten, und jemand musste sich um ihn kümmern. Zunächst schien es, als sei dies das Schlimmste, was hatte passieren können. Mein geliebter Dad war schwer krank, doch ich konnte nicht bei ihm sein und ihm helfen. Aber nach und nach wendete sich alles zum Besseren. Weil er nicht arbeiten gehen konnte, verbrachte Dad viel Zeit mit mir. Nach einigen Besuchen begannen Mum und Dad auch wieder miteinander zu reden. Langsam erwachte ihre Liebe neu. Ich beobachtete sie angespannt, hoffte, alles käme in Ordnung und wir könnten bald wieder alle zusammen sein. An einem sonnigen Nachmittag riefen sie uns Kinder zu sich und erklärten, sie wollten es noch einmal miteinander versuchen. Meine Brüder zuckten nur die Schultern, aber ich schwebte wie auf Wolken. Ich konnte gar nicht mehr aufhören zu lächeln und rannte aufgeregt herum. Vielleicht würde ja doch noch alles gut? Ich war überzeugt, dass Dad Mum so sehr liebte, dass er nicht ohne sie sein konnte. Von jetzt an betrachtete ich es als meine wichtigste Aufgabe, dafür zu sorgen, dass meine Familie nie mehr in eine ähnliche Situation geraten würde. Mum und Dad waren wieder zusammen, und ich wollte, dass es so blieb. Wie es Kinder häufig tun, bildete ich mir ein, die gesamte Verantwortung für das Glück meiner Familie läge bei mir.

Sobald es Dad besser ging, fing er ebenfalls an, in der Bar des Campingplatzes zu arbeiten, und eine Zeit lang lief alles recht gut. Es dauerte jedoch nicht lange, bis Mum und Dad beschlossen, etwas Neues auszuprobieren, und sich zu Barmanagern ausbilden ließen. Als Folge davon wurde unser Leben zu einer einzigen langen Achterbahnfahrt – einer Achterbahnfahrt, bei der es öfter abwärts- als aufwärtsging. Fast jedes halbe Jahr zogen wir um – von einem heruntergekommenen Pub zum nächsten. Mum und Dad renovierten die Kneipe dann und sorgten dafür, dass wieder Schwung in den Laden kam. Meinen Eltern gefiel dieses Leben, aber für mich bedeutete es, dass ich mich nie irgendwo einleben und zu Hause fühlen konnte. Zur Schule ging ich nur selten. Jede Neuanmeldung war mit einem riesigen

Papierkrieg verbunden. So kam es, dass wir meist schon wieder umzogen, bevor Mum und Dad alle Formulare ausgefüllt hatten. Lange sah ich keine Schule mehr von innen. Was das für meine Zukunft bedeutete, überblickte ich damals nicht. Ich zog einfach mit meinen Eltern von einem Ort zum anderen und war erleichtert, dass wir alle wieder zusammen sein konnten.

Nicht nur meine Lese- und Schreibfertigkeiten litten unter diesem unsteten Leben. Durch die vielen Umzüge fand ich nur schwer Freunde. Unbekannte einfach so anzusprechen war mir noch nie leichtgefallen. Ich hasste es, die Neue zu sein, die immer am Rand der Gruppe stand, immer einen Schritt zurück war. Mein Selbstvertrauen litt; ich zog mich mehr und mehr in mich zurück und wurde immer stiller.

Vor Dad verbarg ich, wie einsam ich mich fühlte. Er selbst war so glücklich, und das wollte ich ihm nicht verderben. Rückblickend mag das albern klingen, doch ich war überzeugt, er würde wieder fortgehen, wenn ich nicht persönlich dafür sorgte, dass wir zumindest wie eine glückliche Familie wirkten. Fast jedes andere unglückliche Mädchen hätte bei seiner Mutter Trost gesucht. Doch das konnte ich mir nicht vorstellen. Mum war schlicht nicht diese Art Mutter. Sie hatte zu tun, brachte heruntergewirtschaftete Pubs wieder in Schwung, stand dort hinter dem Tresen im Mittelpunkt und war ansonsten mit ihrem eigenen Leben beschäftigt. Für mich hatte sie mit dieser Art der

Arbeit nun noch viel weniger Zeit. So empfand ich das zumindest. Versuchte ich doch einmal mit ihr zu reden, merkte ich schnell, dass sie mein Problem nicht verstand.

»David scheint keine Schwierigkeiten zu haben. Er hat andauernd Freunde zu Besuch«, gab sie zurück. »Vielleicht bemühst du dich nicht genug.« Während sie redete, machte David hinter ihrem Rücken obszöne Gesten. Aber sie ertappte ihn nie dabei. Die Gespräche endeten immer damit, dass ich versprach, mich mehr anzustrengen. Dabei wusste ich insgeheim längst, dass das nichts nutzen würde.

Meine Freundschaften mit Kate und Alice lagen schon so lange zurück. Ich wusste kaum noch, wie es war, wenn man jemanden hatte, dem man sich anvertrauen konnte.

Etwa um diese Zeit begann ich, mich mit Essen zu trösten. In den Pubs, in denen meine Eltern arbeiteten, gab es immer Chips und Erdnüsse, und so lange ich etwas zu essen hatte, kam ich mir nicht ganz so blöd vor, wenn ich alleine auf dem Spielplatz herumsaß. Während ich aß, fühlte ich mich besser. Doch die zusätzlichen Kilos förderten mein Selbstbewusstsein nicht unbedingt. Mein Dad sagte mir zwar oft, ich sei schön. Aber ich war furchtbar gehemmt und verbrachte die meiste Zeit alleine.

Mum gab sich große Mühe, im praktischen Sinn eine gute Mutter zu sein. Sie kochte anständiges Essen, sorgte dafür, dass wir ein sicheres Zuhause hatten und gesund blieben. Doch mir ihre Zuneigung zu zeigen fiel ihr unendlich schwer. Dad hielt mich stundenlang im Arm, aber Mum drückte mich nur gelegentlich kurz an sich. Mit mir zu knuddeln und zu schmusen war nicht ihre Art. Zeit hatte sie vor allem für David; das entging mir nicht. Vielleicht erlaubte ich mir damals zum ersten Mal den Gedanken, dass sie ihn lieber hatte als mich. Gespürt hatte ich das womöglich schon immer. War ich deshalb so auf meinen Vater fixiert?

Zu dieser Zeit, ich hätte vom Alter her eigentlich in die Abschlussklasse der Grundschule gehen müssen, wurde mir auch immer klarer, dass David nicht wirklich der perfekte Sohn war, für den man ihn halten konnte. Mum war so stolz auf ihr beliebtes, intelligentes Kind, dass sie andauernd über ihn redete. Leider stieg David das viele Lob zu Kopf, und er schien zu glauben, dass er tun könnte, was immer er wollte. Was er dagegen nicht wollte, war, in der Schule voranzukommen.

Immer öfter brachte er einen Brief mit nach Hause. »Mr Robinson will euch morgen sprechen.« David wedelte mit einem Umschlag. Dad ließ ihn dann seufzend stehen, während Mum völlig außer sich geriet und mit hysterischer Stimme wissen wollte, was passiert war.

»O David. Was hast du denn jetzt wieder angestellt?«, fragte sie verzweifelt.

»Gar nichts.« Er zuckte mit den Schultern.

»Wirklich? Weshalb müssen wir dann in die Schule kommen?«

»Es ist nur aus Versehen passiert, und es ist nicht schlimm. Aber die haben gleich einen riesigen Aufstand gemacht.«

Einmal stellte sich heraus, dass er auf einer der Türen hin und her geschwungen war, dabei die Beine kräftig hochgeschleudert und ein Loch in die Zimmerdecke getreten hatte. Feixend erzählte David uns die Geschichte. Doch als er Mums Gesichtsausdruck sah, schaute er schnell wieder ernst.

»Und was kostet uns das?«, fragte sie matt.

»Weiß nicht. Sicher nicht mehr als achtzig Pfund oder so.«

»Herrgott, David!« Doch mein Bruder nahm Mum einfach in den Arm, und sie vergaß, dass sie ihn eigentlich ausschimpfen wollte. Stattdessen versuchte sie, ihn mit guten Worten dazu zu bewegen, sich hinzusetzen und für seine Prüfungen zu lernen.

»Schon gut, Mum. Ich mache so was nicht noch mal«, versicherte er ihr. »Aber die Schule ist einfach zum Gähnen ...«

»Aber du bist doch so begabt und verstehst alles so schnell.« Mum versuchte, ihn zur Einsicht zu bringen. »Diese Fähigkeiten musst du nutzen.«

David zuckte die Schultern. Er machte sich nicht einmal die Mühe zu widersprechen.

Wenn Mum seine Zeugnisse und Beurteilungen laut

vorlas, hörten wir immer dasselbe: David könnte Klassenbester sein, wenn er sich auf den Unterricht konzentrieren würde, anstatt seine Mitschüler und Mitschülerinnen zu ärgern und Unsinn zu machen. Bei mir hörte sich das immer ganz anders an. Obwohl ich mir die größte Mühe gab, war ich stets eine der schwächsten Schülerinnen der Klasse.

Einmal, als ich besonders frustriert war, fragte ich meinen Bruder, was sein Problem sei.

»Das ist nicht fair, David. Legasthenikerin zu sein ist ein bescheuertes Gefühl. Ich muss immer kämpfen, und dir fällt die Schule so leicht. Du könntest mit links alles erreichen, was du willst. Warum machst du dann andauernd Blödsinn?«

»Was haben deine Probleme denn mit mir zu tun? Ist es meine Schuld, dass du einen Dachschaden hast?« Damit ließ er mich stehen, und ich kam mir noch viel dümmer vor. Mein Bruder ließ sich nicht ins Gewissen reden. So etwas perlte einfach an ihm ab.

Je älter ich wurde, desto eingehender lernte ich den echten David kennen. Und je mehr ich über ihn erfuhr, desto besorgter wurde ich. Anscheinend hatte er als Dreijähriger derart schlimme Wutanfälle gehabt, dass er den Atem anhielt, bis er ohnmächtig wurde. Mum flehte ihn damals an, Luft zu holen, doch er blieb stur und verlor tatsächlich das Bewusstsein. Besorgt ging Mum mit ihm zum Arzt, doch der Doktor konnte nichts tun. »Sobald er ohnmächtig ist, atmet er wieder.

Machen Sie sich keine Gedanken. So was verwächst sich«, meinte er.

Tatsächlich gewöhnte David sich das Luftanhalten mit der Zeit wieder ab. Doch seine extreme Dickköpfigkeit blieb, und wenn es irgendwo Ärger gab, war er meist dabei.

Als er neun war und ich noch zu jung, um zu verstehen, was passierte, fing er an zu klauen. Sein Freund Adam verleitete ihn dazu. Immer wenn Adams Mutter in dem kleinen Laden an der Ecke Milch oder Brot kaufen wollte, ließ der Ladenbesitzer sie erst wieder gehen, wenn sie die Rechnung ihres missratenen Sohnes bezahlt hatte. Als David es Adam gleichtat und der Ladenbesitzer Mum die Rechnung präsentierte, gab sie meinem Bruder nur ein paar Tage Hausarrest. Außerdem musste er im Haus und im Garten ein bisschen helfen, um den Schaden abzubezahlen. Mum scherzte gern, wenn David lächelte, würde man ihm alles verzeihen. Sie fand sein Grübchengrinsen hinreißend und ansteckend. Damit ließ er den ganzen Raum erstrahlen, und niemand konnte ihm je lange böse sein. Doch weil David keine Grenzen gesetzt wurden, geriet er völlig außer Rand und Band.

Als ich elf Jahre alt war und David fünfzehn, hatte ich das Gefühl, dass mein ehemaliger großer Beschützer sich in jemanden verwandelte, den ich bisher nicht kannte. John Paul war so gut wie erwachsen und lebte sein eigenes Leben. Der launische David führte sich bald auf wie der Herr im Haus. Durch Davids Unberechenbarkeit und weil die Beziehung meiner Eltern ziemlich wackelig war, erschien mir unsere Familie längst nicht mehr so stabil und glücklich wie zuvor. Doch ich hatte keine Freunde und erlebte in der Schule nur Misserfolge. Deshalb blieb mir keine andere Wahl: Ich musste die Familie zusammenhalten, so gut es ging.

Ertappte ich David dabei, wie er sich um seine Pflichten im Haus drückte, so schlich er mir nach und setzte mich unter Druck. »Hey, Vicky, du hast doch nichts gesehen, oder?«, raunte er dann. Dabei rückte er mit dem Gesicht so nahe an meines heran, dass ich Angst bekam. »Ich habe das Geschirr gespült. Stimmt doch? Und du willst mich sicher nicht verpetzen, oder? Und jetzt verschwinde.«

Es funktionierte. Ich wagte nicht, jemandem etwas zu sagen. Der Gedanke daran, was passieren würde, wenn David Ärger bekam und herausfand, dass ich gepetzt hatte, trieb mir kalte Schauer über den Rücken. Sein eisiger Blick und der unheimliche drohende Ton in seiner Stimme reichten aus, um mich zum Schweigen zu bringen. Obwohl ich selbst gesehen hatte, wozu er im Zorn fähig war, fand ich es immer noch schwer zu glauben, dass dies derselbe große Bruder war, der sich noch vor ein paar Jahren auf dem Schulhof für mich eingesetzt hatte.

Eines Tages brachen David und einige seiner Freunde hinter einem Laden in der Nachbarschaft ein Auto auf und hörten darin Radio. Sie fuhren nicht mit dem Wagen weg, saßen nur gemütlich im Warmen und hörten Musik. Vermutlich dachten sie gar nicht darüber nach, wem das Auto gehörte. Das war typisch für David. Menschen, die seinem Vergnügen im Wege standen, ignorierte er kurzerhand. Doch schließlich kam der Autobesitzer, dem auch der Laden gehörte, heraus und erwischte die Jungs. Wir lebten in einer kleinen Sozialsiedlung, wo jeder jeden kannte. Deshalb marschierte er mit David zu uns und erklärte Mum und Dad, was die Jungs sich geleistet hatten. Vielleicht lag es daran, dass Dad in der Gegend sehr geschätzt wurde oder an Davids Alter. Jedenfalls verzichtete der Autobesitzer auf eine Anzeige. Stattdessen ließ er David und seine Freunde bei sich arbeiten. Sie mussten Kisten schleppen. Der Mann zog gerade mit seinem ganzen Laden um, und die Jungs waren vier Tage lang beschäftigt. Man hätte meinen können, das sei nur einer der harmlosen Streiche gewesen, die David ständig im Kopf hatte. Aber bald machten wir uns schon Sorgen, wenn ein paar Wochen vergangen waren und er nichts ausgefressen hatte.

Vermutlich gingen meine Eltern nicht davon aus, dass David irgendwann einmal in ernsthafte Schwierigkeiten geraten könnte. Sie glaubten, er würde eines Tages erwachsen werden und den Blödsinn sein lassen. Aber sie täuschten sich. Sogar ich konnte sehen, dass er immer schlimmer wurde. Trotz allem Mist, den David machte, wurde Dad niemals laut. Das war nicht seine Art, das überließ er Mum. Dad nahm David lieber beiseite und erklärte ihm, was er falsch gemacht hatte. Doch David starrte dann nur ausdruckslos vor sich hin und zuckte mit den Schultern. Es war hoffnungslos. Selbst wenn Mum ihn frustriert anschrie, verzog er nicht einmal das Gesicht. Er stellte sich einfach taub.

Meine Eltern wussten, dass David ohne Vorwarnung explodieren konnte, und beschlossen, ihn auf die richtige Spur zu bringen, indem sie ein paar Grundregeln aufstellten. Er musste zum Beispiel jeden Abend um neun zu Hause sein. Vermutlich wollten sie, dass er so viel Zeit wie möglich daheim verbrachte. Aber das bedeutete auch, dass seine Freunde ständig in seinem Zimmer hockten. Ich weiß, dass meine Eltern vor allem versuchten, David vor sich selbst zu schützen. Sie konnten nicht ahnen, dass sie ihre Tochter gefährdeten, indem sie ihren Sohn an der kurzen Leine hielten.

Damals waren David seine Freunde sehr wichtig. Er war fast ununterbrochen mit ihnen zusammen, und der Zapfenstreich um neun hielt ihn nicht davon ab, dann eben am frühen Abend jede Menge Dummheiten zu machen. David war ein Autonarr. Zwar hatte er keinen Führerschein, und niemand hatte ihm je das Fahren beigebracht, doch er setzte sich gerne und so oft wie möglich ans Steuer jedes beliebigen Wagens. Vielleicht gefiel ihm das Gefühl, die Kontrolle zu haben, oder es war der Reiz des Verbotenen. Was immer ihn dazu bewogen haben mochte – er wurde zweimal kurz hintereinander bei dem Versuch erwischt, mit fremden Autos eine Spritztour zu machen. Beide Male brachte ihn die Polizei nach Hause, und beide Male kam er mit einer Verwarnung davon. Doch selbst die Ermahnungen der Polizisten änderten nichts. Rückblickend wünschte ich, wir alle hätten uns ihre strengen Worte mehr zu Herzen genommen.

Und inzwischen wurden nicht mehr nur Außenstehende zum Ziel von Davids illegalen Aktivitäten – auch gegenüber der Familie kannte er keine Skrupel. Wenn Dad beschäftigt war, nahm David sich manchmal unbemerkt seinen Wagen. Oft kam mein Bruder dann mit einem verschämten Gesichtsausdruck und einem Lenkrad oder einer Handbremse in der Hand nach Hause. »Ich bin bloß kurz um die Ecke gefahren, und das Ding ist einfach so abgefallen«, sagte er dann. Das waren die einzigen Male, wo ich Dad aus der Haut fahren sah, wobei er sich vermutlich mehr Sorgen um David machte als um den Wagen.

Natürlich waren wir alle nicht glücklich darüber, dass David sich in ziemlich dubiosen Kreisen bewegte und die Finger nicht von Autos lassen konnte. Was uns aber wirklich Sorgen machte, war, dass er zunehmend brutaler wurde.

David und mein ältester Bruder, John Paul, waren wie Feuer und Wasser und hatten sich nie wirklich gut verstanden. Ich weiß nicht, ob ihr gespanntes Verhältnis nur an ihrem ungleichen Charakter lag oder ob noch etwas anderes, viel Abgründigeres dahintersteckte. David verspottete John Paul wegen seines Gewichts und seiner Nase gnadenlos. John Pauls Spitzname war »Concorde«, und er hatte sowieso schon Hemmungen wegen seines Aussehens. Die beiden zankten sich andauernd. John Paul war der Reizbarere, aber David neigte viel stärker zur Gewalttätigkeit. Sie konnten wegen der kleinsten Kleinigkeit aneinandergeraten. Es reichte, dass John Paul unaufgefordert in Davids Zimmer ging oder dass jemand die letzte Packung Chips gegessen hatte. Und für David war ein Streit immer erst dann zu Ende, wenn seine Rachegelüste befriedigt waren oder er Genugtuung erhalten hatte – ob das nun bedeutete, dass Mum oder Dad für ihn Partei ergriffen oder dass er John Paul schlug, bis er blutete.

Als ich noch ein kleines Kind war, passierte das meist hinter geschlossenen Türen. Doch kurz nachdem Mum und Dad wieder zusammengefunden hatten, kam ich einmal zufällig dazu, als David und John Paul sich in Davids Zimmer prügelten. Als sie endlich aufhörten, waren überall auf dem cremefarbenen Teppich grellrote Blutflecken. David schlug John Pauls Kopf gegen die Wand, und John Pauls Nase blutete. Die Schlägerei war so brutal, dass nicht einmal Mum dazwischengehen konnte. Sie musste Dad bei der Arbeit anrufen und ihn bitten, nach Hause zu kommen. Als er endlich da war, sah das Zimmer aus wie ein Schlachtfeld. Mum versuchte, das Blut wegzuputzen, doch es war sinnlos. Einige Stellen auf dem Teppich blieben für alle Zeit pinkfarben. John Paul mochte älter, größer und schwerer sein als David, doch David war so wild und brutal, dass der arme John Paul keine Chance hatte. Ich weiß noch, wie entsetzt ich war und wie ich schrie, sie sollten aufhören. Zum ersten Mal wurde mir völlig bewusst, wie rabiat David sein konnte. Von da an hatte ich wirklich Angst vor ihm, und ich bemühte mich, ihm möglichst aus dem Weg zu gehen. Bald betrachtete ich ihn kaum noch als meinen Bruder. Er schüchterte mich ein, ich fürchtete mich vor ihm, und solange er in meiner Nähe war, war ich angespannt.

Ich mied David, so gut es ging, denn obwohl er mir nie direkt etwas getan hatte, wusste ich doch, wozu er fähig war. Aus irgendeinem Grund war ich die Einzige, an der er sich nie vergriff. Eine Zeit lang dachte ich, er ließe mich in Ruhe, weil ich die Jüngste war – das Nesthäkchen der Familie. Von anderen Familien wusste ich, dass die Großen sich um die Kleineren kümmerten. Also nahm ich an, dass das bei uns auch so wäre. Inzwischen frage ich mich, ob nicht weit dunklere Gründe dahintersteckten, die mir nur nicht aufgefallen waren.

Schubste John Paul mich einmal weg, wenn ich ihm auf der Treppe oder sonst wo im Weg stand, schrie David: »Du lässt sie in Ruhe! Verstanden?« Dann zuckte John Paul die Schultern, trat beiseite, und ich war noch verwirrter als zuvor. Gelegentlich fühlte ich mich von David beschützt, doch schon im nächsten Augenblick machte er mir wieder Angst. Nie wusste ich, in welcher Stimmung er gerade war. Er war unberechenbar, und seine Launen wechselten so schnell, dass sich kein Mensch darauf einstellen konnte. Morgens, wenn ich aufwachte, hatte ich keine Ahnung, ob David heute mit mir reden oder sich einfach an mir vorbeidrängen und mich ignorieren würde. Er war schwer einzuschätzen, und mir war in seiner Gegenwart unbehaglich zumute.

Manchmal, wenn wir morgens zusammen beim Frühstück saßen, überlegte ich angestrengt, ob ich mit ihm sprechen sollte oder nicht. Dann versuchte ich zu erraten, in welcher Stimmung mein Bruder war.

Gelegentlich überraschte er mich mit der Frage: »Hast du deine Zunge verschluckt?« Dann wusste ich, dass er gute Laune hatte.

»Oh, entschuldige. Ich habe bloß vor mich hin geträumt. Was machst du denn heute?«

Er zuckte die Schultern. »Einfach rumhängen, denke ich.«

Obwohl seine Freunde nicht wirklich nett waren, wollte ich gern mit zur Gruppe gehören und Spaß haben. David war mein großer Bruder, und ich bewunderte ihn.

»Nimmst du mich mit?«, nuschelte ich schließlich, trotz meiner Angst vor seiner Reaktion.

»Vicky, machst du Witze? Soll das lustig sein?« Feixend warf er das Besteck ins Spülbecken. Wenn er sich wieder zu mir umdrehte, grinsten nur seine Lippen. Seine Augen waren kalt.

»Nimm's nicht persönlich, aber ich will nicht, dass du mit uns rumziehst. Ich habe keine Ahnung, was ich heute noch so alles machen werde ...«

Verlegen und verwirrt verließ ich die Küche. Wieder einmal hatte ich ihn falsch eingeschätzt.

Wenn ich an früher dachte, vermisste ich den großen Bruder, den ich einmal gehabt hatte. Mir fehlte das liebenswerte, schelmische Kind, das er einmal gewesen war. Und ich wusste, dass Mum dieses Kind noch viel mehr vermisste als ich. Sie glaubte nach wie vor, sie könnte David zur Vernunft bringen, doch immer mehr Leute verloren die Geduld mit ihm. Dads Verwandtschaft hielt schon seit Jahren nicht mehr mit ihrem Misstrauen und mit ihrer Abneigung gegenüber David hinter dem Berg. Einmal hatte ich zufällig mit angehört, wie Tante Chris mit meinen Eltern darüber redete.

»David braucht vor allem eins – eine strenge Hand«, sagte sie mit vor der Brust verschränkten Armen. Ich schlich mich davon, konnte die lauten Stimmen aber auch in meinem Zimmer noch hören.

»Ich versuche ja, mit ihm zu reden.« Dad klang verärgert. »Aber es hilft nichts. Die Regeln, die wir aufstellen, interessieren ihn nicht. Wenn wir ihn abends zu Hause behalten, macht er eben tagsüber irgendwelchen Mist.«

Mum schaltete sich ein. »Ich weiß, er ist ein bisschen wild. Aber er ist noch jung. Wenn er älter wird, wird er sicher vernünftiger. Er ist ein kluger Junge und merkt bald selbst, wie dumm sein Verhalten ist.«

»Das glaube ich erst, wenn ich es mit eigenen Augen sehe«, schnaubte Tante Chris. »Wann merkt ihr endlich, dass dieser junge Mann eine tickende Zeitbombe ist?«

Insgeheim fand ich, dass sie recht hatte. Mum und Dad hatten keinen Einfluss mehr auf David. Er wurde älter, aber keineswegs vernünftiger. Im Gegenteil.

Als David mit etwa fünfzehn Jahren seine ersten Freundinnen hatte, ging er sehr offen damit um. Die meisten Jungen in seinem Alter brachten ihre Eroberungen nicht mit nach Hause. Doch seine Mädchen waren ständig bei uns. Über jede einzelne Freundin sprach er, als sei es diesmal »die Richtige«. Mum wusste von jeder, und David war das nicht peinlich. Er hielt seine Freundschaften nicht geheim. Er war stolz, wenn ein Mädchen an seinem Arm hing. Und trotz seiner Unberechenbarkeit schienen immer ausgerechnet die Hübschesten hinter ihm her zu sein. Selbst damals war es schon so, als gäbe es einen charmanten, öffentlichen David, den alle mochten, und außerdem den echten, dunkleren David, der allen verborgen blieb.

Mit Davids Freundinnen redete ich nie viel. Ich ging ihm längst so weit wie möglich aus dem Weg. Obwohl David nur fünf Jahre älter war als ich, trennten uns inzwischen Welten. Wenn ich ihn mit seinen Mädchen sah, fragte ich mich, was in aller Welt sie an ihm fanden. Vielleicht war das die ganz normale Reaktion einer Schwester. Ich fand David so widerlich, dass ich nur rätseln konnte, wie er es schaffte, dass überhaupt ein Mädchen mit ihm zusammen sein wollte – von den vielen hübschen, netten ganz zu schweigen. Hatte er sie aber erst mal an der Angel, war er nur noch gemein zu ihnen. Ich fand das furchtbar peinlich und unangenehm.

Einmal, als wir alle zusammen beim Abendessen saßen, schrie David seine aktuelle Freundin urplötzlich und ohne erkennbaren Grund an.

»Herrgott noch mal, Julie. Kannst du den Mund beim Essen nicht zu lassen? Mir wird schon ganz schlecht. Ich kann die ganze Pampe in deiner Fresse sehen!«, bellte er.

Das Mädchen tat mir wirklich leid. Ich sah genau, dass sie mit den Tränen kämpfte, und lächelte sie über den Tisch hinweg an, doch David ertappte mich dabei und bestrafte mich mit einem bösen Blick. Schnell schaute ich beiseite. Julie schniefte, verschwand aber später wie immer in Davids Zimmer und schloss die Tür – was gegen die Hausregeln verstieß. Es war, als hätte er sie behext.

In diesem Juli brach David zu Mums Bestürzung die Schule ab. Julies Eltern machten Urlaub, und David sagte Mum und Dad, sie hätten ihn gebeten, in ihrer Abwesenheit auf das Haus aufzupassen. Das war das letzte Mal, dass wir ihn sahen, bis etwa zwei Wochen später die Polizei vor dem Haus stand. Offenbar hatte David gar keine Erlaubnis, im Haus seiner Freundin zu wohnen, und Julie sollte eigentlich bei Verwandten sein, solange ihre Eltern nicht da waren. Doch David hatte einen Schlüssel geklaut, und die beiden hatten volle zwei Wochen miteinander in dem Haus gewohnt, das Auto benutzt, seine Kleider in der Waschmaschine gewaschen und Essen gekocht. Um bei seiner Freundin den Hausherrn spielen zu können, hatte David das Vertrauen zahlloser Menschen missbraucht. Und Julie hatte wie üblich genau das getan, was er von ihr verlangte. Man konnte fast meinen, sie hätte mehr Angst vor ihm als vor sämtlichen Konsequenzen.

Julies Eltern hatten keinen Verdacht geschöpft, bis sie entdeckt hatten, dass die Tür der Waschmaschine kaputt war. Daraufhin hatten sie Julie ins Gebet genommen, und sie hatte alles zugegeben. Ihre Eltern waren so wütend, dass sie David anzeigten und Julie zwangen, die Beziehung zu beenden. Die beiden sahen einander nie wieder, und ehrlich gesagt glaube ich, dass Julie Glück hatte, so glimpflich davongekommen zu sein. David musste vor Gericht erscheinen und Arbeitsstunden ableisten. Er hatte schon öfter mit der Polizei zu tun gehabt, aber das schien nicht viel zu bedeuten. Ich wunderte mich, dass das Urteil so milde ausfiel. Wäre ein ordentlicher Schuss vor den Bug für ihn nicht ein guter Grund gewesen, sich zu ändern?

Mum und Dad waren außer sich vor Sorge um David, doch sie waren machtlos. Je gewalttätiger, abgefeimter und unberechenbarer ihr Goldjunge wurde, desto weniger wollte vor allem Mum das alles wahrhaben.

Wir hofften, dass David sich mit der Zeit noch ändern würde, und glaubten, er könnte schließlich nicht endlos so weitermachen. Irgendwann würde er nicht mehr der egoistische Teenager-Rebell sein, sondern schlicht erwachsen werden. Doch ich sollte bald am eigenen Leib erfahren, dass er immer nur noch schlimmer wurde.

Angst

Meine Eltern und ich flüchteten weiterhin, so oft wir konnten, vor dem Alltag auf den Campingplatz. David wurde mit steigendem Alter immer seltsamer. Er blieb häufig zu Hause im White Horse Pub in Tilbrook und weigerte sich, etwas mit der Familie zu unternehmen. Wir sahen ihn kaum noch. Lieber war er mit seinen Freunden zusammen und übernachtete bei ihnen, so oft es ging.

Mir fiel es schwer, so zu tun, als würde mir das etwas ausmachen. In Davids Gegenwart war mir nicht wohl, und sein Verhalten wurde immer unberechenbarer. Schon die winzigste Kleinigkeit konnte einen Wutanfall auslösen. Eines Tages wollte er direkt nach dem Abendessen aus dem Haus stürzen, doch Dad hielt ihn auf. »Augenblick, David. Wie wäre es, wenn du deiner Mum zur Abwechslung mal mit dem Abwasch hilfst?«

David antwortete nicht. Die angespannte Stille zog sich hin, bis Mum schließlich sagte: »Kein Problem, Liebes. Vicky hilft mir gerne.«

»Nein. Ich denke, heute ist mal David dran.« Dads Stimme war leise, aber fest. David fuhr herum und schrie Dad direkt ins Gesicht.

»Mach mich bloß nicht an. Mach mich nicht an! Ich wollte diesen ekligen Fraß nicht mal! Scheiße, warum sollte ich dann hier die Drecksarbeit für euch machen?«

»David!«, schrie Mum. Doch er war noch nicht fertig. Er baute sich vor Dad auf und drohte ihm mit dem Finger. Dann zischte er: »Wer bist du, dass du glaubst, mich rumkommandieren zu können? Lass mich in Ruhe! Ich muss mir das nicht bieten lassen. Ich muss mir diese Scheiße hier nicht mehr bieten lassen ...«

Ohne nachzudenken, legte ich David die Hand auf den Arm. Ich wollte ihn beruhigen. Er packte sie grob und ließ mich nicht mehr los.

»Lass mich!«, kreischte ich. Meine Eltern sagten ihm beide, er solle mich in Frieden lassen. Ich dachte, er würde mich gegen seine Gewohnheit gleich zum ersten Mal schlagen. Doch er sah mich nur ganz seltsam an und lachte hämisch, als ich versuchte, mich ihm zu entwinden. Er war derselbe Bruder, mit dem ich früher auf dem Campingplatz zum Spaß gerungen hatte. Doch jetzt hatte sein Gesichtsausdruck überhaupt nichts Spielerisches mehr. Mum fing an, wie üblich geschäftig herumzurennen. Sie machte Tee und versuchte, ihren Sohn mit allem möglichen Geplapper abzulenken. Schließlich beruhigte David sich genug, um meine Hand loszulassen. Ich floh zur Treppe, ohne mich noch einmal umzusehen. Als ich auf dem Bett saß, hörte ich die Haustür zuknallen, gefolgt vom Geräusch von Davids Stiefeln. Er stürmte zum Haus eines seiner Freunde, und Dad schrie hinter ihm her. Ich konnte noch immer die roten Druckstellen sehen, wo mein Bruder mich festgehalten hatte. Nach diesem Vorfall war er noch viel seltener zu Hause, und ich war ehrlich gesagt ganz froh darüber.

Nach diesem Ereignis fuhren wir nun fast jedes Wochenende nur zu dritt auf den Campingplatz. Wir freundeten uns dort mit der Familie an, die während der Hochsaison die Disco betrieb. Robin, ihr Sohn, war genau wie ich elf Jahre alt, und wenn unsere Eltern sich trafen, dann sahen wir uns auch. Als wir uns zum ersten Mal begegneten, fragte er, ob ich schon mal auf seine Schule gegangen sei. Ich käme ihm irgendwie bekannt vor. Ich wusste, dass das nur ein Vorwand war, um herkommen und mit mir sprechen zu können. Dass ein Junge mich überhaupt wahrnahm, war eine neue Erfahrung für mich. Eigentlich wollte ich gerne mit ihm reden. Doch weil ich so schüchtern war, brachte ich kaum ein Wort heraus. Anfangs zog sich die peinliche Stille oft lange hin, manchmal starrten wir beide ewig zu Boden. »Und? Was hast du so gemacht?«, presste ich dann irgendwann vielleicht mühsam hervor. »Nicht viel«, antwortete er dann. Anschließend herrschte wieder Schweigen. So verliefen unsere Begegnungen in den ersten paar Wochenenden. Ich war ziemlich in diesen Jungen verschossen, wusste aber nicht, was ich tun sollte.

Zum allerersten Mal fand ich einen Jungen toll. In der Schule war mir das nie passiert; dort fühlte ich mich in jeder Hinsicht überfordert. Dass ich nun von Robin so hingerissen war, war auch ein Beweis dafür, um wie viel wohler ich mich außerhalb der Schule fühlte. Im Lauf der

Wochen verbrachten wir so viel Zeit miteinander, dass ich meine Schüchternheit ablegte. Wir machten alles Mögliche: Wir schwammen, redeten oder hingen auf dem Spielplatz herum. Ich war tatsächlich verknallt in den Jungen mit dem Kindergesicht und dem schimmernden braunen Haar. Lustig war er auch – er brachte mich zum Lachen.

Die erste Periode hatte ich bereits mit neun Jahren zum ersten Mal bekommen; jetzt gerieten meine Hormone außer Rand und Band. Ein Blick von Robin, und ich schmolz dahin. Wir wurden unzertrennlich, und eines Tages küssten wir uns während eines Spaziergangs über den Platz sogar. Es blieb jedoch bei ein paar unschuldigen Küssen hinter einer Hecke. In meiner kindlichen Unerfahrenheit dachte ich, ich sei verliebt und konnte nicht fassen, dass ein so süßer Junge wie Robin sich für ein stilles, pummeliges Mädchen wie mich interessierte. Robin wohnte dauerhaft auf dem Campingplatz, und jedes Mal, wenn ich wiederkam, machten wir einfach da weiter, wo wir beim letzten Mal aufgehört hatten. Doch wir waren noch sehr jung und ahnungslos. So plätscherte meine erste Romanze dahin und war eines Tages einfach vorbei.

Wegen des Nomadenlebens, das meine Familie führte, musste ich mich von jedem Menschen, dem ich mich nahe fühlte, stets schnell wieder verabschieden. Deshalb waren meine Freundschaften von kurzer Dauer, und ich konnte nie irgendwo Wurzeln schlagen. Obwohl ich immer noch sehr gerne mit Dad zusammen war, sehnte ich mich mit zunehmendem Alter nach einer gleichaltrigen Person. Und wenn ich schon keine Freunde hatte, wollte ich wenigstens einen Hund haben. Er würde immer auf mich warten, mir bedingungslose Liebe und Aufmerksamkeit schenken. Bald lag ich Mum und Dad ständig damit in den Ohren.

Kurz nachdem wir nach Tilbrook gezogen waren, fand ich heraus, dass es in der Nähe ein Tierheim gab. Bei jeder Gelegenheit bat ich meine Eltern, mit mir hinzufahren. »Wir müssen ja nicht gleich einen Hund mitnehmen«, sagte ich. »Wir gehen einfach mal hin und gucken.« Ich ließ den beiden keine Ruhe mehr.

Schließlich gaben meine Eltern nach, und wir fuhren zum Wood-Green-Tierheim. »Wir sehen uns das wirklich nur mal an«, warnte Mum. Ich kam fast um vor Aufregung. Sobald wir dort waren, sprang ich aus dem Wagen und rannte los. Eine Ewigkeit lang wanderte ich umher. Dabei versuchte ich insgeheim zu entscheiden, welchen Hund wir mitnehmen sollten. Aber das war völlig unmöglich. Jeder einzelne war einfach zu süß. Schließlich entdeckte ich den drolligsten von allen. Richtig frech sah er aus. Ich spürte, dass Mum und Dad langsam weich wurden. »O Mum. Der ist so süß. Ich würde mich auch immer gut um ihn kümmern. Das verspreche ich«, bettelte ich.

»Komm schon, Schatz«, sagte Dad. »Dann wäre sie nicht so allein, wenn wir im Pub sind.«

»Mum, ganz ehrlich, ich gehe jeden Tag mit ihm raus. Und halte alles sauber Und bürste ihn ...«

»O.k. Genug. Schon gut!« Mum hob die Hand. »Ich frage mal nach, was das für ein Hund ist.« Als wir erfuhren, dass der Welpe bereits vergeben war, war ich am Boden zerstört. Einen anderen Vierbeiner konnte ich mir jetzt nicht mal mehr ansehen. »Gehen wir.« Ich kämpfte gegen die Tränen.

Auf dem Weg hinaus zum Wagen mussten wir an einer weiteren Reihe von Zwingern entlang. Und da passierte es: Ein Collie-Welpe zwängte sich durch die Gitter und purzelte mir direkt vor die Füße. Plötzlich hatte ich meinen besten Freund gefunden – oder besser gesagt: Er fand mich. Ich hob ihn hoch; er leckte mir die Finger. »O Mum, schau mal! Den hier müssen wir einfach mitnehmen«, bettelte ich.

Doch anscheinend war mein neuer Seelenverwandter krank. Zunächst waren die Leute vom Heim nicht sicher, ob sie ihn überhaupt abgeben sollten, kamen letztlich aber zu dem Schluss, dass er in einem guten neuen Heim vielleicht schneller wieder fit werden würde. Ich nannte ihn Ben, und wir waren vom ersten Augenblick an unzertrennlich.

Als David hörte, dass ich ein Haustier bekommen hatte, war er furchtbar neidisch. »Ich wollte auch immer einen Hund haben. Wie kommt es, dass Vicky einen kriegt?«, jammerte er. Mum schlug vor, der Hund könnte uns gemeinsam gehören. Doch ich wollte David nicht einmal in Bens Nähe dulden. Etwas, was ich liebte, konnte ich ihm unmöglich anvertrauen. Am Ende sagte Mum, er könne auch einen Hund haben. David hatte immer einen Dobermann gewollt. Einer seiner Freunde besaß einen, und der gefiel ihm. Vermutlich dachte er, dass ein Dobermann zu seinem Knallharter-Typ-Image passte. Also ging er ein paar Wochen später zu einem Dobermannhilfe-Verein und brachte die fünfeinhalb Monate alte Taura mit nach Hause. Von da an herrschte Chaos im Pub. Ben und Taura verstanden sich prächtig, waren zusammen aber kaum zu bändigen.

Im Spätherbst waren die Hunde bei uns eingezogen, und kurz darauf fing es an zu schneien. Der Teich im Garten hinter dem Pub war zugefroren, und die Hunde rutschten immer wieder darauf aus. Einmal jagte Taura Ben so wild, dass sie übers Eis schlitterte, hinfiel und dann wimmerte wie ein Baby. Ich rannte in die Küche, um es David zu sagen. Er blätterte gerade in einer Autozeitschrift.

»Komm schnell!«, japste ich. »Taura hatte einen Unfall!«

»Kannst du nicht nach ihr sehen? Sei ein braves Mädchen.« Er lächelte mich an und blätterte weiter.

»Nein, ich meine wirklich einen Unfall. Sie ist auf dem Eis ausgerutscht, und ich glaube, sie hat sich was gebrochen.«

»Sicher ist es halb so schlimm, Vicks. Sie ist ein zähes

altes Mädchen.« Seine Stimme klang kalt. Er sah nicht einmal von der Zeitschrift auf.

»David …« Unsere Blicke trafen sich. Als ich den drohenden Ausdruck in seinen Augen sah, verließ mich der Mut. »Schon o.k. Ich kümmere mich um sie.«

»Braves Kind!« Er beugte sich vor und wuschelte mir durchs Haar. Instinktiv zuckte ich zurück, doch er lachte nur. Dann las er weiter.

Ich hielt mein Versprechen und kümmerte mich um Taura und Ben. Immer – jeden Tag. Denn ich wusste, David würde keinen Finger krumm machen. Die Begeisterung für Taura war ein Strohfeuer gewesen; inzwischen langweilte sie ihn, und er beachtete sie nicht mehr. Oft zog er mit seinen Freunden los, ohne sie vorher zu füttern. Ich dagegen ertrug es nicht, wenn die Hunde Hunger hatten. Wenn es ihnen nicht gut ging, litt ich ebenfalls. David schaute einfach weg. Es war, als nähme er die Qualen anderer Wesen gar nicht wahr. Vielleicht klingt es albern, doch die Art, wie mein Bruder die Hunde behandelte, ließ mich frösteln. Ich schwor mir, die beiden stets zu beschützen. Dabei ahnte ich noch nicht, dass er auch für mich zu einer großen Gefahr werden würde.

Trotz der Unruhe und des fröhlichen Durcheinanders, die mit den Hunden ins Haus einzogen, war ich immer noch traurig darüber, dass ich in Tilbrook keine Freunde hatte. Nicht einmal Robin traf ich noch, den einzigen

Menschen außerhalb der Familie, mit dem ich reden konnte. Dazu kam, dass mir die Erlebnisse in der Schule dort immer noch sehr zu schaffen machten. Ich hatte die Eingangsklasse einer großen Gesamtschule besucht, in der es ziemlich rau zuging, und ich hatte jede einzelne Minute gehasst. Die Unterrichtsstunden versetzten mich in Angst und Schrecken, weil die Buchstaben und Zahlen nur so über die Seiten schwammen und sich vermischten. Es war zum Heulen. Anfangs versuchte ich, um Hilfe zu bitten. Doch mein Lehrer zeigte kein Verständnis. Einmal rief er mich an die Tafel, wo ein anderes Mädchen mir eine Grammatikaufgabe erklärte. Sie sprach ganz langsam – so, als hielte sie mich für zurückgeblieben, und die ganze Klasse lachte über mich, das dumme neue Mädchen. Danach sagte ich lieber nichts mehr und fiel im Stoff immer weiter zurück.

Die Unterrichtsstunden waren schon frustrierend genug, aber noch hundertmal schlimmer ging es auf dem Pausenhof zu. Allein ging ich auf und ab, versuchte dabei sehr beschäftigt auszusehen und wünschte mir verzweifelt, meine Hunde wären bei mir. Man hänselte mich inzwischen zwar unauffälliger, aber immer noch genauso gemein wie früher.

Während der Pause am Vormittag setzte sich eines Tages eins der beliebtesten Mädchen der Klasse neben mich, was ich natürlich furchtbar aufregend fand. Normalerweise hockte ich allein herum und sah den anderen Mädchen beim Spielen zu. Selbstverständlich war ich der Klasse am Anfang des Schuljahres vorgestellt worden, doch bisher hatte mich niemand beachtet. Normalerweise wäre ich viel zu schüchtern gewesen, aber weil ich ein so einsames kleines Ding war, lächelte ich das Mädchen an und hielt ihr meine Chipstüte hin.

»Vicky ... So heißt du doch, oder?«

Sie warf ihr langes blondes Haar zurück. Ihr Name war Amanda, und ich fand, dass sie meiner alten Freundin Alice ein klein wenig ähnlich sah.

»Ja, stimmt.« Ich freute mich so, dass mir nicht auffiel, wie ihre Freundinnen uns beobachteten und hinter meinem Rücken kicherten.

»O.k., Vicky. Kannst du ein Geheimnis für dich behalten?« Amandas Augen strahlten, und ihre Begeisterung war ansteckend. Deshalb nickte ich energisch. »Prima! Kennst du Sam?«

»Ja. Sicher.« Ich versuchte, ganz lässig zu tun, doch wer Sam war, wusste jeder: Einer der am besten aussehenden Jungs in unserem Jahrgang.

»Na ja, ich glaube, du gefällst ihm.« Amanda lehnte sich zurück, verschränkte die Arme und lächelte breit.

»Im Ernst?« Es gelang mir nicht, meine Überraschung zu verbergen. Erst Robin und jetzt Sam! »Woher weißt du das?«

Sie ging nicht auf meine Frage ein. »Jeder weiß es. Aber was willst du jetzt machen? Soll ich mal für dich mit ihm reden?«

»Ehm, danke. Aber ich weiß nicht ...«

»Du hast recht«, unterbrach sie mich. »Sicher ist es besser, wenn du das selbst machst. Wenn du möchtest, komme ich mit.«

Ich wollte meine neue Freundin nicht enttäuschen. Deshalb schlenderten wir Arm in Arm zu der Gruppe von Jungen, die auf der Treppe herumlungerten. Als wir näher kamen, fingen sie an zu lachen. Ich hoffte nur, dass sie Sam nicht wegen mir aufzogen. Mein Magen verkrampfte sich, so nervös war ich. Doch Amanda drückte meinen Arm und sagte fröhlich: »Hey, Jungs. Vicky wollte mal kurz bei euch vorbeischauen.« Alle kicherten, doch ich hatte den Eindruck, Sam wäre ein bisschen rot geworden. Das gab mir das nötige Selbstvertrauen, um ihn anzulächeln und zu sagen, »Hey, Sam. Was treibt ihr denn so?«

Nie zuvor hatte ich es gewagt, in irgendeiner Schule einen beliebten Jungen anzusprechen. Aber vielleicht war hier endlich einmal alles anders? Vielleicht gehörte ich diesmal dazu?

Ich hatte mich getäuscht. »Vorsicht, Sam!«, sagte meine sogenannte Freundin. Dabei legte sie Sam den Arm um die Schulter. »Vicky ist total in dich verknallt. Andauernd redet sie von dir und hat deinen Namen tausendmal auf ihr Mäppchen gekritzelt. Sie sagt, sie will dich heiraten und ein Kind von dir.«

Sam zuckte zurück, und die anderen Jungs machten sich fast in die Hose vor Lachen. Einer, der gerade etwas getrunken hatte, prustete so heftig, dass ihm der Saft aus der Nase schoss.

»Nein. Das ist nicht ...! Amanda hat gesagt ...« Aber keiner hörte mir zu. Ich fühlte mich tief gedemütigt. Bevor mir auch noch heiße Babytränen übers Gesicht kullern konnten, rannte ich weg und versteckte mich bis zum Ende der Pause in der Toilette.

Tagelang wurde ich gnadenlos gehänselt. Ich versuchte, mich einer Lehrerin anzuvertrauen, war aber so verlegen und stellte mich so ungeschickt an, dass mir das nur die Ermahnung eintrug, keinen Unsinn über meine Klassenkameraden zu verbreiten. Danach hielt ich den Mund, und irgendwann verloren meine Peiniger das Interesse an mir. Kurz darauf zogen wir wieder einmal um. Ich hatte es nicht eilig, in eine neue Schule zu kommen und noch einmal etwas Ähnliches durchzumachen. Vielleicht würde ich zu Hause glücklicher sein, selbstbewusster und sicherer ...

Als ich zwölf Jahre alt war und wir nach Tilbrook in den Pub zogen, waren die Familie und die Hunde meine Welt. Die Schule sah ich nicht einmal von Weitem. In einer Zeit, in der ich dort Freunde in meinem Alter hätte finden sollen, half ich im Pub mit, sammelte Gläser ein und servierte Essen. Oder ich spielte hinten im Garten mit Ben und Taura. Die Schulaufsicht schaltete sich ein, doch weil wir nie lange am selben Ort lebten, passierte nicht viel. Eigentlich war es ein Skandal. Mum hat mir später gesagt, sie bedaure jetzt, damals nicht darauf bestanden zu haben, dass ich zur Schule ging, denn selbst jetzt als Erwachsene tue ich mich mit dem Lesen noch sehr schwer. Aber meine langen Fehlzeiten hatten noch viel schwerwiegendere Folgen. Manchmal frage ich mich, ob vielleicht alles anders gekommen wäre, wenn ich in Tilbrook nur eine einzige Freundin oder eine einzige verständnisvolle Lehrkraft gehabt hätte. Doch während der Zeit, die die schlimmste in meinem ganzen Leben werden sollte, lebte ich völlig isoliert.

Eigentlich war Tilbrook ein nettes, freundliches Dorf. Aber für mich wurden dort meine schlimmsten Albträume wahr. Mum und Dad waren hier sehr beliebt; ihre Freunde waren nett zu mir. Der Pub war nicht nur mein Zuhause, er war auch mein Arbeitsplatz, und mein gesamtes Sozialleben spielte sich hier ab. In einer Gruppe von Kindern in meinem Alter versteinerte ich, ich bekam Hemmungen und rannte am Ende davon. »Woher kommst du denn, Vicky?«, fragte mich vielleicht ein nettes Mädchen in der Schule. Doch ich brachte keinen Ton heraus. Wenn mich alle anstarrten und auf eine Antwort warteten, setzte mich das so sehr unter Druck, dass ich nur weglaufen wollte, anstatt zu antworten wie ein normaler Mensch. Manchmal kam es mir so vor, als wären meine Lippen zugenäht – ein albtraumhaftes Gefühl, das für mich bald zum Alltag gehören sollte.

Mich einsam zu fühlen, besonders wenn ich von anderen Kindern umgeben war, wurde mehr und mehr zum Normalzustand. Weil ich so viel Zeit mit Erwachsenen verbrachte, fiel es mir viel leichter, mit den Freunden meiner Eltern und den Pub-Besuchern zusammen zu sein als mit Mädchen meines Alters. Meine Periode bekam ich, wie bereits erwähnt, schon seit ich neun Jahre alt war, und bald hatte ich den Körper einer erwachsenen Frau. Es war, als ob sich alles dazu verschworen hätte, um mich schnell groß werden zu lassen und meiner Kindheit zu berauben.

Mit zwölf war ich mit meinen Grübchen und der wilden dunklen Mähne eine Art Maskottchen der Erwachsenen im Pub. Freundliche Stammgäste unterhielten sich oft mit mir.

»Komm, setz dich zu uns, kleine Vicky«, sagte Bill, einer der Stammgäste, oft zu mir. »Hab ich dir eigentlich schon mal die Geschichte dieser Kneipe erzählt?« Dann zuckte ich die Schultern. Gerne hörte ich sie mir noch einmal an.

»Weißt du denn, dass es diese Tankstelle schon seit Jahrhunderten gibt? Ja wirklich. Früher tränkten die Reisenden hier ihre Pferde und legten eine Pause ein. Die Gemäuer haben viel gesehen – und nicht nur lauter schöne Sachen. Manches ist wahrscheinlich viel zu gruselig für deine Ohren.«

»Jetzt hör aber auf. Mach ihr keine Angst ...«, rief Dad von der Bar herüber.

Dann lachte Bill, fuhr aber unbekümmert fort. »Wie

dem auch sei. Ich will nur sagen, ich kenne Leute, die würden schwören, dass sie in dunklen Nächten einen kopflosen Reiter durchs Dorf traben sehen.«

»Das erfindest du doch bloß!«, protestierte ich dann.

Doch Bill beharrte auf seiner Geschichte. »Mir ist er auch schon ein paarmal begegnet.«

Als der Pub vor etlichen Jahren renoviert worden war, hatten die Bauarbeiter in den Wänden Särge entdeckt. Wer darin gelegen hatte, wusste kein Mensch. Die Dorfbewohner behaupteten danach, die Türen im Haus würden sich von selbst öffnen und wieder schließen. Außerdem ginge hier eine alte Frau um, die um ihr totes Baby weinte. Wenn ich die Gruselmärchen hörte, richteten sich die Härchen auf meinen Unterarmen auf. Dann klammerte ich mich an den Arm meines Vaters. Natürlich wusste ich, wie albern das war, denn eigentlich glaubte ich gar nicht an Gespenster. Damals hatte ich noch keine Ahnung, dass es viel beängstigendere Dinge gibt als irgendeine Spukgestalt und dass Lebende ein Haus genauso in ein Horrorkabinett verwandeln konnten wie Tote.

Obwohl David und John Paul offiziell noch bei uns wohnten, kamen und gingen sie, wie es ihnen gerade passte. Mum wusste nie genau, wo sie gerade waren. John Paul war inzwischen über zwanzig und führte sein eigenes Leben. Doch auch David sahen wir oft tagelang nicht. In seinem Zimmer im Pub bewahrte er seine Sachen auf, doch er schlief meist nicht zu Hause. Entweder übernachtete er bei einer neuen Freundin oder bei irgendeinem Kumpel. Er pendelte zwischen unserem Heim und den Wohnungen seiner Freunde in der gesamten Region umher. Auch in die Dörfer, wo wir früher gelebt hatten, kehrte er zurück, besuchte dort alte Bekannte und kam erst wieder, wenn er genug hatte oder wenn ihm das Geld ausging. Im Gegensatz zu mir fiel es ihm leicht, neue Leute kennenzulernen und alte Kontakte zu pflegen. Und bei Mum stand ihm die Tür trotz seiner Launen und seinem Hang zur Gewalttätigkeit stets offen. Egal, was er anstellte – er blieb stets ihr spezieller Liebling.

In einer Woche im Oktober, an die ich mich gut erinnere, hatte David bereits ein paar Tage zu Hause verbracht. Wie immer veränderte sich die Atmosphäre von dem Augenblick an, in dem er zur Tür hereinkam. Alle waren nervös und angespannt. Ich selbst versuchte, ihn zu meiden, und verließ jedes Mal den Raum, sobald er eintrat. Weil seine Launen so schnell wechselten, wollte ich lieber kein Risiko eingehen. Einmal trafen sich unsere Blicke, als wir auf der Treppe aneinander vorbeimussten. »Alles klar?«, brummte er. Ich gab keine Antwort. Unser Verhältnis zueinander war abgestorben. »Dann eben nicht«, knurrte er. Ihn gar nicht zu beachten war am einfachsten. Denn wenn ich doch einmal mit ihm redete, sagte er mit Sicherheit etwas Gemeines oder Sarkastisches, und für eine passende Entgegnung fehlte mir schlicht das Selbstbewusstsein.

Ich war die Einzige, auf die David noch nie im Leben körperlich losgegangen war, und wollte gern, dass es so blieb. Für jemanden mit so vielen Begabungen war er eine furchtbar zornige Person und mit seinen siebzehn Jahren um so vieles größer, kräftiger und stärker als ich, dass ich mich lieber von ihm fernhielt. Doch aus irgendeinem Grund schien ihn das zu provozieren. So spürte ich oft seinen zornbrodelnden Blick auf mir ruhen, mit einer seltsamen Hitze bohrte er sich in mich. Damals glaubte ich immer, er würde an etwas ganz anderes denken: an irgendeinen Kerl, der sich mit ihm angelegt hatte, oder an ein Mädchen, das seinem Charme nicht verfallen war. Trotzdem hatte ich ein ungutes Gefühl. Ein Teil von mir hoffte allerdings nach wie vor, dieser beängstigende Fremde würde eines Tages wirklich erwachsen werden und sich wieder in einen klugen Beschützer verwandeln – den Bruder, den ich einst geliebt hatte. In jener Oktoberwoche in meinem zwölften Lebensjahr hing David tagelang im Pub herum. Bald konnte ich kaum noch erwarten, dass er sich endlich wieder verzog. Ich verbrachte wie üblich viel Zeit in der Bar und redete dort mit meinen Eltern; er hing mit seinen Kumpanen im Billardzimmer herum. »Was gibt's da zu glotzen?«, bellte er, als er merkte, dass ich zu ihnen hinübersah.

»Nichts«, murmelte ich verschreckt.

»Meine Jungs gefallen dir wohl«, feixte er. Und alle lachten dreckig.

»Nein, ich habe bloß so geguckt.« Ich lief knallrot an. »Ich wollte nur sehen, ob ihr was zu trinken braucht.«

»Immer zu Diensten, unsere Kleine. Nicht wahr, Jungs?« Aus irgendeinem Grund lachten sich seine Kumpels darüber fast tot. Ich schlich wie ein geprügelter Hund zur Bar zurück.

Es war einfach nicht fair, dass ich allein war, während David sich vor Freunden und Bewunderern fast nicht retten konnte. Auch das machte ihn stärker, mich aber schwächer und verwundbarer.

An manchen Tagen blieb David einfach im Bett liegen. Wie ein Vampir wurde er damals erst abends aktiv, wofür ich dankbar war, weil ich ihn dann kaum sah.

Weil er weder zur Schule ging noch arbeitete, konnte er tun, was ihm passte. Die Vorhänge in seinem Zimmer waren den ganzen Tag zugezogen, erst am frühen Abend tauchte er auf und zog mit seinen Freunden los. Er war der typische ältere Anführer, der die Jüngeren herumkommandierte. Sie blickten mit einer Mischung aus Angst und Bewunderung zu ihm auf. Zusammen mit seinen Kumpels schikanierte er diese Jüngeren gnadenlos. Außerdem musste er immer das letzte Wort haben. In gewisser Weise war David das genaue Gegenteil von mir. Man konnte ihn in einen Raum voller fremder Leute stecken, und er beglückte sie sofort gnädig mit irgendeiner Geschichte, während ich in derselben Situation wie gelähmt war und kein Wort über die Lippen brachte. Wer je geträumt hat, alle Zähne seien ihm ausgefallen oder man hätte ihm die Lippen zugenäht, weiß, was ich meine: Das beklemmende Gefühl, sich nicht mit Worten wehren, behaupten oder verständigen zu können, so sehr man sich auch bemüht. Man kann es sich noch so sehr wünschen oder sich anstrengen – die Worte können schon rein technisch nicht heraus. Und bald schon wurde mir dies auf schreckliche Weise vertraut, weil ich selbst im wachen Zustand in einem solchen Albtraum lebte.

Verlorene Unschuld

In einer Nacht in jener Oktoberwoche bereitete mein Bruder meiner Kindheit ein jähes und brutales Ende. Morgens erwachte ich wie immer und ahnte in keiner Weise, dass mir meine Unschuld entrissen werden würde. Der Tag fing ganz normal an; bis in den Nachmittag hinein gab es keine besonderen Vorkommnisse. Ich saß im Pub und unterhielt mich, doch plötzlich hörte ich Mum in der Küche schreien. Schnell rannte ich zu ihr. Taura machte sich gerade über eine am Boden liegende Packung Hackfleisch her. Das Fleisch hatte zum Auftauen fürs Dinner auf der Arbeitsplatte gelegen, doch es war ihr gelungen, es herunterzureißen. Ich stand da und musste kichern, ich fand die Situation lustig. Doch Mum war wütend. »Wenn David sich nur besser um seinen Hund kümmern würde!«, schrie sie. David blieb im Billardraum. Das Chaos in der Küche ging völlig an ihm vorbei. Ich half Mum beim Putzen und dabei, fürs Abendessen etwas anderes vorzubereiten. Nach einer Weile verflog ihr Zorn, und wir witzelten gemeinsam über den Vorfall. Doch wer zuletzt lachte, war schließlich David.

Später half ich Mum, den Pub für die zweite Schicht am Abend aufzuräumen. Damals waren Pubs von elf Uhr morgens bis fünfzehn Uhr und von achtzehn Uhr abends bis dreiundzwanzig Uhr geöffnet. Dieser Abend verlief wie alle anderen auch. David hielt sich vor allem im Billardraum auf. Zu mir sagte er kein einziges Wort. Er sah mich nicht einmal an. Doch die Art, wie er redete und mit seinen Kumpels lachte, hatte etwas Manisches. Er prahlte, wie er es oft tat, wenn die Polizei ihn wieder mal laufen gelassen hatte oder wenn er ein neues Mädchen erobert hatte. Seine Überdrehtheit fiel mir nicht auf. Ich unterhielt mich mit ein paar Stammgästen. Wie meist blieb ich bis neun Uhr abends im Pub, verabschiedete mich dann und sah oben noch eine Weile fern. Gegen zehn ging ich in mein Zimmer. Es war klein, und die Wände waren mit Tierbildern bepflastert, die ich aus Zeitschriften ausgerissen hatte. Nach dem fröhlichen Lärm unten im Pub kam es mir in meinem Zimmer sehr still vor. Ich legte mich ins Bett und fiel schon nach wenigen Minuten in einen tiefen Schlaf.

Das Nächste, woran ich mich erinnere, ist, dass ich wach wurde, weil sich meine Zimmertür öffnete. Ich hatte schon immer einen leichten Schlaf und schreckte oft hoch, nur weil irgendwo eine Diele knarrte. Das war also nichts Besonderes. Ich nahm an, dass Mum oder Dad nach mir sehen wollten. Weil ich in dieser Nacht mit dem Rücken zur Tür lag, wollte ich mich umdrehen und nachschauen. Doch in diesem Moment hob bereits jemand die Decke und legte sich zu mir. Verschlafen, wie ich war, wusste ich nicht, was ich davon halten sollte. Dad hatte ich vor dem Zubettgehen kurz gedrückt, und es war nicht Mums Art, mit mir zu kuscheln. Dann hörte ich den Atem und erkannte den Geruch: Es war ein ganz bestimmtes Deo. Sofort wusste ich, dass David bei mir lag. Aber was sollte das?

Bevor ich mich umdrehen konnte, legte er mir bereits die Hand aufs Bein. Ich erstarrte. Würde er mir wehtun? Hatte ich ihn irgendwie verärgert? Noch ehe ich einen klaren Gedanken fassen oder ein Wort sagen konnte, riss er an meinem Nachthemd. Es war ein pinkfarbenes Baumwollnachthemd mit Rüschen an den Ärmeln, das mir bis zu den Knien reichte. Er zerrte und zerrte, bis seine kalten Hände auf meiner Haut lagen. Ich konnte mich nicht bewegen, hatte nur höllische Angst, was er als Nächstes tun würde.

Zwar öffnete ich den Mund, um ihn zu fragen, was das sollte, doch es kam kein einziger Ton heraus. Ich wollte sprechen – die Worte blieben mir in der Kehle stecken. Es war wie ein Albtraum. Der Schrei, den ich ausstieß, blieb lautlos. Ich lag da wie versteinert. Wozu er in der Lage war, hatte ich oft genug gesehen. Sollte ich nun, nach den vielen Jahren, in denen ich mich bemüht hatte, niemals zur Zielscheibe seines Zorns zu werden, am eigenen Leib erfahren, wie seine Wut sich anfühlte? Wollte er mich für irgendetwas bestrafen? Mein Körper war stocksteif – ich muss mich angefühlt haben wie eine Leiche.

Dann spürte ich etwas. Ein hartes Ding drückte sich

an mein Hinterteil, und im nächsten Augenblick schoss mir ein unsäglicher Schmerz durchs Rückgrat. Es fühlte sich an, als ramme jemand ein Messer in mich. Ich schrie in mein Kopfkissen, doch noch immer brachte ich kein Wort heraus. Jetzt wusste ich, was David tat. Er vergewaltigte mich. Im Aufklärungsunterricht in der Schule hatte ich gelernt, was Sex war. Was dabei passierte, wusste ich also, konnte aber nicht verstehen, weshalb David das mit mir tat. Er war mein großer Bruder, und ich wusste, dass es nicht richtig war, wenn Geschwister so etwas machten. Mir wurde schlecht, und die Schmerzen nahmen mir fast den Atem. Noch nie hatte mir irgendetwas oder irgendjemand so wehgetan. Alles schien wie in Zeitlupe abzulaufen, aber wenn ich versuchte, mich zu bewegen, spürte ich David noch stärker in mir. Es war, als drehe jemand ein Messer in mir um.

Davids Schnaufen wurde schneller. Ich spürte seinen stinkenden, heißen Atem im Nacken. David hielt mich unbarmherzig fest, seine Hände drückten mich an ihn. Mir war speiübel; mein Körper fühlte sich an, als gehöre er mir nicht mehr. Plötzlich hatte ich das Gefühl, als schwebe ich über mir und sähe mich von oben. Weil ich sicher war, dass die Schmerzen noch viel schlimmer würden, wenn ich mich bewegte, versuchte ich, so still wie möglich zu liegen, bis es vorbei war.

Was in Wirklichkeit wohl nur ein paar Minuten dauerte, erschien mir wie Stunden. Dann war es vorüber.

Davids Atem ging langsamer, er ließ mich los. Dann stieg er aus meinem Bett. Obwohl ich vor allem froh war, dass der Schmerz aufgehört hatte, hatte ich schreckliche Angst, dass er mir noch etwas anderes antun würde. Eine Ewigkeit lang traute ich mich nicht, mich zu regen. Ich drehte mich nicht um, denn anschauen wollte ich David auf keinen Fall. Deshalb wartete ich, bis ich ihn gehen hörte. Als er die Tür hinter sich schloss, brach ich in Tränen aus. Lange schluchzte ich ins Kopfkissen. Ich hatte Schmerzen untenherum, doch ich zog nur die Beine an die Brust, rollte mich zusammen und weinte mir die Augen aus. Ich war so durcheinander. Nach einer Weile zerrte ich mir das Nachthemd über die Beine, dann schluchzte ich einfach immer weiter. Der körperliche Schmerz hatte inzwischen nachgelassen, an seine Stelle trat der seelische. Mein Kopf fühlte sich an, als hätte mir jemand gerade eine ganz grauenhafte Geschichte erzählt, die ich nie wieder vergessen konnte.

Stundenlang blieb ich in derselben Position im Bett liegen, voller Angst, dass er zurückkommen würde. Ich war total verwirrt. Immer wieder fragte ich mich, was Davids Tat zu bedeuten hatte. Alles erschien mir so irreal. Hatte ich etwas gemacht, was ihn glauben ließ, ich wollte, dass er über mich herfiel? War er in mich verknallt? Wie es sich anfühlte, auf jemanden zu stehen, wusste ich. Aber dass mein eigener Bruder so etwas für mich empfand, war für mich unvorstellbar. Zwar war ich voll entwickelt, hatte Brüste und sah viel älter aus, als ich es war, aber trotzdem durfte mir mein Bruder so etwas nicht antun. Ich verstand einfach nicht, wie das hatte passieren können. Deshalb grübelte ich auch so angestrengt darüber nach, ob er mich damit für etwas bestrafen wollte. Verbrachte ich zu viel Zeit mit Taura? Hatte ich ihm beim Dinner seinen Anteil weggegessen? Bekam ich mehr Aufmerksamkeit von unseren Eltern? Alle möglichen Ideen wirbelten mir durch den Kopf, aber keine von ihnen reichte als Erklärung aus. Ich wollte ins Badezimmer rennen, mich übergeben und damit die Schlechtigkeit in mir und den Knoten in meinem Magen loswerden. Doch ich hatte zu viel Angst davor, mein Zimmer zu verlassen.

Schließlich gelang es mir, mich aus meiner zusammengekrümmten Haltung zu lösen und aufzustehen. Das Zimmer zu verlassen wagte ich nicht. Stattdessen schob ich das Bett gegen die Tür. Wenigstens konnte David dann nicht noch einmal hereinschleichen. Ein paar Stunden später hörte ich, wie meine Eltern ins Bett gingen. Ihre Schritte tappten an meiner Tür vorbei. Die beiden hatten wie an jedem ganz gewöhnlichen Abend den Pub geschlossen; sie ahnten nicht, dass die Welt ihrer Tochter gerade schmerzlich in sich zusammengestürzt war. Wie gerne hätte ich nach ihnen gerufen, mich von ihnen trösten und beschützen lassen. Aber irgendetwas hielt mich davon ab. Was es war oder warum das so war, wusste ich nicht. Doch ich konnte mir nicht vorstellen, die Worte auszusprechen, die ich dafür brauchte. Sie waren zu fremd und zu entsetzlich. Nichts in meinem Leben hatte mich auf ein solches Ereignis vorbereitet. Ich konnte es einfach nicht fassen. Aber wenn ich das, was mir passiert war, nicht einmal selbst glauben konnte – wie sollte ich dann jemand anderem davon erzählen? Dass mein großer Bruder mir so etwas angetan hatte, wollte nicht in meinen Kopf. Wie würden Mum und Dad reagieren? Würde Mum mir die Geschichte überhaupt abnehmen? Wenn ich es Dad erzählte, würde er David vielleicht etwas antun wollen, ihn womöglich töten. Und dann? Sollte Dad wegen mir ins Gefängnis kommen? Würde man mich meinen Eltern wegnehmen? Obwohl mein Körper benutzt worden war wie der einer Erwachsenen, dachte ich noch immer wie ein völlig verwirrtes Kind.

Mum und Dad waren noch nicht lange wieder zusammen, und bis heute Nacht hatte ich geglaubt, meine Welt sei endlich wieder sicher und intakt. Ich hatte furchtbare Angst, dass das Band zwischen meinen Eltern erneut zerreißen könnte, wenn sie erfuhren, zu was für einem Monster ihr Sohn sich entwickelt hatte. Die Vorstellung, ich könnte für den Kollaps unserer Familie verantwortlich sein, war unerträglich. Alles sollte einfach wieder so sein wie zuvor. Ich war nur ein verstörtes kleines Mädchen, dessen Welt zerrissen worden war und das keine Ahnung hatte, wie es sie wieder zusammenflicken sollte.

Zahllose widersprüchliche Gedanken wirbelten durch meinen Kopf. Am Ende hörte ich, wie die Tür meiner Eltern sich schloss und wie das Licht ausgeschaltet wurde. Ich hatte meine Chance vertan. Den Rest der Nacht schluchzte ich leise vor mich hin. Meine größte Angst war, dass David noch einmal zurückkommen könnte.

Wehrlos und voller Ekel

Als ich am nächsten Morgen aufwachte, war ich ein paar wunderbare Sekunden lang wieder in meinem alten Leben. Dann brach die Erinnerung an die Schrecken der vergangenen Nacht mit voller Wucht über mich herein. »Habe ich das alles nur geträumt?«, fragte ich mich noch einen Augenblick lang. Ich klammerte mich an diese Hoffnung, doch als ich mich bewegte, spürte ich einen stechenden Schmerz zwischen meinen Beinen. Er riss mich schlagartig in die Realität zurück. Doch so deutlich spürbar dieser Schmerz auch war – dass David mich vergewaltigt hatte, schien schlichtweg unmöglich. Wie konnte mein Bruder so etwas tun? Ich wollte es einfach nicht wahrhaben. »Das kann auf keinen Fall passiert sein.« Wie in einer Endlosschleife lief dieser Gedanke durch meinen Kopf, als könnte ich mich damit selbst überzeugen.

Ich musste dringend zur Toilette, war aber wie versteinert vor Entsetzen. »Was ist, wenn er mir unterwegs begegnet?«, dachte ich. »Vielleicht tut er es dann gleich noch mal. Er ist zu allem fähig.«

Erst als ich es absolut nicht mehr aushielt, zog ich das Bett von der Tür weg, spähte hinaus und rannte dann den kurzen Weg bis zur Toilette. Die Tür schloss ich hinter mir ab. Das Wesen mit den verquollenen Augen, das mir aus dem Spiegel entgegensah, erkannte ich kaum. Was habe ich getan? Warum hasst er mich so sehr? Hat er das mit anderen Mädchen auch schon gemacht? So viele unbeantwortete Fragen schwammen in meinem Kopf. Überall sah ich die Spuren unseres Familienalltags – Dads Rasierzeug auf dem Rand der Badewanne, Mums Morgenmantel an der Tür, Davids Zahnbürste im Halter, an meine geschmiegt. Wie konnte alles so normal und harmlos aussehen, wo doch mein Leben über Nacht zerstört worden war?

Mich zu erleichtern war sehr schmerzhaft. Es stach und brannte fürchterlich. Sorgfältig wusch ich mich zwischen den Beinen. Dann versuchte ich, mein Gesicht wieder in seinen Normalzustand zu versetzen, indem ich es mit kaltem Wasser bespritzte. Danach musste ich mich erneut für den kurzen Weg über den Treppenabsatz zu meinem Zimmer wappnen. Doch ich konnte nicht für immer im hellen, sicheren Licht des Badezimmers bleiben. So rannte ich zurück in mein Zimmer und zog mich an. In meinen Kleidern fühlte ich mich besser, geschützter. Ein paar Minuten lang saß ich auf dem Bett und versuchte, den Mut zu finden, hinunterzugehen. Bei dem Gedanken, David am Frühstückstisch zu sehen, wurde mir übel.

»Was soll ich bloß machen?« Die Frage drehte sich in meinem Kopf, bis mir schwindelig wurde.

Obwohl Dad und ich einander sehr nahestanden und ich immer geglaubt hatte, ich könnte ihm alles erzählen, wusste ich, dass er das, was mir in der vergangenen Nacht passiert war, nicht verkraften würde. Sicher würde er sich irgendwie verantwortlich fühlen, so als hätte er mich besser beschützen müssen. Das konnte ich ihm nicht zumuten. Besonders nicht jetzt, wo er mit Mum so glücklich war. Außerdem hatte ich schreckliche Angst, dass er mich dann vielleicht weniger lieben würde. Würde er glauben, dass ich selbst schuld war? Würde er mich dann mit ganz anderen Augen sehen? Ich war so gerne sein kleines Mädchen und hatte Angst, dass er sich angeekelt abwenden würde, wenn er erfuhr, was mein Bruder mir angetan hatte.

Ob meine Eltern mir glauben würden, war eine weitere Frage, die ich mir ununterbrochen stellte. Mum hielt so große Stücke auf David. Konnte sie sich überhaupt vorstellen, dass er zu so etwas fähig war? Zwar hatte er andauernd Ärger und steckte in irgendwelchen Schwierigkeiten, aber das war etwas völlig anderes. Würde sie mir abnehmen, dass ihr geliebter Sohn ihre Tochter vergewaltigt hatte? Und falls Mum meinte, das sei gelogen, würde sich Dad dann auf ihre Seite stellen?

Die Gedanken wirbelten nur so durcheinander. Letztendlich war es einfacher, den Kopf in den Sand zu stecken und so zu tun, als wäre nichts geschehen. In gewisser Weise hatte ich das Gefühl, meine Eltern damit zu beschützen. Für sie war es sicher leichter, wenn sie es nicht erfuhren. Ich liebte sie so sehr, und diese Sache würde alles kaputt machen und unsere Familie zerstören. Dabei hatte ich außerhalb der Familie keine Freunde – niemanden, dem ich irgendwie wichtig war. Mein Leben mochte ruiniert worden sein, doch ich ertrug den Gedanken nicht, auch das Leben anderer zu zerstören, indem ich darüber sprach. Ich war erst zwölf Jahre alt und mit der ganzen Situation schlichtweg überfordert.

Ewig saß ich auf meinem Bett, bis ich Mum rufen hörte: »Vicky, bist du wach? Die Hunde brauchen ihr Futter.« Ich fuhr so heftig zusammen, als hätte mich jemand aus einem tiefen Traum gerissen.

»Nimm dich zusammen, Vicky«, sagte ich mir. Dann stand ich auf. Ich atmete tief durch und stakste die Treppe hinunter. Meine Beine waren so zittrig, dass ich fürchtete hinzufallen. Wieder stieg mir Übelkeit bis in den Hals. Ich glaubte, mich übergeben zu müssen, sobald ich den Mund aufmachte. Mein Magen fühlte sich an, als schwirrten Hunderte von Motten darin umher.

»Ich muss es Mum und Dad sagen«, dachte ich immer wieder. Dabei suchte ich nach einem Satz, einem Wort – irgendetwas, womit ich ihre Aufmerksamkeit auf mich lenken konnte. Doch mein Kopf war zu nichts zu gebrauchen. Wirre Gedanken liefen darin um die Wette. Am liebsten hätte ich einfach laut geschrien.

Noch immer völlig planlos, bog ich um die Ecke und stand plötzlich in der Küche.

»O, da bist du ja«, lachte Mum. »Schau dir die Hunde an. Die kommen fast um vor Hunger!« Sie lächelte und hantierte so geschäftig herum, als wäre alles so wie immer. Noch nie in meinem Leben hatte mein Herz so schnell und so heftig geschlagen. Ich glaubte, ich müsste jeden Moment in Ohnmacht fallen. Sicher sah ich schrecklich aus, blass, verschwitzt und verängstigt. Doch Mum fiel anscheinend nichts auf.

»Bitte frag mich, was mit mir los ist!«, flehte ich sie innerlich lautlos an. Verzweifelt wünschte ich mir, sie würde etwas sagen – egal was, wenn es nur bewirkte, dass ich endlich die Worte aussprechen konnte: »David hat mich vergewaltigt.« Jetzt hätte ich dringend jemanden gebraucht, der mir die Würmer aus der Nase zog. Ein paar Sekunden lang stand ich wie angewurzelt da. Es gelang mir nicht einmal, einen Fuß vor den anderen zu setzen. Ich war wie an den Boden genagelt.

»Los doch, Vicky. Wir haben nicht den ganzen Tag lang Zeit. Ich habe heute unheimlich viel um die Ohren.« Damit ging Mum aus der Tür. Ein dünnes, verrutschtes Lächeln brachte ich noch zustande, dann war der Moment vorbei, und ich war aufs Neue verloren. Ich stand da wie betäubt. Zögernd sah ich mich im Raum um und stellte dankbar fest, dass niemand sonst da war. Von David keine Spur. Erleichtert seufzte ich auf. Dann schmiegte ich mich fest an Ben. Es tröstete mich, dass er mir das Gesicht ableckte. Bevor ich das Futter in die Näpfe füllte, ließ ich ihn und Taura hinaus. Ständig schaute ich dabei über die Schulter, wartete voller Anspannung darauf, dass David auftauchte. Wo war er? Das wollte ich unbedingt wissen, doch Mum konnte ich nicht fragen. Zu groß war die Gefahr, dass ich anfing zu weinen und mich verriet. An diesem Morgen brachte ich keinen Bissen hinunter. Noch nicht einmal trinken wollte ich. Alle waren so beschäftigt und hatten so viel zu erledigen. Wenn sie nur geahnt hätten, was in der vergangenen Nacht mit mir passiert war. Doch selbst wenn ich es ihnen hätte sagen wollen – wie konnte ich das hinkriegen? Wann? Ihnen fehlte die Zeit, sich hinzusetzen und mit mir zu reden. Und mir fehlten die Worte.

In die Schule war ich seit Monaten nicht gegangen, doch zum ersten Mal seit Langem fragte ich mich, ob ich dort an diesem Morgen vielleicht besser aufgehoben gewesen wäre als in meinem Zuhause. Was war mir lieber? In der Schule nicht beachtet und übergangen zu werden oder zu Hause in einer entsetzlichen neuen Welt aus Angst und einer ständigen Bedrohung zu leben? Es war einfach zu viel für meinen Kopf. Was hatte ich getan, um das zu verdienen? Innerlich weinte ich. Ich wollte mich zusammenrollen, einschlafen und nie wieder aufwachen. Das hier war zu schwierig, gehörte zu sehr in die Welt der Erwachsenen, als dass ein verängstigtes Kind wie ich damit hätte zurechtkommen können.

Für andere Mädchen wäre die Schule vielleicht ein Zufluchtsort gewesen. Für mich nicht. Dort noch zusätzlich schikaniert zu werden wäre über meine Kräfte gegangen. Wenn jemand etwas Gemeines zu mir gesagt hätte, in dem Zustand, in dem ich gerade war, wäre ich kurzerhand zerflossen und hätte mein gifttriefendes Geheimnis ausgeplaudert. Eine Freundin oder eine Lehrerin, die ich um Rat oder Hilfe bitten konnte, gab es nicht. Mir blieb keine andere Wahl: Ich musste bleiben, wo ich war.

Wie ein Schatten folgte ich Mum oder Dad überallhin, damit ich nicht in Gefahr geriet, irgendwo im Haus allein zu sein. David sah ich den ganzen Morgen lang nicht, doch die Anspannung war fast unerträglich. Konnte ich seine schweren Schritte hören? Jede Faser meines Körpers befand sich in höchster Anspannung.

Ein paar Stunden später stand ich mit Mum am Tresen.

»Tu mir einen Gefallen, Liebes«, sagte sie. »Könntest du das Messing noch mal polieren? Danke, mein Röschen.«

Wortlos verrichtete ich meine Arbeit, so wie immer. Wie ein Gespenst tappte ich umher. Noch nie hatte ich mich so tot und gleichzeitig so durcheinander gefühlt. So als hätte mir jemand alle Gefühle aus dem Leib gerissen, dehnte sich Leere in mir aus. Jedes Mal bevor ich um eine Ecke bog, hielt ich den Atem an und fragte mich angstvoll, ob ich nun gleich David sehen musste.

Als ich nach dem Mittagessen an der Bar etwas trank, kam er herein. Es gelang mir nicht aufzublicken. Seine Stimme sagte etwas zu den Jungs, die im Pub herumhingen. Dann brannten seine Blicke sich in meine Haut. Ohne etwas zu mir zu sagen, ging er in den Billardraum. Er tat so, als wäre nichts geschehen.

Das war zwar unfassbar, nährte aber erneut meine Hoffnung, alles sei nur ein Traum gewesen. Ich betete, dass es so war. So beiläufig konnte er doch nicht über seinen Übergriff auf mich hinweggehen. Oder doch? Mit aller Macht wollte ich an einen schrecklichen Albtraum glauben, aus dem ich nur wieder erwachen musste. Doch plötzlich roch ich sein Deodorant, und alles wurde schrecklich real.

Die Brust wurde mir eng. Schon von klein auf litt ich unter Asthma. Ich griff zu meinem Inhalator, doch mein Mund wurde trocken, meine Hände wurden feucht, und mein Herz schlug schneller als je zuvor. Unwillkürlich schaukelte ich auf dem Stuhl hin und her; still sitzen war einfach unmöglich. Mein Körper reagierte auf seine Art. Ich sah zu meinen Eltern hinüber. Sollte ich es ihnen sagen? Jetzt gleich? Doch sie unterhielten sich mit ihren Freunden, lachten und grinsten übers ganze Gesicht. Was konnte ich sagen? Eigentlich wünschte ich mir, sie würden es bemerken, dass mit mir etwas nicht stimmte, dass ich ungewöhnlich still war. Sie sollten mich fragen, was mir fehlte. Dann hätte ich mich ihnen anvertrauen können, was vielleicht alles erträglicher gemacht hätte. Doch sie merkten nichts. Sie waren immer so mit ihrem Pub beschäftigt, dass ihnen nie irgendetwas an mir auffiel. Der Gedanke, ihre Welt zu zerstören, erschien mir unerhört. Dann würden sie mich hassen, sich gegen mich wenden – und ich wäre ganz allein. Mein Entschluss, weiter zu schweigen, festigte sich. Das war für alle Beteiligten einfacher.

Den ganzen Tag über folgte ich Mum und Dad durch den Pub wie ein verlorener Welpe. Ich bewegte mich wie eine Schlafwandlerin. Um die Schrecken der Nacht verdrängen zu können, half ich mit doppeltem Eifer dabei, den Pub für die nächste Schicht vorzubereiten. Ich polierte das warme Mahagoni, bis es schimmerte, und putzte die Messingschilder mit den Biermarkennamen. Selbst der saure Biergeruch der Auffangschalen war eine willkommene Ablenkung von meinen quälenden Gedanken. Wie sollte mir hier irgendeine Gefahr drohen? Die Gegenstände, die mich umgaben, waren mir so vertraut wie alte Freunde. In meiner Benommenheit fühlte ich mich selbst durch den großen Zigarettenautomaten getröstet und beschützt. Doch kaum hatte ich mir eingeredet, ich sei absolut sicher, trat David völlig unbekümmert über die Schwelle des Pubs und riss mich wieder in die neue, brutale Welt, die er für mich gemacht hatte.

Wie ein verängstigtes Tier mied ich seinen Blick. Doch es half nichts. Seine Gegenwart spürte ich auch, ohne aufzusehen, und hatte das Gefühl, innerlich zu verbrennen, bis er endlich wieder ging. Wenn meine Eltern nicht hinsahen, starrte er mich so intensiv an, dass ich glaubte, sein sengender Blick müsste auf meiner Haut Narben hinterlassen. Was er dabei dachte, wollte ich lieber gar nicht wissen. Ich fühlte mich schmutzig und war voller Ekel. Doch noch immer fiel niemandem etwas auf. Ununterbrochen fragte ich mich nach dem Warum. Meine Gedanken drehten sich im Kreis. Ich ging fast jeden einzelnen Tag des vergangenen Jahres durch, fand aber keine Antwort. Hatte jemand Gerüchte über mich verbreitet? Hatte John Paul David damit aufgezogen, dass er zu rücksichtsvoll mit mir war? Mit der Suche nach Gründen, warum er mir so schrecklich wehtun wollte, zermarterte ich mir das Gehirn.

Je tiefer die Sonne am Himmel sank, desto panischer wurde ich. Ich wünschte mir, dass es niemals dunkel würde. Dann wäre ich irgendwie zurechtgekommen und hätte stark sein können. Doch meine stummen Gebete wurden nicht erhört, und die Nacht kam viel zu schnell.

Ins Bett ging ich so spät wie nur möglich. Ich erledigte tausend kleine Dinge im Pub, damit ich den Moment hinauszögern konnte, in dem ich die sichere Nähe meiner Eltern verlassen musste.

»Es ist schon spät, Vicky. Geh jetzt bitte rauf«, sagte Mum, als ich auch um zehn Uhr abends noch im Schankraum war. Ich stand auf, sah sie an und suchte nach den Worten, mit denen ich ihr sagen konnte, wie viel Angst ich vor dem Zubettgehen hatte. Aber was sollte ich sagen? Sie bediente bereits wieder einen Gast.

Mit einem Herzen wie aus Stein stieg ich schließlich die Treppe zu meinem Zimmer hinauf, als müsste ich die Stufen zum Schafott, zu meinem eigenen Verderben erklimmen.

Starr vor Angst lag ich im Bett. Ich traute mich nicht einzuschlafen, war aber gleichzeitig völlig erschöpft. Die emotionalen Strapazen des Tages steckten mir in den Knochen. Lange kämpfte ich gegen den Schlaf an, aber irgendwann nickte ich ein. Ruhe hatte ich nur wenige Minuten, dann weckte mich ein Geräusch. Die Tür quietschte, das Licht aus dem Flur fiel in mein Zimmer. Diesmal wusste ich sofort, was mir nun bevorstand. Wieder wollte ich schreien, doch erneut kam kein Ton aus meinem Mund.

Davids Ausdünstungen stiegen mir in die Nase; er legte sich hinter mich. Ich versuchte, das Nachthemd festzuhalten und um meine Beine zu wickeln. Dabei quälte mich die Angst, dass er mir noch viel mehr wehtun würde, wenn ich mich zu sehr wehrte. Er fing an, an meinem Nachthemd zu zerren. Ich klemmte es zwischen meinen Knien fest, doch er packte einfach kräftiger zu. Am Ende lagen seine Hände wieder auf meiner Haut. Was sollte ich tun? Aufspringen und weglaufen oder warten, dass es vorbeiging? Gab ich ihm durch meine Erstarrung das Einverständnis, mich zu vergewaltigen? Doch wenn ich flüchtete, würde er mich dann nicht fangen und mir noch viel mehr Schmerzen bereiten? Mich vielleicht sogar töten? Die verschiedensten

Szenarien flimmerten durch meinen Kopf. Noch bevor ich einen Entschluss fassen konnte, schlang er die Arme um mich und presste mich an sich. Zum zweiten Mal vergewaltigte er mich von hinten. Grob hielten seine Hände mich gepackt. Die Schmerzen waren unbeschreiblich. Mir wurde speiübel. Ich hörte ihn schnaufen und spürte seinen heißen, feuchten Körper an meinem Hinterteil. Es fühlte sich so widerlich an und so falsch. Doch ich war völlig hilflos und wusste vor lauter Angst nicht, was ich tun sollte. Tränen stiegen mir in die Augen. Dann liefen sie mir lautlos übers Gesicht und hinterließen auf dem Kopfkissen einen nassen Fleck. Ich machte mich ganz steif, hoffte, dass der Schmerz dann nachlassen würde. Aber das war nicht der Fall. Um mich von der Tortur abzulenken, konzentrierte ich mich auf die Bilder an der Wand oder starrte aus dem Fenster. Doch es half nichts. Nach einigen Minuten war es vorbei; David rutschte unter meiner Decke hervor. Mein Bruder sagte kein Wort. Er verschwand einfach. Neue Tränen kamen, nachdem er die Tür hinter sich geschlossen hatte. David war wie ein Gespenst, das in der Nacht in mein Zimmer geflogen kam, sich nahm, was es wollte, und dann wortlos verschwand. Warum tat er mir das an?

In dieser Nacht schlief ich kaum. Als am nächsten Morgen die Sonne durch meine Gardinen schien, schleppte ich mich ins Badezimmer und ließ mir ein warmes Bad ein. Kräftig wusch und schrubbte ich mich, wollte den Schmutz loswerden, der über meine Haut kroch. Innerlich weinte und schrie mein ganzer Körper. Echte Tränen linderten den Schmerz nicht. Wozu also noch weinen? Ich sehnte mich danach, wieder das unschuldige Mädchen zu sein, das ich bis vor ein paar Tagen gewesen war. Ein Zuckerschlecken war das Leben zwar auch damals nicht gewesen, aber immer noch besser als jetzt. Denn seit der ersten Vergewaltigung lebte ich in der Hölle.

Als ich ein paar Stunden später hinunterging, war David zum Glück bereits losgezogen, sodass ich ihn noch nicht sehen musste. Mit abgewandtem Blick schlich ich durchs Wohnzimmer. Ich schaffte es nicht, meinen Eltern in die Augen zu sehen.

»Guten Morgen, Liebes«, sang Mum. Ich ekelte mich so sehr vor mir, dass ich nicht einmal den Kopf heben konnte. »Alles in Ordnung?«, fügte sie hinzu. Starr und mit gesenktem Blick stand ich da. »Vicky? Alles klar?«, fragte sie noch einmal. Doch ich brachte kein Wort heraus. Sekundenlang war ich wie festgenagelt. »Nun hör schon mit dem Getue auf, Vicky. Raus mit dir«, fauchte Mum. Mein sonderbares Verhalten ging ihr auf die Nerven.

Ich fühlte mich noch schmutziger als am Vortag. Und weil es mir nicht gelungen war, David davon abzuhalten, mich zu missbrauchen, wurde mein Selbsthass nur noch größer. Ich hatte das ungute Gefühl, ich hätte ihn durch mein Verhalten dazu herausgefordert oder die Tat erst möglich gemacht. Und Mum ließ mich stehen. Alles sah mit einem Mal anders aus als sonst. Sogar das Fernsehsofa war nicht mehr dasselbe, seit mein ganzes Leben sich so drastisch verändert hatte. Eine Weile setzte ich mich darauf, aber nach dem, was David mir angetan hatte, fühlte ich mich selbst dort nicht mehr wohl. Das Leben, wie ich es gekannt hatte, existierte für mich nicht mehr. Selbst mich auf einer Couch zusammenzurollen schien mir plötzlich widerwärtig und unnatürlich. Ich versuchte, mich daran zu erinnern, wie sich mein Leben und mein Körper vor zwei Tagen angefühlt hatten, konnte mich aber nicht konzentrieren. Alles verschwamm. Nur Schmerz und Ekel spürte ich jetzt noch. Mein ganzes Dasein war von Angst zerrissen, Glück nur noch eine ferne Erinnerung.

So gut es ging, erledigte ich meine Arbeiten. Dass ich untenherum Schmerzen hatte, zeigte ich nicht. Später flüchtete ich aus dem Haus. Schluchzend drückte ich Ben draußen im Garten an mich. Dann machte ich einen langen Spaziergang mit ihm, damit ich allein sein konnte. »Wird das von jetzt an jede Nacht passieren?«, überlegte ich. »Wie kann ich David davon abhalten? Was kann ich tun?«

Ich war furchtbar wütend auf mich, weil ich dies geschehen ließ. Rückblickend macht es mich traurig, dass meine Wut nicht David galt, sondern mir selbst, meiner Schwäche und Verwundbarkeit. Ich hatte das Gefühl, niemandem mehr trauen zu können und dazu völlig schutzlos zu sein. Nicht einmal an Dad wollte ich mich wenden. Nach dem, was mit seinem kleinen Mädchen passiert war, konnte ich mir nicht vorstellen, ihm ins Gesicht zu sehen. Und weil ich mich selbst als schuldig betrachtete, glaubte ich auch, selbst mit meinem Schmerz zurechtkommen zu müssen.

David sah ich den ganzen Tag über nicht. Nicht einmal Mum erwähnte ihn. Es war, als hätte ich ihn weggewünscht. Wenn es doch nur so gewesen wäre ... Wenn damit meine Qualen doch nur geendet hätten.

Der Tag verging wie im Flug. Immer wieder schaute ich auf die Uhr. Ich wollte wissen, wie viel Zeit mir noch für einen rettenden Einfall blieb. Doch ich war so traumatisiert, dass ich wie eine Schlafwandlerin durch die Stunden glitt. Bevor ich überhaupt einen klaren Gedanken fassen konnte, war es Abend, und ich wurde hinaufgeschickt in mein kleines Zimmer. Heiß brodelte die Angst in meinem Magen.

Ich zog mir ein längeres Nachthemd an, ein altmodisches hochgeschlossenes, das mir bis zu den Knöcheln reichte. Einen Schlafanzug besaß ich nicht, und voll bekleidet zu Bett zu gehen wäre mir nie in den Sinn gekommen. In meiner kleinen zwölfjährigen Gedankenwelt schien ein längeres Nachthemd die einzige Möglichkeit zu sein, mich zu schützen. Ein Nachthemd, das meinen ganzen Körper bedeckte. Angstvoll wartend lag ich im Bett und bemühte mich, wach zu bleiben. Ich brauchte dringend einen Plan, wie ich David aufhalten konnte. Doch immer wieder fielen mir die Augen zu. Zwei schlaflose Nächte und zwei Tage in höchster emotionaler Anspannung hatten mich völlig geschafft. Ich war total erschöpft. Wie spät es war, als ich das Knarren einer Diele im Zimmer hörte, weiß ich nicht. In meinem Kopf schrillten sämtliche Alarmglocken. Sehnlichst wünschte ich mir, es wären Mum oder Dad, die nach mir sahen und mich zudeckten. Dabei wusste ich tief im Inneren längst, dass sie es nicht sein konnten. Er war zurück.

Wieder lag ich mit dem Rücken zur Tür. Die Augen hielt ich in der Hoffnung geschlossen, dass dann alles leichter und weniger real sein würde. Einen Augenblick später spürte ich wieder, wie die Bettdecke sich bewegte, und konnte David wie bei den letzten Malen riechen. Sofort wurde mir übel. Ich wollte mich erbrechen, mein ganzer Körper begann zu zittern. Die Augen drückte ich so fest zu, als könnte ich damit den Anblick einer Spukgestalt vermeiden. Ich versuchte, mir alles Mögliche vorzustellen – nur nicht Davids Gesicht. Doch als David meinen Körper von hinten wieder an sich zog und der stechende, ekelerregende Schmerz von Neuem einsetzte, konnte ich mich nicht länger ablenken. Was David mir antat, fühlte sich an, als würde mein Körper zerschnitten. Wie ich es schaffte, nicht zu schreien, weiß ich nicht. Die Schmerzen waren so schlimm wie beim ersten und beim zweiten Mal – überwältigend und unerträglich. Aber ich wusste, es würde nur ein paar Minuten dauern. Deshalb hielt ich durch und versuchte wieder, an etwas anderes zu denken. Oder an gar nichts. Die albtraumhafte Erfahrung war genauso schlimm und genauso widerlich wie bei den ersten beiden Malen: die Stöße, das Grunzen und die feuchte Klebrigkeit. Vielleicht war es diesmal sogar noch schrecklicher, denn ich nahm bewusster wahr, was passierte. Mein Bruder sagte kein Wort. Es war, als hätte er sich in einen Laden geschlichen, gestohlen, was er haben wollte, und sei wieder verschwunden. Nach ein paar Minuten war es vorbei, und er war weg.

Voller Zorn und Ekel lag ich im Bett. Ich wollte mir die Seele aus dem Leib schreien, presste aber die Hand auf den Mund. Schon das kleinste Geräusch konnte ihn zurückholen, und kein Mensch wusste, wozu er dann fähig war. Würde er mich noch einmal vergewaltigen? Mich töten? Mit seinen brutalen Übergriffen hatte mein Bruder alle Tabus gebrochen. Es gab nichts, was er nicht tun würde, um zu bekommen, was er wollte.

Die Macht, die David über mich hatte, war demütigend. Ich wünschte mir nichts mehr, als mich von ihm zu befreien. Verzweifelt und ratlos warf ich mich hin und her. Es war unerträglich. »Was soll ich bloß tun?«, dachte ich. »Was, wenn es nun immer so weitergeht? Das halte ich nicht aus. Wenn es noch mal passiert, sterbe ich. Ich muss weglaufen«, dachte ich. Dabei schlang ich die Arme fest um mich. Trotz des Gefühlstumults, in dem ich mich befand, weinte ich nicht. Meine Tränenkanäle waren ebenso blockiert wie meine Stimmbänder. Außerdem: Was sollte das Weinen mir denn nützen? Wenn ich doch nur eine Vertrauensperson gehabt hätte. Wenn ich nur hätte sicher sein können, dass meine Mutter zu mir hielt. Doch selbst wenn sie mir glaubte – wie konnte ich meinem Dad so furchtbare Sorgen bereiten? Würde er sich David vorknöpfen? Würde David dann auf ihn losgehen? Der Gedanke an die Folgen trieb mir den Angstschweiß auf die Stirn. Sollte ich wirklich riskieren, dass meine Familie zerbrach? Ganz gleich, wozu ich mich entschloss – ich musste für immer damit leben. Je mehr ich darüber nachdachte, ob ich aussprechen sollte, was passiert war, desto unmöglicher erschien es mir. Wie in aller Welt sollten die anderen damit zurechtkommen? Auf diese Frage fand ich keine Antwort.

***

Am nächsten Morgen nahm ich wieder ein Bad. Diesmal kämpfte ich nicht mit den Tränen – ich war wütend. Der Zorn darüber, dass ich mich von David vergewaltigen ließ, zerfraß mich. Später machte ich mit Ben und Taura einen langen Spaziergang. Das war meine einzige Möglichkeit, allein und in Ruhe nachzudenken. Mein Zorn wuchs. Anstatt mir Fragen zu stellen, auf die ich sowieso keine Antwort fand – »Warum tut er das?« oder »Was habe ich falsch gemacht?« –, überlegte ich, wie ich seinen Übergriffen ein Ende setzen könnte. Am einfachsten wäre es gewesen, mich jemandem anzuvertrauen. Aber was, wenn er mich dann kurzerhand als Lügnerin darstellte? Wie konnte ich mich dagegen wehren? Dazu hatte ich nicht die Kraft. Ich kannte niemandem, dem ich zutraute, mich zu retten. Selbst als Zwölfjährige wusste ich, dass man sich auf andere Menschen nicht verlassen konnte. Die einzige Person, die sich je für mich eingesetzt hatte, war jetzt mein schlimmster Feind. Ich war völlig auf mich selbst gestellt. »Nur ich kann mich jetzt retten«, dachte ich. Stundenlang spielte ich verschiedene Ideen durch. Konnte ich um ein Schloss für meine Tür bitten? Oder sollte ich die Kommode vor die Tür schieben? Ich musste dieses Monster irgendwie aussperren.

Als ich am späten Nachmittag nach Hause kam, rüttelten David und Mum gerade an der Badezimmertür. Von meinem Zimmer aus hörte ich, wie sie versuchten, sie zu öffnen. Im Bad war niemand, doch die Tür war abgeschlossen. Sie konnten nicht hinein. Dann sprang sie plötzlich von selbst auf. »O mein Gott!« Ich hörte Mum lachen. »Das muss das Gespenst gewesen sein, von dem alle immer erzählen.« Gelächter.

Normalerweise hätte ich mitgelacht, doch im Augenblick konnte ich rein gar nichts lustig finden. Vor Gespenstern hatte ich mich nie gefürchtet. Angst hatte ich inzwischen vor ganz anderen Sachen. Was waren ein paar Spukgestalten im Vergleich zu den realen Schrecken, die mich in den Nächten heimsuchten?

Während ich auf dem Bett sitzend das kreischende Gelächter der beiden anhörte, wirbelten mir die verschiedensten Gedanken durch den Kopf. Ein Teil von mir bekam mit, was draußen passierte. Ein anderer dachte fast zwanghaft über die Ereignisse der vergangenen Woche nach. Und plötzlich wusste ich, wie ich David nachts von mir fernhalten konnte. Die Gespenster waren die perfekte Ausrede. Sie würden mir den Grund liefern, weshalb ich nie allein sein wollte.

Als es an diesem Abend Zeit wurde, ins Bett zu gehen, bedrängte ich meine Mutter.

»Ich will heute nicht alleine schlafen«, sagte ich. »Was ist, wenn die Gespenster mich in meinem Zimmer einschließen? Die Badezimmertür haben sie heute immerhin auch abgeschlossen.« Das Herz schlug mir bis zum Hals, und ich muss völlig verängstigt ausgesehen haben. Doch das passte gut zu meinem Plan.

»Jetzt sei nicht albern, Vicky. In deinem Zimmer ist nichts.« Mum versuchte, mich zu beruhigen. Aber so leicht ließ ich mich nicht abwimmeln.

»Bitte, Mum. Es geht nicht. Ich kann nicht alleine sein.« Meine Stimme zitterte. »Ich schlafe heute bei dir und Dad.« Damit machte ich auf dem Absatz kehrt, ging davon und betete, dass sie mir nicht nachlaufen und sagen würde, das käme gar nicht infrage. Ihr muss aufgefallen sein, wie blass ich war, denn sie verzichtete auf weitere Einwände. Ich bog um die Ecke und sank erleichtert gegen die Wand. Ich war sicher. Wenigstens heute Nacht.

Zum Schlafen rollte ich mich auf dem Schaffell vor dem Fußende des Bettes meiner Eltern zusammen. Zwar wusste ich, dass mein Bruder mir hier nichts anhaben konnte, fühlte mich aber trotzdem nicht ganz sicher. David hatte oft genug gezeigt, wozu er fähig war. Irgendwann gelang es mir doch einzuschlafen. Zwar schreckte ich immer wieder hoch, aber ich blieb auf dem kuscheligen warmen Fell allein. Vor lauter Erleichterung hätte ich weinen können.

Als Mum und Dad am nächsten Morgen aufwachten und sahen, dass ich immer noch da war, fanden sie das ziemlich wunderlich. »Das sind bloß die Gespenster!«, behauptete ich. »Die machen mich ganz verrückt.«

»Du bist doch ein großes Mädchen, Vicky.« Mum seufzte. »Warum benimmst du dich dann wie ein Baby?«

»Ach lass sie doch«, sagte Dad zu ihr. Dann drehte er sich zu mir. »Mach dir keine Sorgen, Liebes. Vor Geistern musst du keine Angst haben. Die trauen sich nicht in die Nähe, solange dein gefährlicher alter Dad bei dir ist.«

Beim Anblick meines dünnen Vaters, der seine Muskeln spannte, brachte ich ein zittriges Lächeln zustande. Ich war froh, dass meine Eltern keinen Verdacht schöpften. Von da an behauptete ich jeden Abend, immer noch Angst vor den Gespenstern zu haben. Manchmal riss Mum der Geduldsfaden. Dann sagte sie, ich solle nicht so albern sein. Aber ich war inzwischen cleverer geworden, sah bis spät in die Nacht fern, wartete, bis meine Eltern ins Bett gingen, und rollte mich dann auf dem Schaffell zusammen, ohne dass sie es merkten. Die Angst machte mich erfinderisch. Mum und Dad fanden mein Verhalten ziemlich verrückt, doch ich blieb bei meiner Gespenstergeschichte, und irgendwann stellten sie keine Fragen mehr.

Ob David in meinem Zimmer nach mir suchte, werde ich nie erfahren. Schon beim Gedanken an seine Schritte auf den Dielen erschauerte ich, und oft hielt die Angst mich wach, er könnte auf irgendeine Art an mich herankommen. Wenn ich nicht einmal in meinem Zimmer sicher war, wie sollte ich es dann sonst irgendwo sein? Doch dass er nicht in mein nächtliches Versteck gelangen konnte, bedeutete eine ungeheure Erleichterung für mich.

In den nächsten Wochen verbrachte ich jede einzelne Nacht im Schlafzimmer meiner Eltern. Tagsüber setzte ich alles daran, mich von David fernzuhalten. Für mich ging es dabei um Leben und Tod, deshalb plante ich jeden Schritt mit militärischer Sorgfalt. Eine Zeit lang sah ich kaum mehr als seinen Schatten. Seine Stimme tönte nur als dumpfes Echo aus dem Billardraum. Doch nach etwa einem Monat stieß ich unverhofft in der Küche mit ihm zusammen. David machte sich gerade an der Arbeitsplatte etwas zu essen. Der Anblick seines Rückens reichte für einen sofortigen Rückzug. Danach schloss ich mich ins Badezimmer ein und wartete darauf, dass das Zittern nachließ. Er war mir – und ich ihm – zum Greifen nahe gewesen. Das durfte nicht noch einmal passieren. Dank des Nomadenlebens, das David führte – ständig war er unterwegs und besuchte irgendwelche Freunde –, gelang es mir, mich von ihm fernzuhalten. Meine Eltern schöpften keinen Verdacht. Sie meinten, wir verhielten uns wie typische Geschwister im Teenageralter, die ständig Streit miteinander hatten. Wenn sie nur geahnt hätten, welche Abgründe sich in unserer Beziehung aufgetan hatten.

Im Lauf der Wochen gewann ich den Eindruck, dass es David Spaß machte, nach Hause zu kommen, mich in Angst und Schrecken zu versetzen und in ständiger Alarmbereitschaft zu halten.

Eines Morgens kam ich mit einer Packung Chips aus der Küche. Da erschien David wie aus dem Nichts. Er steuerte direkt auf mich zu. Instinktiv drückte ich mich an die Wand im Flur. Wenn ich in diesem Moment einen Wunsch freigehabt hätte, wäre ich durch Mauern gegangen, nur um ihm zu entwischen. Ich wollte die Augen schließen und so tun, als sähe ich ihn nicht. Seine Schritte verlangsamten sich; alles passierte wie in Zeitlupe. Nur mein Puls und meine Gedanken rasten. Mein Herz schlug so heftig, dass ich glaubte, ich müsste explodieren. Mein Kopf drehte sich, meine Hände schwitzten so sehr, dass ich die Chipstüte kaum halten konnte. Doch David ging an mir vorbei. Das Grinsen auf seinem Gesicht war so niederträchtig und unheimlich, dass selbst ein Gespenst sich davor gegruselt hätte. Ich sah ihn nicht an, doch ich spürte, wie er mich im Vorbeigehen streifte, und bekam eine Gänsehaut. Zum Glück sagte er kein Wort. Trotzdem reichte diese stumme Begegnung aus, um mich in ein zitterndes Wrack zu verwandeln.

Wenn David manchmal morgens daheim war, wartete ich, bis er aus dem Badezimmer kam und das Haus verließ. Erst dann traute ich mich aus dem Bett. Das Leben war erträglicher, wenn keine Gefahr bestand, mit ihm zusammenzutreffen. Befand er sich in der Nähe, dann suchte ich die Gegenwart anderer Menschen. Ich lebte im selben Haus wie der Mann, den ich zutiefst hasste, und meine größte Angst war, dass er mich eines Tages allein erwischen würde. Bei dieser Vorstellung wurde mir speiübel vor Angst.

Im Stillen jubelte ich, wenn David tagelang mit Freunden durch die Gegend zog. Nicht ständig in seinem Schatten leben zu müssen war eine große Erleichterung. In diesen Ruhezeiten fiel die Anspannung ein wenig von mir ab. Trotzdem konnte ich nicht vergessen, was passiert war. Selbst wenn seine Gegenwart mich nicht ständig daran erinnerte, war es unmöglich, die Schrecken zu verdrängen. Dabei hatte ich gehofft, dass auch hier der Spruch galt, »Aus den Augen – aus dem Sinn«. Aber sobald sein Name irgendwo fiel, erstarrte mein Körper, als erinnere er sich genau daran, was David ihm angetan hatte. Wenn ich an der Bar saß und Mum seinen Namen sagte, fuhr ich herum, schaute ängstlich zur Tür und befürchtete, dass er gerade hereinkam. Wenn er zu Hause war, beobachtete ich ihn immer sehr genau, damit unsere Wege sich nicht zufällig kreuzten. Das war furchtbar anstrengend und führte dazu, dass ich im Dauerstress lebte. Mein Bruder musste nur aus einem Zimmer rufen und Mum ihm Antwort geben. Schon galoppierte mein Herz, mein Asthma machte sich bemerkbar, und ich bekam Atemnot. Mum dachte, lediglich mein Asthma hätte sich verschlimmert. Doch mir wurde bald klar, dass das nicht alles war: Ich litt unter regelrechten Panikattacken. Sogar mein Körper schrie nach Hilfe.

In diesen albtraumhaften ersten Wochen fragte ich mich oft, ob ich so weiterleben konnte und wollte. Doch sobald ich an Selbstmord dachte, hielt mich irgendetwas zurück. Wie konnte ich meinen Eltern das antun? Wie konnte ich David gewinnen lassen? Dabei hatte ich genauso viel Angst vor dem Leben wie vor dem Tod. Obwohl es im Pub immer hoch herging, war ich völlig allein und hatte keine Ahnung, wen ich um Hilfe bitten sollte.

Während dieser dunklen Zeit der Depression gab es

nur einen einzigen Gedanken, der ein wenig Licht in mein Leben brachte: Ich sagte mir immer wieder, dass die schrecklichen, zerstörerischen Übergriffe nun wenigstens hinter mir lägen. Ich kannte jetzt das wahre Gesicht meines Bruders, konnte ihm aus dem Weg gehen und wäre damit in Sicherheit. Und es war mir gelungen, ihn davon abzuhalten, mich weiterhin zu vergewaltigen. Jetzt konnte ich irgendwie weiterleben. Ich war fest entschlossen, nie einer Menschenseele etwas davon zu sagen. Keine andere Person sollte unter seinen abscheulichen Taten leiden müssen. Sie würden für immer mein schmerzhaftes Geheimnis bleiben. Wenn ich nicht darüber sprach, würde keiner es je erfahren. Doch wie in so vielen Dingen sollte ich mich auch hierin täuschen.

Sicher und wohlbehalten

Ein paar Wochen später wachte ich eines Morgens auf, und mir war furchtbar übel. Ich lag auf dem warmen, gemütlichen Schaffell vor dem Bett meiner Eltern und wartete darauf, dass das Gefühl vorbeiging. Doch es wurde schlimmer. Ich stürzte ins Badezimmer und übergab mich.

»O Liebes, ist es jetzt besser?« Mum holte mir ein Glas Wasser.

Stumm nickte ich. Ich kniete noch immer auf dem Fußboden vor der Toilette.

Den Rest des Tages verbrachte ich mit Ben auf dem Sofa. Ich nahm an, dass ich etwas Schlechtes gegessen hatte. Doch auch an den nächsten Tagen wurde mir jeden Morgen schlecht.

»Wir müssen zum Arzt«, sagte Mum, als klar wurde, dass es sich nicht um eine harmlose Magen-Darm-Geschichte handelte.

»Ja, Mum.« Ich freute mich über die Aufmerksamkeit, denn ich wusste nicht, was tatsächlich hinter der ständigen Übelkeit steckte.

Weil die Übelkeit anhielt, gingen wir ein paar Tage später zu unserem Hausarzt. Nach einem oberflächlichen Blick auf mich diagnostizierte er eine Infektion, gab uns ein Antibiotikum und schickte uns wieder nach Hause. Eine ganze Woche lang nahm ich die Tabletten und wartete auf eine Besserung. Doch es änderte sich nichts. Mum rätselte, warum mir immer wieder schlecht wurde. Sie verlor langsam die Geduld. Ich selbst dachte nicht viel über meine Verfassung nach. Irgendwie würde Mum schon dafür sorgen, dass alles in Ordnung kam. Erneut gingen wir zum Arzt. Er warf einen langen Blick auf meine Karteikarte, dann bat er uns, uns zu setzen.

»Also, Vicky, ich hoffe, es macht dir nichts aus, dass ich dich das frage – aber hast du schon deine Periode?«

Ich sah zu Mum hinüber. »Ja, schon lange.«

»Und wann hattest du sie zum letzten Mal?«

Ich überlegte angestrengt. »Ehm, ich glaube, das ist schon eine Weile her.« Bei allem, was mir passiert war, waren meine unregelmäßigen Blutungen ehrlich gesagt meine kleinste Sorge gewesen.

»Daran ist sicher die Infektion schuld«, sagte Mum. »Sie ist seit Wochen krank. Kein Wunder, dass ihr Körper ein bisschen aus dem Rhythmus ist.«

»Keine Sorge. Wir machen ein paar Tests und gehen der Sache auf den Grund.«

»Gut. Das wäre nützlich«, sagte Mum knapp.

Beim Hinausgehen lächelte ich den Arzt an, merkte aber genau, wie die ungeklärte Situation Mum ziemlich irritierte.

Einige Wochen später bekamen Mum und Dad einen neuen Auftrag. Wir zogen ein paar Meilen weiter in den White Lion Pub in Bloxham. David wohnte seit Neuestem bei seiner damals aktuellen Flamme Lol, sodass er zum Glück nur sehr selten bei uns aufkreuzte. Doch in der Umzugswoche kam er öfter vorbei und half beim Kistenpacken. Allein seine bedrohliche Gegenwart schien meinen Magen empfindlicher zu machen denn je. Während wir unsere Sachen zusammenpackten, musste ich immer wieder zur Toilette rennen und mich übergeben.

In gewisser Weise war das eine gute Ablenkung. Ich sorgte mich mehr wegen der ständigen Übelkeit als wegen David. Außerdem hasste er es, mit kranken Leuten zusammen sein zu müssen. Deshalb ging er mir aus dem Weg. Inzwischen fühlte ich mich so elend, dass der Umzug mir längst nicht so viel ausmachte wie sonst. Eigentlich gefiel es mir in Tilbrook ganz gut. Doch nach allem, was passiert war, war es eine Erleichterung, von hier wegzuziehen. In meinem geliebten Zimmer, das ich mit Tierbildern aus Zeitschriften dekoriert hatte, lauerten jetzt nur schreckliche Erinnerungen. Selbst wenn ich mich dort nur umzog, bekam ich Atemnot, und es gelang mir nur mit Mühe, nicht sofort wieder auf den Flur zu flüchten. Immer wenn nachts die Lichter gelöscht wurden, glaubte ich, wieder das Ächzen der Dielen zu hören. Vielleicht würde ich in einem neuen Haus nicht so sehr von dem verfolgt werden, was mein Bruder mir angetan hatte.

Bloxham lag nur ein paar Meilen weit entfernt, doch für mich bedeutete es einen Neuanfang. Meine Übelkeit ließ trotzdem nicht nach, und als wir ausgepackt hatten, taten mir außerdem die Beine weh. Mum meldete mich schnell bei einem neuen Hausarzt an, und meine Unterlagen wurden ihm zugeschickt.

Als ich schließlich einen Termin bei dem neuen Arzt hatte, wusste Mum sich keinen Rat mehr. Sie hoffte nur verzweifelt, er würde herausfinden, was mir fehlte – und mir ging es genauso.

»Tut mir leid, Herr Doktor, aber das geht schon wochenlang so«, klagte Mum. »Es muss endlich etwas geschehen.«

»Ja, sicher. Das verstehe ich.« Die Stimme des Arztes klang sehr beruhigend. Ich wollte gern glauben, dass er mir helfen konnte. Lange sah er mich und Mum an. Dann machte er weitere Bluttests, betastete meine Drüsen, fühlte meinen Puls und untersuchte mein Rückgrat.

»Hmmmm ...« Er rieb sich das Kinn. Besorgt, was ich nun hören würde, beugte ich mich vor. Doch er sprach mit Mum. »Ich glaube, Ihre Tochter leidet unter Kalziummangel. Deshalb bekommt sie auch ihre Periode nicht mehr.« Erleichtert setzte ich mich auf. Das klang nicht besonders ernst.

»Sind Sie sicher, dass das alles ist? Sind Sie absolut sicher?« Mum musterte ihn kritisch.

»Nun ja, alle Anzeichen deuten darauf hin. Ich gebe Ihnen ein Rezept, dann ist sie sicher bald wieder fit.«

Mum griff wortlos nach dem Fetzen Papier, packte mich an der Hand und hetzte mit mir aus der Praxis.

Auf dem Heimweg war Mum ungewöhnlich lange still. Während ich noch überlegte, weshalb sie sich so seltsam benahm, blieb sie plötzlich stehen, sah mir fest in die Augen und fragte: »Vicky – kann es sein, dass du schwanger bist?«

Ich verschluckte vor Schreck fast meine Zunge. »Nein. Sei doch nicht albern«, stammelte ich. Gleichzeitig begannen meine Gedanken zu rasen.

»Entschuldige. Tut mir leid, Liebes.« Meine Mum sah furchtbar erleichtert aus. Sie umarmte mich kurz, warf mir ein entschuldigendes Lächeln zu, und wir gingen weiter.

Doch der Gedanke hatte sich in meinem Kopf eingenistet. Was ist, wenn sie recht hat? Wenn ich wirklich schwanger bin? Meine Periode war von Anfang an regelmäßig gekommen. Und ich wusste, dass sie bei einer Schwangerschaft aussetzte. War das die Antwort? War mir deshalb immer so schlecht? Mir wurde gleich noch viel übler. Konnte ich tatsächlich von meinem Bruder schwanger sein? Wie sollte ich das irgendjemandem erklären? Kein Mensch würde das je verstehen. Was sollte ich denn sagen? Nein! Es konnte einfach nicht wahr sein. Auf gar keinen Fall. Der Gedanke machte mich so nervös, dass mir die Luft wegblieb. Wortlos reichte Mum mir den Inhalator. Inzwischen sah sie nicht mehr so erleichtert aus.

Später am Nachmittag ruhte ich mich auf dem Sofa aus und versuchte, das Gedankenkarussell in meinen Kopf anzuhalten. Davids Freundin Lol kam herein. Ich fand sie sehr nett und fragte mich oft, was sie an David fand. Ein paarmal hatte ich bereits versucht, sie vor ihm zu warnen. Doch sie tat das stets lachend als Geschwisterrivalität ab.

»Wie geht es dir denn, Schätzchen?« Sie setzte sich neben mich aufs Sofa.

»Besser, glaube ich«, sagte ich bedächtig.

»Gut.« Sie sah mich lange an. »Versteh mich nicht falsch, Vicks. Aber deine Mum glaubt, du könntest schwanger sein. Willst du mir vielleicht irgendetwas sagen?«

Es war nicht zu fassen: Davids neue Freundin stellte mir eine solche Frage! »Wenn du nur wüsstest ...!«, dachte ich bitter. Ich war mir sicher, dass sie mir niemals glauben würde. Deshalb starrte ich sie nur unverwandt an.

»Nein. Alles klar. Danke. Mum macht sich bloß Sorgen. Ich glaube, sie mag den Arzt nicht.«

»O.k., Vicky. Aber denk daran: Wenn du mal reden möchtest – ich bin für dich da.«

Als Lol weg war, weinte ich in ein Sofakissen. Ich wünschte mir so verzweifelt, Lol die Wahrheit sagen zu können. Sie machte einen so lieben Eindruck. Doch wie sollte ich ihr erklären, was ihr Freund mir angetan hatte? Wie konnte ein Mädchen wie Lol sich von meinem fiesen, verlogenen Bruder derart blenden lassen?

Aber Lol war vielleicht nicht die Einzige, die sich etwas vormachte.

Je mehr Mum und Lol darüber redeten, desto intensiver dachte ich über die Möglichkeit einer Schwangerschaft nach. Die Möglichkeit bestand tatsächlich. In der letzten Grundschule, auf die ich gegangen war, hatten wir Aufklärungsunterricht gehabt. Ich wusste, wie Babys entstanden. Am liebsten hätte ich mich sofort noch einmal erbrochen. Meine Panik wurde immer größer. Der schreckliche Gedanke setzte sich wie ein Klumpen in meinen Magen. Ein Baby zu bekommen war schon schlimm genug. Aber das Baby meines Bruders? Nicht auszudenken. Das würde den ganzen Albtraum noch zehnmal schlimmer machen. Gerade hatte ich es geschafft, die Erinnerung an die demütigende Tortur der Vergewaltigungen ein wenig beiseitezuschieben und irgendwie weiterzumachen. Aber damit würde sich alles ändern. Ich wusste nicht, wie viel ich noch ertragen konnte, hatte das Gefühl, mein Kopf müsste explodieren. Ständig war ich den Tränen nahe – in jeder einzelnen Minute, an jedem einzelnen Tag. Ich war ein emotionales Wrack, dabei wollte ich doch bloß wieder mit Ben spielen und ein ganz normales Kind sein können. Es war unfassbar, wie gründlich David mein Leben aus der Bahn geworfen hatte. Um an der ausweglosen Situation nicht zu verzweifeln, versuchte ich, sie zu verdrängen.

Ich schlief ein. Nach einer Weile kam Mum und erklärte, wir würden noch einmal zum Arzt gehen. »Lols Mum sagt, es gäbe ganz in der Nähe eine nette Ärztin, die uns heute Abend noch drannimmt«, sagte sie. Ich nahm meine Schuhe und meine Jacke, und wir machten uns auf den Weg. Was ich denken sollte, wusste ich schon lange nicht mehr. Ich war völlig durcheinander, wollte mich verstecken und die Wahrheit nie erfahren. Immer wieder sagte ich mir, ich könne auf gar keinen Fall schwanger sein. Das war schlichtweg unvorstellbar.

In der Praxis wurden wir sofort ins Behandlungszimmer gebeten. Die Ärztin machte einen netten Eindruck, und Mum erklärte ihr die Situation.

»Es geht ihr richtig schlecht«, erklärte sie. »Wir sind von einem Doktor zum anderen gelaufen, aber nichts hat geholfen. Da stimmt doch etwas nicht.« Ich saß nur da und wünschte mich weit weg.

»O.k. Schauen wir mal nach, Vicky. Legst du dich bitte hier hin?« Ich tat, was die Ärztin verlangte, und sie tastete meinen Bauch ab. Mum fing meinen Blick auf und lächelte mich an. Dann war plötzlich alles sehr still. Ich musterte das Gesicht der Ärztin. Sie schaute an die Decke, dann sah sie mich an und lächelte schließlich. Dabei bohrte und drückte sie ununterbrochen an meinem Bauch herum. Nach einer Ewigkeit nahm sie die Hände weg und bat mich, mich wieder zu setzen.

»Und? Was denken Sie?«, drängte Mum.

Die Stimme der Ärztin klang ruhig und professionell. »Ich fürchte, Ihre Tochter ist schwanger.«

Mum starrte mich an. Ich starrte zu Boden. »O mein Gott«, dachte ich. »O mein Gott! Was soll ich bloß machen?«

»Aber sie ist doch erst zwölf!«, sagte Mum langsam. Ungläubig schüttelte sie den Kopf. »Wie weit ist sie denn?« Sie nahm meine Hand und drückte sie.

»Etwa im sechsten Monat«, antwortete die Ärztin.

Es war wie in einem Albtraum. Es waren sechs Monate, seit David mich vergewaltigt hatte. Und es blieben drei Monate, bis das Kind meines Bruders zur Welt kommen würde.

Mein Kopf schaltete auf Autopilot. Fieberhaft suchte ich nach einer plausiblen Ausrede. Auf gar keinen Fall würde ich hier in diesem hell erleuchteten Raum sitzen und diesen beiden Frauen mitteilen, was mein Bruder mir angetan hatte – der Liebling meiner Mutter. Die volle Bedeutung dessen, was die Ärztin sagte, ging erst einmal an mir vorbei. Ich war viel zu sehr damit beschäftigt, darüber nachzudenken, was ich darauf antworten und wie ich alles erklären sollte. Verzweifelt grübelte ich über eine Geschichte nach, die glaubwürdig klang. Plötzlich war mir, als stünde ich allein im Zimmer. Alles war ganz still. Mum hätte mich in diesem Augenblick anschreien und vor Zorn toben können. Doch ich war blind und taub, allein mit ein paar armseligen Ideen für Ausflüchte und Erklärungen und dem Bedürfnis, Mum vor der Wahrheit zu schützen.

Dann drang ihre Stimme durch das Chaos in meinem Kopf. Sie klang, als hätte sie Mühe, nicht die Fassung zu verlieren.

»Warum bin ich nicht früher darauf gekommen?«, sagte sie immer wieder. »Ich hätte es mir denken können. Ich hätte es wissen müssen.«

Im Behandlungszimmer gab es einen Spiegel. Alle gemeinsam starrten wir darin auf meinen Bauch. Schützend legte ich die Hände darüber. Dabei gab es kein äußeres Anzeichen, dass ich bereits im sechsten Monat war. Damals war ich ein sehr kräftiges Mädchen, und meine weite Kleidung kaschierte sämtliche Rundungen und Wölbungen.

»Bei ganz jungen Müttern ist das oft so«, sagte die Ärztin sachlich. »Es kann sehr schwer sein, eine Schwangerschaft zu erkennen.«

Wir waren alle miteinander so schockiert, dass wir das eigentliche Thema vorerst gar nicht ansprachen. Wie ein Elefant, den jeder geflissentlich übersah, stand die Frage mitten im Zimmer. Ob man es ihr nun ansah oder nicht: Wie zum Teufel kam eine Zwölfjährige dazu, schwanger zu sein?

»Hast du in deinem Bauch in letzter Zeit etwas gespürt? Ein Gefühl, als flatterten Schmetterlinge darin herum?«, fragte die Ärztin.

»Ehm, ja. Ich glaube schon«, sagte ich. »Aber ich dachte, ich sei eben krank.«

Mum presste die Hände auf ihren Mund, als müsste sie einen Schrei ersticken. Einen Moment lang dachte ich, sie würde zusammenklappen; sie zitterte so sehr. Stattdessen ließ sie sich auf einen Stuhl sinken, während die Ärztin für mich für den nächsten Morgen einen Termin im Krankenhaus machte. Dann verabschiedeten wir uns, und Mum schleppte sich irgendwie hinaus.

Draußen wappnete ich mich für den Fall, dass Mum mich nun anschrie oder mit Fragen bombardierte. Doch sie ging nur einfach mit bebenden Schultern vor mir her und sah sich nicht einmal um, ob ich ihr folgte. Benommen stapfte ich hinter ihr her. Mir war, als hätte jemand den Ton der Welt um mich herum abgestellt.

Zu Hause angekommen, rannte ich direkt in mein Zimmer. Ich wollte niemanden sehen – vor allem nicht David. Meine Scham darüber, dass ich uns allen so etwas antat, war riesig. Die Tür ließ ich einen Spalt breit offen; von unten drangen Stimmen zu mir hinauf.

»Was ist denn, Liebes? Du siehst aus, als wäre dir ein Gespenst begegnet.« Die warme Stimme meines Vaters brachte mich zum Weinen.

Mums Antwort klang zittrig. »Ich habe Neuigkeiten. Du wirst Großvater.«

»Großer Gott, Sohnemann. Findest du nicht, dass du noch ein bisschen zu jung für so was bist? Und Lol sowieso? Na ja. Wenigstens stehst du zu ihr. Großvater, sagst du? Ich dachte, das hätte noch ein paar Jährchen Zeit …«

Er verstummte. Vielleicht sah er Mums Gesichtsausdruck.

»Was quatschst du denn da?« Davids Stimme war so laut, dass ich zusammenfuhr und mich umsah, ob er vielleicht plötzlich in meinem Zimmer stand.

»Von den beiden hier spreche ich nicht«, sage Mum.

»Was zum …«

»Es ist Vicky. Sie ist schwanger. Im sechsten Monat.«

Als Nächstes hörte ich schwere Schritte, die die Treppe heraufpolterten. Ich rollte mich unter der Bettdecke zusammen. Jetzt war es passiert: David würde sich auf mich stürzen. Er wusste, dass ich sein Kind in mir trug, den lebendigen Beweis seiner Schuld. Und jetzt würde er mir etwas antun, mich für immer zum Schweigen bringen. Die Schritte kamen immer näher, die Tür wurde aufgerissen. Ich ging in Abwehrstellung.

Doch es war nicht David. Dad stand in der Tür und sah älter und zerbrechlicher aus als je zuvor. Selbst im Vergleich zu damals nach seinem Unfall. Er sagte kein Wort und setzte sich nur zur mir aufs Bett und drückte mich an sich. Das war das allerschönste Gefühl seit einer ganzen Ewigkeit. Ich wünschte mir, er würde mich für immer so festhalten. Dad streichelte meinen Rücken, dann murmelte er in mein Haar, »Was hast du bloß gemacht? Du dummes, dummes kleines Mädchen.« Die Worte waren wie ein Glas Eiswasser, das mir jemand ins Gesicht kippte. Die Umarmung half nun nichts mehr. Ich erstarrte und machte mich von ihm los. In Dads Augen lag so viel Enttäuschung, dass ich ihn nicht ansehen konnte. Alles war so schrecklich unfair! Wenn Dad doch nur gewusst hätte, dass ich gar kein dummes Mädchen war, dass mich keine Schuld traf. Doch die Worte kamen einfach nicht über meine Lippen. Wie sollten sie auch, nach so langer Zeit? Doch wie konnte ich ihn glauben lassen, dass ich mit irgendwelchen Jungs geschlafen hatte, wo außer ein paar scheuen Küssen doch nie etwas passiert war? Ein Teil von mir war zornig. Kannten meine Eltern denn ihre eigene Tochter nicht?

Wie David auf die Nachricht reagierte, fand ich nie heraus. Er kam auch nicht zu mir und bedrohte mich. Das war gar nicht nötig. Auf seltsame Weise zeigte meine Schwangerschaft nur noch deutlicher, wie viel Macht er über mich hatte. Selbst Monate nach den Vergewaltigungen konnte David noch immer mein Leben zerstören. Mein Umfang nahm jeden Tag zu, doch ihn berührte das, was er mir angetan hatte, in keiner Weise. Später hörte ich, dass er zusammen mit Lol auf dem Sofa gesessen hatte. Nachdem Dad zu mir hinaufgerannt war, sagte David kein einziges Wort, stellte Mum keine einzige Frage. Alle waren viel zu schockiert, um auf die Reaktionen meines Bruders zu achten. Manchmal frage ich mich immer noch, was damals in seinem Kopf vorgegangen sein mag. War er stolz? Fand er es lustig? Oder war er bestürzt über die Folgen seiner obszönen Übergriffe? Was immer er empfunden haben mag – äußerlich war er so kalt wie eine Hundeschnauze. Selbst heute noch hasse ich die Vorstellung, wie er später am selben Abend mit Mum und Dad am Tisch saß und mit ihnen über mein Problem diskutierte, während meine Eltern von der schrecklichen Wahrheit nichts ahnten.

Am nächsten Morgen musste ich zur Untersuchung ins Krankenhaus. Noch immer hoffte ich, bald aus einem Albtraum zu erwachen. Den Bauch voller blauer Schmiere, lag ich auf einer Pritsche. Als ich die Bewegungen auf dem Ultraschall-Monitor sah, empfand ich nichts. Es fiel mir schwer zu akzeptieren, dass ein Baby in mir wuchs – ein Mensch, eine Person. Die Vorstellung schien mir abwegig und beängstigend. Irreal. Immer wieder hörte ich an diesem Tag, dass ich in drei Monaten Mutter sein würde. Doch ich konnte nur ausdruckslos vor mich hin starren und fasste es nicht. Meiner eigenen Mutter gelang es nicht, die Tränen zu verbergen, die ihr in die Augen stiegen. Für sie war ich immer noch ein Kind – was ja auch den Tatsachen entsprach. Dass ich nun selbst ein Kind bekam, ging ihr einfach nicht in den Kopf.

Die Ärztin erklärte uns, welche Möglichkeiten ich hatte. »Wie stehen Sie zu einem Abbruch? Wie denken Sie darüber?«, fragte sie. Obwohl ich bis zu diesem Augenblick noch nicht wirklich über den Fötus nachgedacht hatte, wusste ich, dass eine Abtreibung nicht infrage kam. Ich wollte das Baby nicht töten. Die Ärztin erklärte, bei einer so weit fortgeschrittenen Schwangerschaft würde ich auch bei einem Abbruch den gesamten Geburtsvorgang durchlaufen und am Ende mein totes Baby sehen müssen. Mehr brauchte ich nicht zu hören. So verängstigt ich auch war, das brachte ich nicht fertig. Mum pflichtete mir bei.

»Das ist eine ganz schlimme Sache.« Sanft griff sie nach meiner Hand. Dann sah sie mich lange an. »Dein Vater und ich haben miteinander gesprochen«, sagte sie schließlich. »Wir sind für dich da und kümmern uns um das Baby, während du erst mal erwachsen wirst. Du kannst immer auf uns zählen.« Wir saßen im Behandlungsraum und blinzelten beide gegen die Tränen an. Ich glaube, dass ich in diesem Augenblick zum ersten Mal Gefühle für das Kind entwickelte. Egal, wie es gezeugt worden war, es lebte in mir und war jetzt mein Baby.

Ich war so froh, dass Mum sich um mich kümmerte, und klammerte mich an sie wie schon seit Jahren nicht mehr. Noch nie zuvor hatte sie mir so wunderbar zur Seite gestanden. Ohne sie und Dad wäre ich verloren gewesen. Ich hätte auf der Straße gesessen; mein Kind hätte man mir weggenommen. Oder ich wäre David mit Haut und Haaren ausgeliefert gewesen. An diesem Vormittag schwor ich mir, alles zu tun, um mir die Liebe und Unterstützung meiner Eltern zu erhalten. Zu meinem Besten, aber auch zum Besten des Babys. David hasste ich mehr denn je. Aber wenn ich bei meiner Familie bleiben wollte, musste ich jede Hoffnung auf Gerechtigkeit oder Rache, sogar die Hoffnung auf ein Leben ohne Angst begraben.

Weder Mum noch Dad hatten mich bisher gefragt, wer der Vater des Kindes sei. Damals war ich darüber vor allem erleichtert. Doch im Nachhinein glaube ich, dass meine Schwangerschaft sie vollkommen überforderte. Ihnen fehlte schlicht die Kraft, auch noch die Frage nach der Vaterschaft zu stellen. Die Hoffnung, ich könnte nun weiterleben, ohne mich noch tiefer in ein Lügengespinst zu verstricken, erwies sich allerdings als falsch.

Kaum war ich vom Krankenhaus zurück und hatte mich aufs Sofa gesetzt, schon klopfte die Polizei an die Tür. Anscheinend hatte die Klinik die Behörden informiert, weil ich noch so jung war. Man sagte mir, ich müsse aufs Revier in Banbury kommen und eine Aussage machen. Mum sah furchtbar verlegen aus, als wir an allen Nachbarn vorbeimarschieren und in den Streifenwagen steigen mussten. Obwohl die Beamten sehr freundlich waren, kamen wir uns vor wie Schwerverbrecher. Im Revier sagten sie, ich müsste ihnen nun alles erzählen. Ich saß im Verhörzimmer und hatte das Gefühl, bestraft zu werden. Mum saß neben mir, während ich eine Geschichte nach der anderen erzählte. Ich sagte einfach, was mir gerade in den Kopf kam. Natürlich hatte ich schreckliche Angst, und was ich daherredete, muss ziemlich verworren geklungen haben. Ich wusste nur, dass ich mein Geheimnis für mich behalten musste, damit ich meine Familie nicht zerstörte. Die Polizisten wollten wissen, wer der Vater sei und wo er wohnte. Wie konnte ich ihnen sagen, dass es sich um meinen Bruder handelte, der uns zu Hause erwartete?

Spontan dachte ich an Robin, meinen kleinen Freund aus dem Wohnwagenpark, und erklärte, er sei der Vater. Doch diese eine Lüge reichte der Polizei nicht aus. Man wollte wissen, wie wir uns kennengelernt hätten und wie man sich unsere Beziehung vorzustellen habe. Meine Eltern hatten immer noch Kontakt mit seinen, und ich musste mit anhören, wie Mum den Polizisten die Adresse und die Telefonnummer gab. Kaum hatte ich Robins Namen ausgesprochen, schon wünschte ich, mir wäre eine bessere Geschichte eingefallen. Ich hatte ein furchtbar schlechtes Gewissen, weil ich meinen armen, unschuldigen Freund belastete. Doch ich war in Panik. Sein Name war einfach der erste, der mir einfiel, und die Geschichte klang überzeugend. Innerhalb der nächsten Stunde musste ich sie so oft wiederholen, dass ich sie am Ende fast selbst glaubte.

Es heißt, es sei der Fluch des Bösen, dass es zu weiterem Bösen führt. Und bis heute kann ich mir nicht verzeihen, dass ich Robin in meine traurige Situation hineingezogen habe. Selbst damals wusste ich, dass er das nicht verdient hatte, aber inzwischen tut es mir noch viel mehr leid. Meine Lüge war gemein und muss ihm und seiner Familie viel Kummer bereitet haben. Dafür, einen

Unschuldigen zu belasten, gibt es keine Entschuldigung. Ich konnte nur hoffen, dass Robin, wenn er je die Wahrheit erfahren würde, nachfühlen konnte, in was für einer unsäglichen Situation ich mich befunden hatte.

Einer der Beamten bat Mum, einen Moment lang mit nach draußen zu kommen. »Ich bin gleich wieder da, Liebes«, sagte sie. Stumm saß ich mit dem zweiten Beamten im Zimmer und wartete. Redeten sie draußen über mich? Hatten sie gemerkt, dass ich log? Vor Scham wurde ich knallrot. Nach ein paar Minuten kam Mum mit dem Beamten zurück. Sie nahm meine Hand. »Ich muss dir jetzt eine Frage stellen«, sagte sie ziemlich aufgeregt. »Bist du sicher, dass du nicht jemanden aus der Familie schützen willst?«

Verwirrt sah ich sie an. Wusste sie etwas? War das nun meine Chance? Ich räusperte mich und sah, wie Mum vor meinen Augen in sich zusammensank. Es war, als hätte ich eine Nadel in einen Ballon gestochen. Ich konnte es nicht. Ich konnte es ihr nicht antun.

»Nein. Natürlich nicht.« Meine Schamröte wurde noch einen Ton dunkler.

»Die glauben, Dad sei der Vater«, flüsterte Mum.

Mir wurde ganz schwindelig und flau.

»Was? Wie kommen die denn darauf? Dad hat nichts gemacht. So etwas würde er niemals tun«, schluchzte ich. Ich konnte nicht glauben, dass sie Dad etwas so Schreckliches zutrauten. Wie konnten sie es wagen, ihm das vorzuwerfen?

»Schon gut. Alles in Ordnung, junge Dame. Diese Fragen müssen wir nun mal stellen.« Der Ton des Polizisten klang beschwichtigend. Er zog einen Stift aus der Tasche und machte sich ans Ausfüllen von Formularen.

Inzwischen glaube ich, es war damals sonnenklar, dass irgendetwas nicht stimmte und jemand aus der Familie die Verantwortung für meine Schwangerschaft trug. Ich war so panisch, erfand wilde Geschichten. Doch das schien niemandem aufzufallen. Für die Polizei war es sicher einfacher, mich als schwangeren Teenager aus schwierigen sozialen Verhältnissen zu den Akten zu legen.

Ein Teil von mir war erleichtert, dass niemand etwas merkte und nachhakte. Ein anderer Teil wünschte sich, die Behörden würden weiter Fragen stellen und die Wahrheit herausfinden, damit ich das scheußliche Geheimnis nicht länger für mich behalten musste. Was ich wirklich wollte, wusste ich längst nicht mehr. Es sollte nur einfach jemand kommen, der mir die ganze Verwirrung, den Hass und sämtliche Entscheidungen abnahm und mir mein altes Leben zurückgab. Ich wollte nicht reif sein, wollte mich nicht mit so ernsten Themen auseinandersetzen müssen. Viel lieber wäre ich wieder ein unschuldiges Kind gewesen.

Zu Hause begrüßte mich Dad mit einer weiteren festen Umarmung. David und Lol waren immer noch da. Beim Gedanken daran, was wohl in Davids Kopf vorgehen mochte, drehte sich mein Magen wie ein Pfannkuchen. Würde er wütend werden und versuchen, mich zu einer Abtreibung zu überreden? Oder – schlimmer noch – gefiel ihm der Gedanke, gleichzeitig Vater und Onkel zu werden? Auf gar keinen Fall konnte ich zulassen, dass er auf perverse Weise »glückliche Familie« mit mir spielte. Dabei war ich wie gefangen in dem ohnmächtigen Gefühl, keine Kontrolle über mein Leben zu haben. Es gehörte mir nicht mehr. Außerdem gab es jetzt auch noch ein Baby, an das ich denken musste. An diese Einsicht klammerte ich mich, wenn alles zu schwer zu werden drohte. »Ich muss einfach nur weitermachen«, sagte ich mir. Trotzdem hätte ich alles getan, um die Uhr zurückdrehen und wieder das kleine Mädchen sein zu können, das den ganzen Tag mit Ben spielte. Mutter zu sein ist eine riesige Herausforderung, und ich war nur eine traumatisierte Zwölfjährige, die sich dieser Rolle nicht gewachsen fühlte.

Daran, wie mein Bruder reagieren würde, hätte ich allerdings keinen Gedanken verschwenden müssen. David sagte gar nichts zu mir. Es gab nicht den Schimmer eines Bekenntnisses, dass das Baby von ihm war. Manchmal kam es mir vor, als hätte ich mir die schrecklichen Nächte nur ausgedacht und das Baby noch dazu. Weiterhin mied ich jeden Blickkontakt zu David. Auf keinen Fall wollte ich, dass er versuchte, sich mit mir zu unterhalten. Seit den Vergewaltigungen hatten wir nur das Allernötigste miteinander gesprochen. Was David tat, wenn er seine Zimmertür hinter sich schloss, oder was er in der Tiefe seines Herzens fühlte, weiß ich nicht. Er kann geweint haben oder gelacht. Nie erfuhr ich, wie er es empfand, der Vater des Kindes seiner kleinen Schwester zu sein.

Später hörte ich, dass die Polizei sich mit Robins Eltern in Verbindung gesetzt und ihnen mitgeteilt hatte, was ich behauptete. Sie waren entsetzt – und zwar umso mehr, weil Robin alles abstritt. Ich aber blieb bei meiner Geschichte, womit Robin als Lügner dastand. Heute habe ich deshalb schreckliche Schuldgefühle. Wenn ich ihn noch einmal sehen würde, würde ich ihm sagen, wie aufrichtig leid mir alles tut und wie gemein es war, ihm so etwas anzuhängen. Doch damals war ich nur ein kleines, verängstigtes Mädchen – ein gefangener Vogel – und wünschte mir nichts mehr, als dass meine Familie nicht zerbrach. Weil Robin ebenfalls noch sehr jung war, verfolgte die Polizei die Sache zum Glück nicht weiter. Dad nahm ich das Versprechen ab, Robin in Ruhe zu lassen. Wir hörten nie wieder von ihm und seiner Familie. Mum und Dad hatten mit mir schon genug Sorgen, ohne sich auch noch den Kopf darüber zerbrechen zu müssen, wie ich nun schwanger geworden war.

Wochenlang rechnete ich damit, dass David eine Gelegenheit finden würde, mich weiter unter Druck zu setzen. Deshalb achtete ich darauf, stets von Menschen umgeben zu sein. Ich war sicher, dass er mich bedrohen und mir die Schuld für die Schwangerschaft geben würde. War er in der Nähe, dann ging ich weg und redete mit jemand anderem. Mit ihm sprach ich nie. Manchmal fragte ich mich, ob unseren Eltern das auffiel. Hin und wieder hörte ich Mum sagen: »Lass Vicky in Ruhe, Liebes. Ihre Hormone spielen verrückt. Du darfst es nicht persönlich nehmen.« Das machte mich fast wahnsinnig. Ein Teil von mir wollte, dass alle erfuhren, warum ich meinen Bruder so sehr hasste. Sie sollten sehen, wie sehr er mich anwiderte. Doch mein Schweigen zu brechen, das wurde von Tag zu Tag mehr zu einem Ding der Unmöglichkeit. Ich war so schwach und mein ungeborenes Baby noch viel schwächer. Die Situation war völlig verfahren; ich saß in der Falle, und das Lügengebäude war inzwischen so weit verzweigt, dass ich den Ausgang nicht mehr fand, nicht mehr kehrtmachen konnte. Wer sollte mir nach all den Lügen denn überhaupt noch vertrauen?

Davids Freundin war weiterhin nett zu mir. Dass ich in meinem zarten Alter bereits schwanger war, schockierte sie zwar, doch sie ließ es mich nicht merken und war immer für mich da. Wir redeten, sie war nett zu mir. Aber sobald David dazukam, ging ich weg. Dass sie mit meinem gewalttätigen, hinterhältigen Bruder zusammen war, war eine Schande. Ich hatte fast ein schlechtes Gewissen, weil ich zuließ, dass ein so liebes Mädchen sich von Davids Charme blenden ließ, wo ich doch wusste, wie gefährlich er in Wirklichkeit war. Aber letztendlich unterschätzte sogar ich das Ausmaß der Gefahr, in der sie sich befand.

Die Morgenübelkeit ließ auch in den nächsten drei Monaten nicht nach. Besonders schlimm war es, wenn David im Haus war. Wenn er mir zu nahe kam, musste ich sogar manchmal zur Toilette rennen und mir einen Finger in den Hals stecken. Nur indem ich mich erbrach, konnte ich das entsetzliche Schweregefühl im Bauch wieder loswerden. Nur einen Tag nach dem anderen zu bewältigen war ein dauernder Kampf und erforderte meine gesamte Energie.

In dem Maß, wie mein Bauch runder wurde, vergrub ich die Erinnerungen an die Vergewaltigungen tiefer und tiefer in mir. Und je mehr Leuten ich von dem Jungen vom Campingplatz erzählte, desto realer wurde die Geschichte. Am Ende klang die Lüge so überzeugend, dass ich sie selbst gern glauben wollte. Sie war mir tausendmal lieber als die Tatsache, dass mein eigener Bruder sich nachts in mein Zimmer geschlichen hatte. Wenn ich neben David stand, erschauerte ich zwar noch immer, doch am Ende siegte die Willenskraft. Ich konzentrierte mich darauf, dem Baby zuliebe ruhig zu bleiben, und versuchte, mich zum Vergessen zu zwingen.

Die Schule war nur noch eine ferne Erinnerung. Wirklich oft war ich sowieso nicht dort gewesen, und weil ich nun schwanger war, gaben die Behörden ihr Einverständnis, dass ich zu Hause bleiben konnte. In den letzten drei Monaten meiner Schwangerschaft verbrachte ich viel Zeit mit Ben. Er wich nicht von meiner Seite, war Tag und Nacht mein ständiger Beschützer. Seit ich schwanger war, kümmerten meine Eltern sich ebenfalls mehr um mich, machten sich Sorgen und allerhand Umstände. Dadurch fühlte ich mich sicher und geborgen. Zum ersten Mal im Leben war ständig jemand bei mir und bemühte sich um mich.

Natürlich war nicht jeder so liebevoll und fürsorglich wie meine Eltern. Wenn ich das Haus verließ, um Milch zu kaufen oder eine Zeitung für Dad zu holen, war das wie ein Spießrutenlauf. Kinder in meinem eigenen Alter schrien mir Schimpfworte hinterher; Gruppen von älteren Jungs johlten und pfiffen, während ich versuchte, meinen wachsenden Bauch so gut es ging zu verstecken. Selbst in einem Dorf, wo es die eine oder andere Teenagermutter gab, war der Anblick einer schwangeren Zwölfjährigen eine Art Gratis-Jahrmarktsattraktion für die Nachbarn. Auch Freunde meiner Eltern schüttelten missbilligend den Kopf oder hoben mahnend den Finger. »Das mit Vicky ist eine Schande. Dabei war sie doch immer so ein nettes, kleines Ding«, hörte ich eine Frau sagen.

»Es sind doch immer die Stillen«, stellte die Verkäuferin fest, die ihr das Wechselgeld gab. »Wenn sie meine Tochter wäre, würde ich sie windelweich prügeln, damit sie es sich in den nächsten paar Jahren zweimal überlegt, bevor sie einen Jungen auch bloß ansieht.«

»Mir tun ja vor allem die Eltern leid. Für die muss das doch furchtbar sein. Ein so junges Mädchen und dann ein Kind ...«

Wenn sie mich bemerkten, verstummten sie verlegen. Ich versuchte zwar, äußerlich gelassen zu wirken, doch in mir brannte der Zorn, weil alles so unfair und gemein war. David hatte mich vergewaltigt, und ich wurde nun bestraft, weil ich den Namen der Familie in den Dreck zog.

Besonders schlimm war die Tatsache, dass ein Teil von mir den Tratschweibern zustimmte. Ich fühlte mich schmutzig wegen dem, was David mir angetan hatte, und glaubte deshalb, ich hätte diese harten Worte verdient. So konnte ich die mitleidigen Blicke oft schwerer aushalten als das gehässige Geschwätz.

Noch immer macht es mir Angst, wie schnell ich damals erwachsen werden und mich verändern musste. Nur ein paar Monate vor der Geburt feierte ich meinen dreizehnten Geburtstag. Er war anders als alle vorigen. Zwar hatte ich nie große Feste gefeiert und Partyspiele gespielt. Dazu fehlten mir die Freunde. Doch diesmal hing eine dunkle Wolke über dem Tag, die mir bestätigte, dass mein Leben nie mehr so sein würde wie zuvor. Erst vor Kurzem hatte ich noch mit einer Babypuppe gespielt, die sogar weinen konnte. Und jetzt sollte ich mich bald um ein richtiges Baby kümmern. Gelegentlich vergaß ich das völlig. Doch dann beförderte mich ein Tritt des Babys unsanft in die Realität zurück. Die Zeit der Schwangerschaft erschien mir wie ein unwirklicher Traum. Ich wollte doch selbst noch ein Kind sein, aber das Leben sagte mir immer wieder, dass das nicht möglich war.

Während des letzten Schwangerschaftsmonats versuchte ich, mich auf die Mutterrolle vorzubereiten. Ein paarmal musste ich in die Klinik, dort an einem Geburtsvorbereitungskurs teilnehmen und lernen, was mich erwartete. Doch alles erschien mir so irreal, dass ich das Baby in mir oft verdrängte. Ich war mindestens zehn Jahre jünger als die meisten anderen Mütter im Kurs, und wenn ich ins Zimmer kam, verstummten alle Gespräche. Deshalb wusste ich, dass sie über mich tratschten. Umstandskleidung musste ich mir ebenfalls besorgen, weil mein Bauch sich immer stärker wölbte. Die Verkäuferin brachte es kaum über sich, mich anzusehen, geschweige denn, mir zu helfen. Sie ließ keinen Zweifel daran, dass jemand wie ich in ihrem Geschäft nicht willkommen war.

Das Einzige, was mir während der Schwangerschaft wirklich Freude machte, war die Suche nach einem Namen für mein Kind. Wie alle jungen Mädchen überlegte ich mir gerne Namen für neue Besitztümer. Und genau das bedeutete das Baby für mich. Dass es ein kleiner Mensch mit einer ganz eigenen Persönlichkeit sein würde, kam mir gar nicht in den Kopf. Falls das Kind ein Junge wurde, sollte es James Leonard Alan heißen.

Wie Dad. Mädchennamen waren schwieriger. Deshalb machte ich eine Liste mit meinen Favoriten und reichte sie eines Abends im Pub herum. Ich weiß noch, dass einer der Stammgäste den Raum verließ, sobald ich meinen dicken Bauch durch die Tür schob. Als ich sein schockiertes Gesicht bemerkte, hätte ich am liebsten geweint. Mum tröstete mich schnell und warf den anderen Gästen einen warnenden Blick zu. Keiner sollte es wagen, mir irgendwie zu nahe zu treten. Danach hörte das Geflüster ziemlich schnell auf, und bald kam die Liste zu mir zurück. Anscheinend mochten alle den Namen Kirsty; die Entscheidung war getroffen. Der Name klang wunderschön. Ich wusste nicht, ob mir mein Baby ebenso gefallen würde und ob ich es überhaupt annehmen könnte. Ich machte mir schreckliche Sorgen. Konnte ein Kind, das im Hass gezeugt worden war, etwas anderes als Schmerz und Kummer mit sich bringen?

Mein wunderschönes Baby

Am 26. Juli 1987 waren wir gerade in einen Pub namens Carpenters Arms in Trowbridge gezogen. Trowbridge war ein hübsches Städtchen mit vielen kleinen Geschäften. Genau gegenüber dem Pub lag die Polizeiwache. Die vielen Treppen im Haus waren für ein hochschwangeres Mädchen wie mich nicht ideal. Einmal rutschte ich aus, blieb mit dem Fuß im hölzernen Treppengeländer hängen und stürzte acht Stufen hinab. Mit einem Knall schlug ich gegen die Tür zum Schankraum des Pubs. »O mein Gott!« Mum kam angerannt.

»Was ist passiert?«

Dad half mir auf. Ich kicherte vor Schreck. Ich hatte mir nicht wehgetan, und jetzt konnte ich nicht mehr aufhören zu lachen.

»Alles noch dran. Ich lebe noch«, japste ich zwischen zwei Lachern.

Mum fand das gar nicht komisch. »Sag sofort Bescheid, wenn du Schmerzen oder Krämpfe kriegst. Weiß der Himmel, wie das Baby den Sturz verkraftet hat.« Sie warf mir einen finsteren Blick zu.

»Meinst du, wir sollten zum Arzt gehen?«, fragte Dad erschrocken. Alle sorgten sich so sehr um das Kind, dass ich mir fast überflüssig vorkam. Langsam wurde mir bewusst, dass das in Zukunft noch öfter der Fall sein würde. Das Baby stand einfach an erster Stelle. Mich daran zu gewöhnen fiel mir schwer, weil ich ja selbst noch ein Kind war, das Liebe und Aufmerksamkeit suchte. Bis zum errechneten Geburtstermin blieben nur noch ein paar Wochen. Um für alle Eventualitäten gewappnet zu sein, hatte Mum immer viele Freundinnen im Haus. Mit einer von ihnen hatte sie sich wegen mir bereits verkracht. Deshalb achteten alle immer genau darauf, was sie sagten, wenn Mum in der Nähe war. Eine Frau aus dem Dorf schaffte es dennoch, mich tief zu treffen.

Eines Abends kam sie spät nach oben. Sie roch nach Wein, stand unter der Tür und starrte mich lange an.

»Lass dir davon nicht dein Leben ruinieren, Vicky. Du bist doch noch ein kleines Mädchen. Ein kleines Mädchen .... Was hast du dir bloß dabei gedacht? Beim nächsten Mal sagst du einfach Nein.«

Ihre Stimme klang ganz sanft, doch die Worte brannten sich in meinen Kopf. Je mehr Leute annahmen, alles sei meine Schuld, desto überzeugter wurde ich, dass es tatsächlich so war.

An einem anderen Abend war der Pub bereits geschlossen. Wir saßen alle zusammen im Schlafzimmer meiner Eltern und redeten. Ich schlief schon seit Wochen bei Mum; Dad schlief in meinem Bett. Mum wollte in meiner Nähe sein, falls es irgendwelche Probleme gab. Ich war hundemüde und hatte mein langes, weites Nachthemd an. Für ein paar Augenblicke war ich so glücklich und ausgelassen, dass ich zum Scherz meine Lieblings-Doc-MartensStiefel anzog und verkündete, ich ginge jetzt ins Bett. Alle lachten sich kaputt. Man hätte denken können, wir seien eine ganz normale Familie. Dann fiel mein Blick auf meinen vorgewölbten Bauch in dem kindlichen Nachthemd, und mir wurde schlagartig klar, dass bei uns gar nichts normal war.

Trotzdem schlief ich in dieser Nacht ganz gut. An nächsten Morgen brachte mir Mum ein Tablett mit Toast und Tee herauf. Wir saßen zusammen auf dem Bett und aßen, als ich plötzlich Krämpfe bekam, wohl die ersten Wehen. Mum übernahm sofort das Kommando. Ruhig und gefasst rief sie einen Krankenwagen. Ich war starr vor Angst und machte mir Gedanken, wie schlimm die Geburtsschmerzen sein würden. David war zum Glück bei seiner Freundin. So musste ich nicht auch noch seine hämischen Blicke ertragen.

Um 8:30 Uhr befand ich mich dann im Krankenwagen auf dem Weg ins Bath Royal Hospital. Im örtlichen Krankenhaus von Trowbridge hatte man erklärt, man fühle sich für eine dreizehnjährige Mutter nicht ausreichend ausgestattet. Die Fahrt über kurvige Landstraßen dauerte zwei Stunden und war ein echter Höllentrip. Mum saß neben mir, half mir beim Atmen und beruhigte mich. Die Schmerzen kamen und gingen mit den Wehen. Oft nahmen sie mir den Atem. So etwas hatte ich noch nie gespürt. Ich weinte mir die Augen aus dem Kopf und klammerte mich an Mums Hand.

Dad wartete mit den Stammgästen im Pub. Er rief die ganze Verwandtschaft zusammen. Später hörte ich, dass David auch dabeigesessen und wie ein stolzer Onkel auf Neuigkeiten gewartet hatte. Für mich war das nur schwer zu akzeptieren. Bei der Vorstellung, wie er mit meinem Vater auf die Geburt anstieß, bekam ich eine Gänsehaut. Ich befand mich in einer so verfahrenen Lage: Eigentlich wollte ich unbedingt allen sagen, was für ein Mensch David tatsächlich war und wie sehr er sich verstellte. Aber was würde dann mit mir passieren? Längst waren die Lügen zur Wahrheit geworden. Sie zurückzunehmen wurde immer schwieriger. Doch dass mein Vergewaltiger mit der ganzen Verwandtschaft darauf wartete, dass sein Kind zur Welt kam, diese Vorstellung war einfach zu entsetzlich.

Im Krankenhaus von Bath wurde ich auf die Geburtshilfestation gebracht. Dann warteten wir. Die Hebammen waren sehr nett. Sie kümmerten sich rührend um mich, weil ich so jung war, und konnten sich vorstellen, wie viel Angst ich hatte. Stundenlang passierte gar nichts, und irgendwann war klar, dass meine Fruchtblase nicht von selbst platzen würde. Deshalb wurde sie angestochen, und wieder warteten wir. Um zwei Uhr nachmittags hatte ich noch immer keine neuen Wehen bekommen. Mum fragte, ob es sein könnte, dass meine Fruchtblase sich von selbst wieder verschlossen hätte. Das war tatsächlich der Fall. Erneut wurde sie angestochen, und jetzt ging es los. Die Wehen setzten ein. Weil ich nicht wusste, was auf mich zukam oder wie schlimm die Schmerzen werden würden, hatte ich furchtbare Angst. Doch ich versuchte, mich ganz darauf zu konzentrieren, was die Hebammen sagten. Wenn sie mich aufforderten zu atmen, atmete ich. Wenn sie sagten, ich solle pressen, presste ich. Verängstigt und überfordert, wie ich war, klammerte ich mich an ihre Worte.

Nachdem ich, die Beine in Halterungen hochgelegt, zwei Stunden lang mit aller Macht gepresst und geatmet hatte, gebar ich ein schreiendes kleines Mädchen. Am Ende plumpste es einfach aus mir heraus. Es war ein seltsames Gefühl. Alle machten einen Riesenwirbel und freuten sich für mich. In diesem Moment schienen sie zu vergessen, wie jung ich war. Sie erwarteten, dass ich mich benahm wie eine stolze Mutter, doch ich stand unter Schock und wollte mein Baby nicht einmal im Arm halten.

»O Vicky, du hast eine wunderschöne, gesunde Tochter. Komm, nimm sie, und halte ihren Kopf«, sagten sie.

Ich zuckte zurück, und die Hebamme bedrängte mich nicht weiter. »Nein. Nein danke. Geben Sie sie Mum«, sagte ich. Mum nahm das Baby, lächelte es an und hielt dann das schläfrige kleine Gesicht vor mich hin.

»Schau doch, Vicky. Sie ist perfekt. Der Name Kirsty passt zu ihr. Sie ist einfach wunderschön.« Zögernd betrachtete ich das Baby. Mum hatte recht. Mein kleines

Mädchen war umwerfend. Endlich gelang mir ein Lächeln. Kirsty war perfekt. David hatte keine Spuren an ihr hinterlassen. Im Augenblick war ich aber vor allem froh, die Geburt hinter mir zu haben. Die ganze Situation kam mir so irreal vor. Ich konnte nicht glauben, dass ich die Mutter dieses Babys war.

Mum war ganz und gar hingerissen von Kirsty, aber ich musste das, was ich gerade erlebt hatte, erst noch verarbeiten. Während Mum Kirsty im Arm hielt und mit ihr redete, wurden meine Körperpartien, die der Fortpflanzung dienten, mit 195 Stichen wieder zusammengeflickt. Die Ärztin meinte, das wäre wie ein Puzzle. Mein Gewebe war zerfetzt, weil mein kleiner, dreizehnjähriger Körper den Wehen nicht gewachsen gewesen war. Die Ärztin versuchte, mit ihrem Scherz für eine entspannte Atmosphäre zu sorgen. Doch jeder im Raum wusste, dass so viele Stiche keine Kleinigkeit waren. Mit dreizehn ein Kind zu bekommen – das durfte einfach nicht sein.

Drei Stunden nach der Geburt hielt ich mein Kind zum ersten Mal im Arm, aber bloß zehn Minuten lang. Ich war erstaunt darüber, wie runzelig und alt Kirsty aussah. Ähnlichkeit hatte sie mit keinem von uns; sie wirkte eher fremd. Für mich war es ein Trost, dass sie nichts von David hatte – sie war eine eigene kleine Persönlichkeit. In diesem Moment spürte ich zum ersten Mal, dass ich alles an ihr liebte. Sie mochte unter traumatischen Umständen gezeugt worden sein, doch sie machte nun alles schön. Während ich ihre hinreißende kleine Nase betrachtete und ihre winzigen Finger zwischen meinen hielt, schwor ich mir, dass sie die Wahrheit nie erfahren würde. Sie sollte nicht wissen, dass ihre Mama so brutal attackiert worden war, so viele Qualen gelitten hatte und dass sie das Ergebnis einer inzestuösen Vergewaltigung war. So etwas zu akzeptieren würde jedem Menschen schwerfallen, und Kirsty war so bezaubernd – ich wollte nicht, dass sie unter meinem Schmerz leiden musste.

Die ersten vierundzwanzig Stunden nach der Geburt hätte ich am liebsten komplett verschlafen. Mum kümmerte sich um Kirsty. Zum Glück durfte meine Mutter bei mir bleiben. Am frühen Abend wachte ich auf und nahm Kirsty noch einmal in den Arm. Ein paar Minuten lang hatte ich das Gefühl, es sei nichts Schlimmes passiert und ich wäre nur ein junges Mädchen, das schwanger geworden war und dem nun seine Mutter beistand. Doch dann schossen mir die Erinnerungen wie Pfeile durch den Kopf. Jedes Mal, wenn ich die Augen schloss, hatte ich den widerlich süßlichen Geruch von Davids Deodorant in der Nase.

Am folgenden Tag wurden wir in die Klinik von Trowbridge verlegt. Das Krankenhauspersonal winkte uns zum Abschied, es gab Umarmungen und viele gute Wünsche. Mum sagte, Dad würde uns abholen, doch an seiner Stelle kamen David und Lol mit ihr herein. Das war ein furchtbarer Schock, weil ich mich nicht darauf vorbereitet hatte, meinen Bruder so bald zu sehen. Meine Knie wurden derart weich, dass ich Angst hatte, auf der Treppe im Krankenhaus zusammenzubrechen. Mum hingegen war ganz aus dem Häuschen. Stolz zeigte sie den beiden Kirsty, und Lol benahm sich wie eine glückliche Tante. Mir schlug das Herz bis zum Hals. Wie erstarrt stand ich da und wusste nicht, was ich tun sollte.

»Sieh mal, David. Schau dir deine kleine Nichte an.« Mum hielt Kirsty in die Höhe.

Ich wollte schreien: »Bleib weg von ihr!« Aber wie konnte ich? Wie sollte ich das erklären nach all den Lügen, die ich erzählt hatte? Zum Glück schaute David sie nur kurz an. Dann ging er wortlos weg. Ich schnappte Kirsty, schlang die Arme um sie und versuchte, nicht mehr so stark zu zittern.

Seit den Vergewaltigungen hatte ich jeden Blickkontakt mit meinem Bruder vermieden, und jetzt war es nicht anders. Was passieren würde, wenn wir uns ansahen, konnte ich mir nicht vorstellen. Der Gedanke, wir könnten gemeinsam stolze Eltern sein, war einfach zu widerlich. Mir wurde schlecht davon. Obwohl ich vor ein paar Stunden seine Tochter zur Welt gebracht hatte, hasste ich David mehr denn je. Ich tat einfach so, als wäre Kirsty allein mein Kind. Das redete ich mir so heftig ein, dass ich es fast selbst glaubte. So wurde es ein wenig leichter, mit David im Wagen nach Trowbridge zu fahren. Den gesamten letzten Schwangerschaftsmonat über hatte ich mir Sorgen gemacht, wie es sein würde, wenn David unser Kind zum ersten Mal sah. Doch ich fühlte mich so schrecklich, es war noch viel schlimmer, als ich es mir ausgemalt hatte.

Nach einer Stunde Fahrt fand Mum, wir sollten einen kleinen Umweg machen. »Schauen wir doch kurz zu Hause vorbei«, schlug sie vor. Als wir durch die Tür des Pubs gingen, begrüßte uns Applaus und fröhliches Gejohle. Geflüstert und leise mit der Zunge geschnalzt wurde erst später. Weil wir unangemeldet auftauchten, wirkten manche Leute ein bisschen schockiert. Aber die Stammgäste hießen uns herzlich willkommen. Dad stürzte auf uns zu. Er konnte die Augen gar nicht von Kirsty lassen. Es war einfach rührend. Alle kamen zu uns und gratulierten mir, und ich genoss die Aufmerksamkeit so lange, bis ich sah, dass David sich auch noch im Pub herumdrückte.

Schließlich mussten wir zur Klinik von Trowbrigde aufbrechen, damit mein Bett nicht anderweitig vergeben wurde. Ich hatte immer noch große Schmerzen und konnte nicht richtig laufen. Deshalb war das Krankenhaus der beste Ort für mich. Sobald wir dort waren, legte ich mich ins Bett. Mum machte Kirsty ebenfalls für ihr Bettchen fertig. Doch schon im nächsten Augenblick stand eine Schwester neben ihr.

»Bitte beeilen Sie sich. Sie haben keine Zeit mehr, ihr den Strampler anzuziehen. Legen Sie sie einfach hin. Die Besuchszeit ist vorbei«, sagte sie. Mum und ich sahen einander an. Ich muss ausgesehen haben, als würde ich gleich in Tränen ausbrechen.

»Bitte, bleib bei mir, Mum«, sagte ich zittrig. Die Schwester starrte uns nur an.

»Tut mir leid«, sagte Mum. »Aber ich lasse meine dreizehnjährige Tochter nicht allein. Ich bleibe.«

Die Schwester machte auf dem Absatz kehrt, ging zum Empfang und murmelte dabei vor sich hin. Mum folgte ihr. Ich wartete im Bett, wie der Beschluss lauten würde. Dabei hoffte ich verzweifelt, dass Mum sich nicht nach Hause schicken ließ. Alleine schaffte ich es nicht. Als ich schon kurz davor war, in Panik auszubrechen, kam Mum mit einer anderen Schwester zurück. Sie tätschelte mir den Arm.

»Alles in Ordnung, Liebes. Diese nette Schwester organisiert mir ein Bett.«

Nach einem erleichterten Seufzer strahlte ich Mum dankbar an. Dann schlief ich wieder ein. Ich war total erschöpft.

Meine Beziehung zu Mum hatte stets einer Achterbahnfahrt geglichen, doch während meiner Schwangerschaft und der Geburt lernte ich sie von einer ganz neuen Seite kennen. Normalerweise verhielt sie sich mir gegenüber eher kühl und distanziert. Aber jetzt bekam ich eine Kostprobe der Liebe und bedingungslosen Unterstützung, mit der sie sonst nur David überhäufte. Ohne Mum wäre ich verloren gewesen. Sie war meine Stütze, mein Fels in der Brandung. Doch insgeheim fragte ich mich manchmal, wie lange das anhalten würde. Mum war schon immer sehr wechselhaft gewesen. Sie konnte einen liebevoll umarmen und bereits im nächsten Augenblick kalt sein wie Eis. In den letzten Monaten war sie ganz großartig gewesen, doch ich hatte keine Ahnung, wie aufrichtig sie dabei war. Genoss sie es vielleicht nur, wieder einmal die volle Kontrolle über alles und jeden zu haben? Diese Gedanken konnte ich nicht verhindern. Ich kannte meine Mutter nun mal seit dreizehn Jahren. Mein Leben lang hatte ich immer wieder gehört, die Familie stünde an erster Stelle. Mum befolgte jetzt zwar diese Regel, doch ihre Umarmungen und ihre lieben Worte schienen manchmal nicht von Herzen zu kommen. Ihr liebevolles Knuddeln und die aufmunternden Blicke waren nie so überzeugend gewesen wie bei Dad. Das mochte traurig sein, aber so, wie ich aufgewachsen war, erwartete ich nichts anderes. Mum war für mich da – im Augenblick. Doch bald würde sie ihre Aufmerksamkeit wieder einem anderen Projekt zuwenden, und ich fürchtete den Moment, an dem ich sie wieder an David verlieren würde.

Als Dad uns am nächsten Tag in der Klinik besuchte, freute ich mich unbändig. Doch er war leichenblass. Ich schob es auf seinen Geburtstag am Vortag.

»Fehlt dir was?«, fragte Mum.

»Ich hatte gestern Abend ein, zwei Drinks.«

»Einen oder zwei?«, fragte ich keck.

»Ehrlich gesagt habe ich den gigantischsten Kater aller Zeiten«, gab Dad zu. Unsicher setzte er sich. »Aber schließlich wird man nicht jeden Tag vierzig und gleichzeitig Großvater.«

Der Gedanke, dass Dad die Geburt seiner Enkelin als freudiges Ereignis gefeiert hatte, war seltsam. Gleichzeitig hätte ich gerne alles so gesehen wie er: Für ihn gab es kein dunkles Geheimnis, und wir konnten alle einfach glücklich sein, dass ich gerade ein wunderschönes, gesundes kleines Mädchen zur Welt gebracht hatte. Jetzt, wo Kirsty da war, wollte ich an nichts Schlechtes mehr denken. Dad hatte anfangs kaum fassen können, dass sein kleines Mädchen schwanger sein sollte. Doch jetzt war er überglücklich. Kirsty war eine wunderbare Ergänzung für die Familie; ich musste nur David von ihr fernhalten. Irgendwie.

Eine Woche lang blieben Mum und ich in der Klinik. Wir redeten, und wir turtelten mit der kleinen Kirsty. Dabei hatte ich die Gelegenheit, ohne den Druck, der zu Hause auf mir lastete, den Umgang mit dem Kind zu lernen. Hier musste ich keine Angst haben, dass David plötzlich um die Ecke bog, denn ins Krankenhaus traute er sich nicht. Außerdem hatte ich hier genug Zeit, um wieder gesund zu werden. Die Schmerzen waren immer noch heftig, und jeden Tag zwang ich mich, einen ganzen Cocktail von Schmerzmitteln zu schlucken. Sitzen konnte ich nur auf einem ringförmigen Kissen. Doch selbst das war sehr unangenehm. Wenn auch nicht so schmerzhaft, wie wenn ich versuchte, mich ganz normal auf meinen Hintern zu setzen. Der stechende Schmerz erinnerte mich immer wieder viel zu deutlich daran, was David mir angetan hatte. Doch ich versuchte mit aller Macht, diese vergiftenden Gedanken dauerhaft aus meinem Kopf zu verbannen.

Eine Woche nach Kirstys Geburt holte Dad uns ab. Während ich meinen kleinen Schatz auf dem Rücksitz an mich drückte, gab ich ihr ein Versprechen. Nie im Leben sollte jemand ihr so wehtun, wie mir wehgetan worden war. Ich würde sie um jeden Preis von David fernhalten. Sie gehörte mir, und ich würde sie mit meinem Leben schützen. In diesem Augenblick fühlte ich mich so wehrhaft und gefährlich wie eine Löwin, die ihr Junges bewacht. Wenn mir dieser Mut nur geblieben wäre. Aber bereits als wir in unsere Straße einbogen, tauchte das beklemmende Gefühl wieder auf, nun bald David sehen zu müssen, und meine Courage bröckelte. Ich hatte es nicht einmal geschafft, mich selbst vor ihm zu schützen. Wie in aller Welt konnte ich dann dem verletzlichen kleinen Wesen in meinen Armen Sicherheit bieten?

Der Pub war wieder voller Leute, die uns zu Hause willkommen hießen. Die Angst ließ ein wenig nach. Es war schön, von guten Freunden und einer wunderbaren Familie umgeben zu sein. Außerdem waren alle sehr großzügig. Ich bekam tonnenweise Geschenke für das Baby. Kirsty wurde herumgereicht und bewundert, während ich auf meinem Kissenkringel hockte und die feierlich-aufgekratzte Stimmung in mir aufsog. Mehr denn je wollte ich glauben, alles sei gut und es gäbe keinen Grund zur Sorge. Dann kam David herein. Mein erster Impuls war, mein Baby zu schnappen und es zusammen mit meinem zerschundenen Körper aus dem Raum zu schleppen. Seit Kirsty geboren war, spürte ich die Angst vor meinem Bruder noch stärker. Das Blut jagte so panisch durch meine Adern, als wären die Vergewaltigungen erst Minuten her. Doch Kirsty befand sich auf der anderen Seite des Pubs, und das hier war unser Willkommensfest. Ich zwang mich, still und stumm dazusitzen, während David feixend zur Bar schlenderte. Mein Magen verkrampfte sich, ich fürchtete, mich gleich übergeben zu müssen. Zwar sprach er mich nicht an, doch allein seine bohrenden Blicke jagten mir Schauer über den Rücken.

Nach dem ersten Nachmittag zu Hause, der für mich voller Anspannung war, fuhr David mit Lol zurück nach Bloxham. Ich war heilfroh, als Mum mir das erzählte. Das bedeutete, dass ich mich mit Kirsty beschäftigen konnte, ohne fürchten zu müssen, dass mein Bruder mich von Weitem dabei beobachtete. Viel freier bewegen konnte ich mich auch – ein Bad nehmen, kleine Spaziergänge machen und so meine Heilung voranbringen. Mum war großartig. Solange ich noch mit den Schmerzen kämpfte, kümmerte sie sich um Kirsty. Dem enger werdenden Band zwischen Kirsty und mir schadete das nicht. Trotz der Schrecken bei ihrer Zeugung und der traumatischen Geburt liebte ich Kirsty mehr als alles auf der Welt. Ich genoss unsere gemeinsame Zeit. Wir knuddelten viel. Wenn es mir nur gelang, sie vor David zu schützen, konnten wir sehr glücklich werden.

Dad zog los und kaufte ein: Kinderbett, Kinderwagen, Fläschchen, Sterilisator und Spielsachen. Er war mein Held.

Was ich auch brauchte – er besorgte es mir. Es mag seltsam klingen, aber wir hatten uns nicht auf die Ankunft des Babys vorbereitet. Es war alles so schnell gegangen. Ich selbst hatte meine Schwangerschaft oft mit aller Macht verdrängt, und die anderen hatten an alles Mögliche gedacht, aber nicht ans Shoppen.

Als Kirsty vier Wochen alt war, war ich wieder halbwegs fit und kümmerte mich von nun an intensiver um sie. Ich fütterte sie, legte sie ins Bettchen, zog sie an. Nur sie zu baden traute ich mich nicht. Ich wollte ihren schlüpfrigen kleinen Körper nicht halten, denn ich hatte furchtbare Angst, sie fallen zu lassen. Und ich fürchtete, sie könnte mir durch die Finger gleiten und ertrinken. Beim Baden musste Mum mir also helfen, doch alles andere überließ sie mir, und ich war selbst überrascht, wie wunderbar ich das machte. Nachdem ich so oft »Doofi« genannt worden war, freute ich mich unbändig, dass es etwas gab, worin ich gut war.

Eine frischgebackene Mutter zu sein war eine schöne Erfahrung, aber bald musste ich feststellen, dass sich nicht jeder für mich freute. Während der Schwangerschaft hatte ich nicht darüber nachgedacht, wie sehr ein Kind mein Leben verändern würde. Schließlich hatte ich nur drei Monate gehabt, um mich auf die Mutterschaft vorzubereiten, und war von Davids Übergriffen noch immer traumatisiert gewesen. Um die Meinung anderer Leute hatte ich mich nicht auch noch kümmern können. Nach der Rückkehr aus der Klinik beschäftigte mich vor allem Davids mögliche Reaktion, und ich hatte tatsächlich geglaubt, meine Tochter von ihm fernzuhalten würde mein einziges Problem sein. Doch sobald ich mit Kirsty das Haus verließ, holte die Realität mich ein.

Darauf, dass so viele Leute eine Dreizehnjährige mit einem Baby schief ansehen würden, war ich nicht gefasst gewesen. Weil ich selbst noch ein Kind war, nahm ich mir das mehr zu Herzen, als ich es vielleicht hätte tun sollen. Die feindseligen Reaktionen der Leute im Dorf verletzten mich und machten mich verlegen. Bald traute ich mich mit Kirsty bei Tageslicht nicht mehr vor die Tür. Selbst Erwachsene nannten mich ein Flittchen, behaupteten, ich sei dreckig oder leicht zu haben. Ich war fassungslos, dass Menschen so grausam sein konnten. Hatte ich denn nicht schon genügend Probleme? Die Welt draußen machte mir immer mehr Angst. Deshalb verkroch ich mich und überließ in der ersten Zeit Mum alle Aufgaben, die nicht zu Hause erledigt werden konnten.

Manchmal nahmen meine Eltern und ich Kirsty im Kinderwagen mit, wenn wir die Hunde ausführten, nachdem der Pub geschlossen war. Zum Glück waren die Nächte im Sommer schön warm. Wir gingen in den Park oder zum Kanal, und das war schön. Gleichzeitig machte es mich wütend, dass ich nicht mit Kirsty zusammen die Sonne genießen konnte. Warum sollten das Baby und ich leiden, während David ganz unbehelligt tat, was immer er wollte?

Weil Kirsty ein Sommerkind war, saßen wir oft hinten im Garten. Auch Ben und Taura mochten mein Baby sehr. Eines Nachmittags war ich in der Küche und hörte Kirsty draußen quengeln. Ich eilte hinaus und sah, dass Taura die Vorderpfoten auf dem Kinderwagen hatte. Schreiend rannte ich hin. Ich hatte furchtbare Angst, der Hund könnte dem Baby etwas tun. Doch Taura stupste nur Kirstys Beine an, als wollte sie sie trösten. Es war unglaublich. Als der erste Schreck vorüber war, fand ich dieses Bild sehr drollig und rief Mum, damit sie es auch sehen konnte.

Meine Eltern waren mir in diesen ersten Wochen eine große Stütze. Dank ihnen hatte ich halbwegs festen Boden unter den Füßen und trotz allem noch das Gefühl, irgendwie normal zu sein. Mum war oft wie eine zweite Mutter für Kirsty. Als vierfache Mutter fiel es ihr leicht, zunächst viele Pflichten zu übernehmen. Aber sobald ich mich dazu bereit fühlte, überließ sie mir das Feld. In den ersten Wochen funktionierte diese harmonische

Partnerschaft hervorragend. Manchmal konnte ich es kaum glauben, dass ich mich einer solchen Mutter nicht hatte anvertrauen wollen. Wenn sie mir doch nur diese Seite von sich gezeigt hätte, als ich diejenige gewesen war, die ihre Zuwendung brauchte.

An vielen Tagen döste Kirsty in ihrer Wippe in einer ruhigen Ecke im Pub. Sie liebte außerdem Musik und schlief immer ein, sobald eine Melodie ertönte. Kirsty war nach den vielen Monaten voller Albträume, Depressionen, Ängste und Unsicherheiten eine wunderbare Ablenkung für mich. Weil ich fast nur noch an sie dachte, rückte alles andere in weite Ferne. Oft hatte ich gar nicht gewusst, wie ich die vielen schrecklichen Gefühle und scheußlichen Gedanken überleben sollte, die mich beherrschten. Doch wegen des Babys in mir hatte ich immer irgendwie weitergemacht. Wäre Kirsty nicht gewesen, dann hätte ich mich wahrscheinlich umgebracht. In der dunkelsten Zeit meines Lebens, der Zeit, in der ich es am dringendsten brauchte, konnte ich dank ihr glücklich sein.

Erwachsenwerden

Als Kirsty sechs Wochen alt war, erfuhren meine Eltern, dass die Brauerei, für die sie arbeiteten, pleite gegangen war und sie nicht weiter beschäftigen konnte. Das war ein ziemlicher Schock: Ausgerechnet jetzt hatten wir plötzlich kein Dach mehr über dem Kopf. Nach etlichen schlaflosen Nächten fanden meine Eltern ein Zimmer in einer Frühstückspension in Southend-on-Sea, die vorübergehend von der Stadtverwaltung angemietet worden war. »Siehst du? Ich habe doch gesagt, es geht immer irgendwie weiter«, beruhigte mich Dad. »Du weißt, dass ich euch nie im Stich lasse.« Er zwinkerte mir verschmitzt zu. Im tiefsten Inneren wusste ich tatsächlich, dass Dad meistens noch einen Trumpf im Ärmel hatte. Auf einen Vater wie ihn konnte man nur stolz sein.

»Aber was ist mit deinem Job, Dad?« Ohne einen Pub, in dem sie arbeiten konnten, hatten meine Eltern kein Einkommen. Dabei mussten wir uns jetzt doch auch noch um Kirsty kümmern.

»Schon organisiert. Ein paar von meinen Kumpels treten ihre Schichten an mich ab. Urlaubsvertretungen bekomme ich auch. Also mach dir keine Sorgen. Sieh nur einfach zu, dass du wieder auf die Beine kommst.«

Die ersten sechs Wochen nach der Geburt standen im

Zeichen eines langsamen, schmerzvollen Heilungsprozesses. Mein Körper war so gebeutelt, dass ich anfangs selbst Kirsty immer nur ganz kurz halten konnte. Sonst wurde der Druck auf die Wunden zu groß. Oft schaute ich nur fasziniert zu, wie Mum sich mit Kirsty beschäftigte. Beim Anblick eines süßen Babys schmelzen viele Leute dahin. Aber dazu war ich momentan noch nicht in der Lage. Nicht einmal bei meinem eigenen kleinen Mädchen. Ich war einfach noch nicht reif und erwachsen genug, um einen Zusammenhang zwischen Liebe und dem Muttersein herzustellen. Noch verdrängte ich die Realität. Dass ich nun tatsächlich Mutter war und mich um dieses Kind kümmern musste, akzeptierte ich noch nicht. Mum ermutigte mich immer wieder, kleine Aufgaben zu übernehmen; sie fragte mich nach meiner Meinung und ließ mich helfen, so viel ich konnte. Doch im Lauf der Wochen verlor ich mein anfängliches Selbstvertrauen. Zunehmend hatte ich Angst, etwas falsch zu machen und damit Kirsty zu gefährden.

»Möchtest du mir heute helfen, sie anzuziehen?«, fragte Mum etwa.

»Nein, schon gut, Mum. Mach du es bitte.«

»Bald kannst du das sicher selbst, Liebes.« Seufzend tätschelte Mum meine Schulter. Zu gerne wollte ich ihr glauben, doch um mein Selbstvertrauen war es so schlecht bestellt, dass ich es besser fand, mein zartes Baby ihr zu überlassen.

Durch einen Freund bekam Dad zum Glück immer

wieder Arbeit in verschiedenen Pubs. Mum und ich blieben mit Kirsty in der Pension, und Dad schaffte es irgendwie, uns finanziell über Wasser zu halten. Insgeheim war ich glücklich über den Umzug, denn dadurch wurde die Entfernung zu David größer, der in Bloxham geblieben war. Zu meiner unendlichen Erleichterung sahen wir ihn immer seltener. Kam er aber doch einmal, stieg sofort Panik in mir auf, und ich brauchte anschließend Tage, um mich wieder zu erholen.

In den nächsten sieben Monaten zog Dad alle zwei oder drei Wochen zu einem anderen Pub weiter. Manchmal begleitete ich ihn; manchmal gingen wir alle drei mit und machten daraus einen kleinen Familienurlaub.

Doch im Lauf der Wochen veränderte sich etwas in mir. Wenn Kirsty abends im Bett war, blieb ich im Pub und hing mit Jungs herum, die ein paar Jahre älter waren als ich. In ihrer Gesellschaft fühlte ich mich nun völlig anders als vor Davids Übergriffen. Ich war nicht mehr das Kind, das sich in einer Ecke verkroch, sondern verbrachte meine Zeit mit jungen Leuten, die etwas älter waren als ich, und tat, als wäre ich selbst schon sechzehn. Ich fing an, mit Jungs zu flirten und sie anzumachen. Das hatte ich noch nie getan. Ich glaube, ich wollte meine Grenzen austesten. Seit den Vergewaltigungen lief mein Leben wie im Zeitraffer ab. Ich war gezwungen worden, in einem schwindelerregenden Tempo erwachsen zu werden.

Ein Kind zu haben war für mich viel schwieriger, als

es vielleicht den Anschein hatte. Ich hatte mir immer vorgestellt, dass ich eines Tages als glückliche, zufriedene Erwachsene eine Familie gründen würde, aber doch nicht in so jungem Alter und unter so haarsträubenden Umständen. Durch die distanzierte Beziehung zwischen Mum und mir glaubte ich nicht wirklich an Mutterinstinkte. Zwar liebte ich Kirsty und wollte mein Bestes für sie tun, doch nach und nach wurde mir meine Situation bewusster, und ich fand die ständigen Anstrengungen, eine gute Mutter zu sein, sehr ermüdend. Vielleicht gab ich mir deshalb mit der Zeit weniger Mühe. Nach allem, was mir passiert war, wollte ich zwischendurch bloß eine Weile jung und unbeschwert sein.

Obwohl ich es am liebsten verdrängt hätte, erinnerte Kirsty mich an David. Zum Glück sah sie ihm nicht auch noch ähnlich; trotzdem war es schwer, nicht an das zu denken, was er mir angetan hatte, wenn ich sie ansah. Ständig sagte ich mir, es sei nicht ihre Schuld, oder versuchte zumindest zu vergessen, wer ihr Vater war. Ich liebte Kirsty, aber ich war erst dreizehn und einfach noch nicht bereit dazu, Mutter zu sein. Nach dem albtraumhaften Jahr, das hinter mir lag, war ich der Meinung, ich hätte auch ein bisschen Spaß verdient.

Ich legte mir ein paar schlechte Gewohnheiten zu. Einmal, als wir wieder über einem Pub wohnten, in dem Dad gerade arbeitete, schaute ich noch spätabends mit Mike, einem Freund meiner Eltern, fern. Mum und

Dad waren bereits im Bett. Mike rauchte einen Joint. Der Geruch war süß und exotisch, und Mike wirkte so entspannt.

»Darf ich mal probieren?«, fragte ich. Ich hatte Angst, dass er ärgerlich reagieren würde.

»Wenn du willst.« Er musterte mich. »Obwohl ich glaube, dass du für so was noch ein bisschen zu jung bist. Ich weiß nicht, ob das deinem Dad gefallen würde.«

»Ach komm. Hab dich nicht so.« Ich lächelte, doch mein Herz hämmerte wie wild. Etwas Illegales hatte ich noch nie getan.

»Also schön. Es wird dich nicht gleich umbringen.« Er gab mir den Joint, und ich nahm ein paar Züge. Der ungewohnte Rauch brachte mich zum Husten, doch nach ein paar Minuten war ich so high, dass ich nicht mehr stehen konnte. Kichernd krabbelte ich ins Bett.

»Psssst!« Mike sah mich besorgt an. »Wenn deine Eltern aufwachen und dich so sehen, bringen sie mich um.« Aber das war mir egal. In dieser Nacht schlief ich zum ersten Mal seit fast einem Jahr tief und fest. Endlich drifteten einmal keine schrecklichen Erinnerungen durch meinen Kopf und hielten mich wach. Ein Joint half mir offenbar, abzuschalten und mich zu entspannen. Diese Erkenntnis was der Einstieg in eine lang anhaltende Sucht.

Meine Eltern ahnten nicht, dass ich je eine Zigarette geraucht hatte; ganz zu schweigen von etwas Härterem. Dass ich rauchte, merkte Mum erst, als sie eines Tages eine Zigarettenpackung im Badezimmerschrank entdeckte.

»Vicky, wenn du nicht möchtest, dass ich etwas finde, dann such dir ein besseres Versteck.« Sie warf die Zigaretten auf den Küchentisch. Ich wartete auf eine Strafpredigt, doch sie blieb aus. Vermutlich wollte Mum mich nicht unter Druck setzen, weil ich eine so harte Zeit hinter mir hatte und sie mich seit Kirstys Geburt im Prinzip für erwachsen hielt. Leider benahm ich mich nicht wirklich so. Das schüchterne, verängstigte kleine Mädchen verwandelte sich langsam in eine verwirrte, wütende Rebellin.

Nach ein paar Monaten fühlte ich mich wie ein ganz anderer Mensch. Ich hatte über einen so langen Zeitraum so vieles mit mir selbst abgemacht – jetzt hatte ich die Nase gestrichen voll. Ich wünschte mir ein spannenderes Leben. Die alte Vicky gab es nicht mehr. An ihre Stelle war eine mutigere, keckere Person getreten. Äußerlich gab ich mich taff. Doch die Seelenqualen und die Geheimniskrämerei der letzten Jahre wurden einfach in eine tiefere Schicht meiner Persönlichkeit weggedrängt.

Oft trieb ich mich nun auf der Strandpromenade von Southend-on-Sea herum. Meine Eltern wussten nicht, wohin ich ging. Normalerweise behauptete ich, ich würde mit Ben spazieren gehen, doch in Wirklichkeit hing ich mit irgendwelchen Jungs herum. Ich rauchte und flirtete vor den Spielhallen und blieb abends lange weg. Trotz meines herausfordernden Auftretens hatte ich so wenig Selbstvertrauen, dass ich ständig nach männlicher Aufmerksamkeit hungerte.

Ich glaube, Mum und Dad waren ganz froh, dass ich ein bisschen unter die Leute ging und Spaß hatte, während sie sich um Kirsty kümmerten. Doch in Wirklichkeit war ich im Begriff, immer weiter ins Nichts abzurutschen. Alkohol reizte mich zum Glück nicht übermäßig. Ich mochte den Geschmack nicht. Stattdessen rauchte ich Cannabis. Dass es mein Gehirn komplett benebelte, empfand ich als sehr angenehm – aber ich hatte keine Ahnung, was ich mir damit antat.

Kirsty war immer noch ein kleines Baby, als ich meine erste erwachsene Beziehung hatte. Dabei war ich noch ein Teenager. Heute kann ich kaum glauben, wie übereilt ich mich in diese Sache stürzte, doch ich war wie ein verlorenes Kind, das sich nach Liebe und Aufmerksamkeit sehnte. Er hieß Rob und war zwanzig – ich immer noch dreizehn. Er wohnte in derselben Pension wie wir; dort freundete ich mich mit ihm und seinem Bruder an. Ich ließ die beiden glauben, ich sei älter, und wir flirteten heftig miteinander. Rob mochte ich sehr, wir verbrachten viel Zeit zusammen. Häufig rauchten wir in unseren Pensionszimmern mit den Blümchentapeten. Sich nach langer Zeit wieder jemandem nahe zu fühlen war wunderschön. Und bald waren wir mehr als Freunde. Eines Abends lagen wir uns in den Armen und küssten uns. Von da an waren wir ein Paar. Ich genoss Robs Zärtlichkeit; bei ihm fühlte ich mich beschützt. Aber je enger unsere Beziehung wurde, desto überzeugter war ich, dass Rob irgendwann mit mir schlafen wollen würde. Außer dem, was David mit mir gemacht hatte, hatte ich noch nie Sex gehabt. Ein Teil von mir fand den Gedanken abstoßend, dass jemand mich auf diese Art berühren könnte. Doch es gab auch einen draufgängerischen Teil, der fand, weil David mir die Unschuld geraubt hatte, sei nun sowieso alles egal. Vermutlich gab ich mir tief im Inneren selbst die Schuld an Davids Taten und hatte so wenig Selbstachtung, dass ich glaubte, nichts anderes zu verdienen. In einem Alter, in dem ich eigentlich mit gleichaltrigen Jungs hätte Flaschendrehen spielen müssen, war ich auf dem Weg in eine sexuelle Beziehung mit einem erwachsenen Mann.

Mit dreizehn war ich tatsächlich der Meinung, alle Männer wollten in Wirklichkeit immer nur Sex, und glaubte, was sie nicht freiwillig bekämen, würden sie sich einfach nehmen. Mein kleiner unreifer Geist kam zu dem Schluss, dass ich Rob Sex geben musste, wenn ich weiterhin Liebe und Aufmerksamkeit wollte. Heute macht es mich sehr traurig, dass ich so verzweifelt nach jemandem suchte, der mich liebte. Doch ich war so jung und so haltlos, ich wusste es nicht besser.

Eines Nachmittags waren wir in Robs Zimmer allein, und eines führte zum anderen. Ich hatte furchtbare Angst, dass es wieder wehtun würde, deshalb wollte ich es schnell hinter mich bringen. »O bitte, beeil dich«, flehte ich stumm. »Hoffentlich ist es bald vorbei.« Ich lag einfach nur da, während er tat, was er wollte. Anfangs fürchtete ich, es würde sich anfühlen wie bei David, doch zum Glück war es ganz anders. Es war zärtlicher, und weil Rob mich viel küsste, fühlte es sich besser an. Viel wichtiger war mir aber das Gefühl, die Kontrolle zu haben, weil ich mich selbst in diese Situation gebracht hatte. Diesmal war ich nicht das schwache, verängstigte Mädchen wie bei David.

Danach hielt Rob mich lange in den Armen, und darauf hatte ich gewartet. Für mich war das die Bestätigung, dass ich mit Sex bezahlen musste, um die Liebe und Aufmerksamkeit zu bekommen, nach der ich mich sehnte. So stellten die Dinge sich für mich dar. Sex als genussvollen Akt konnte ich mir nicht vorstellen. Für mich war Sex eine Möglichkeit, Macht auszuüben. Ich hatte keine Lustgefühle, geschweige denn einen Höhepunkt. Es war nur etwas, was ich hinter mich bringen musste, um zu dem Teil übergehen zu können, der mir gefiel: das liebevolle Kuscheln. David hatte mit seinen Übergriffen dafür gesorgt, dass ich mir nicht vorstellen konnte, »Nein« zu sagen und trotzdem geliebt zu werden.

Mum, Kirsty und ich folgten Dad weiterhin zu verschiedenen Pubs. Ich kannte es nicht anders. Wie es sich anfühlte, sich irgendwo dauerhaft niederzulassen und dort Wurzeln zu schlagen, wusste ich nicht. Doch jetzt musste ich auch an Kirsty denken. Sie sollte ein anderes Leben haben. Dass sie sich einsam fühlen könnte, fand ich unerträglich, und ihr verwirrter Gesichtsausdruck, wenn wir wieder mal weiterzogen, ließ mir das Herz bluten. Dieses unstete Nomadenleben war anstrengend, und oft fehlte mir die Energie, den Pub zu verlassen und mich mit meinen Freunden zu treffen. Stattdessen hing ich an der Bar herum, plänkelte, scherzte und flirtete mit den Gästen. Die sahen in mir eine attraktive, gerade erblühende junge Frau, nicht das nach Aufmerksamkeit heischende kleine Mädchen, das ich in Wirklichkeit war.

Einmal fuhren wir zu Dad nach Warminster. Er arbeitete dort in einem Pub in Chitterne, in der Nähe von Stonehenge. Chitterne war ein hübsches kleines Dorf mit vielen Farmen und Tieren. Wir kauften zwei Lämmchen, die von nun an im Pub herumliefen. Sie waren so süß.

Inzwischen war ich selbstbewusst genug, um fast jeden Erwachsenen anzusprechen, und flirtete mit den Stammgästen. Doch eines Abends stürzte eine Frau durch die Tür und überschüttete mich mit Schimpfworten.

»Du hast was mit meinem Mann!«, schrie sie. »Ich habe die Briefe gesehen.«

Wie erstarrt saß ich da und brachte keinen Ton heraus. Worüber redete diese Frau überhaupt?

Kampflustig funkelte sie mich an. Doch dann schaltete Mum sich ein. »Sie haben sich die Falsche ausgesucht. Vicky kann weder lesen noch schreiben und schon gar keine Liebesbriefe verfassen.« Im Pub verstummten sämtliche Gespräche. Beschämt starrte ich zu Boden. Ironischerweise kam mir die Tatsache, dass ich Analphabetin war, diesmal zugute. Eigentlich hätte der Vorfall mir als Warnung dienen müssen, welche Folgen es haben konnte, wenn ich mich zu viel mit den Stammgästen beschäftigte. Mit dem Mann dieser wütenden Frau hatte ich vermutlich geflirtet – aber ganz sicher kein Affäre gehabt. Spätestens jetzt hätte ich zurückhaltender werden sollen, doch ich machte einfach so weiter wie bisher und wurde immer dreister. Es war, als wäre ich mir selbst nicht wichtig genug, um Ärger aus dem Weg zu gehen.

Eines Tages fanden Mum und Dad eine Wohnung in Ockenden; dort ließen wir uns eine Zeit lang nieder. Dad machte gelegentlich immer noch Urlaubsvertretungen in den Pubs in der weiteren Umgebung, aber Mum, Kirsty und ich blieben in unserem neuen Heim. Viele Freunde unserer Familie wohnten schon länger in Ockenden, deshalb hatten wir sofort Anschluss. Doch kaum hatte ich mich in Ockenden ein bisschen eingelebt und eine Weile an unserem neuen Heim erfreut, da ließ Mum eine Bombe platzen.

»Ach, Vicky«, sagte sie eines Morgens. »Habe ich dir eigentlich schon gesagt, dass David mit seiner neuen Freundin hier wohnen wird?«

Mir rutschte das Herz in die Hose. Ich war fix und fertig. Mein Bruder war schon so lange aus unserem Leben verschwunden, dass ich mich an diesen Zustand gewöhnt hatte. Und jetzt war er plötzlich wieder da. Ich fühlte mich zurückversetzt in meine dunkelste Zeit.

»O prima«, presste ich hervor. Mein neu gefundenes Selbstbewusstsein schmolz dahin. Mum sah so glücklich aus.

»Das heißt, wir können wieder öfter zusammen sein. Wie eine richtige Familie.«

Am liebsten hätte ich geweint, und wenn es mir möglich gewesen wäre, hätte ich es getan. Doch die letzten Tränen waren so lange her, dass meine Augen sich wie eingetrocknet anfühlten. Dafür zog mein Magen sich vor Verzweiflung schmerzhaft zusammen.

Als ich David zum ersten Mal nach langer Zeit wiedersah, war es, als würde mein Leben zurückgespult. Meine alten Bekannten – die Übelkeit, das Schwere- und Schwächegefühl – waren zurück. Es war zum Wahnsinnigwerden. Ich hasste den Umstand, dass er wieder da war und mir so viel Angst machen konnte. Welchen Zweck er damit verfolgte, wusste ich nicht; ich tat nur alles, was in meiner Macht stand, damit Kirsty aus dem Haus war. Er sollte sie auf keinen Fall sehen, wenn ich nicht dabei war. Stundenlang ging ich mit ihr am Strand spazieren und wurde dabei fast zwangsläufig ziemlich fit.

»Willst du schon wieder runter ans Meer?«, lachte Mum.

»Ja, ich liebe die frische Seeluft«, log ich. Doch im Lauf der Wochen merkte ich, dass David sich gar nichts aus Kirsty machte. Babys hatte er zum Glück noch nie gemocht, und solange Kirsty noch in den Windeln steckte, interessierte sie ihn kein bisschen. Ich war sehr erleichtert. Im Augenblick waren wir vor ihm sicher.

Je älter David wurde, desto heruntergekommener sah er aus. Ständig hatte er ein blasiertes Grinsen im Gesicht, und mit seinem strähnigen blonden Haar und der Brille sah er älter aus, als er in Wirklichkeit war. Seine Sprunghaftigkeit und Unberechenbarkeit sorgten dafür, dass die Menschen sich in seiner Gegenwart nicht recht wohlfühlten. Die Knöchel an seinen Händen waren ständig aufgeschürft, weil er keine Schlägerei mit seinen sogenannten Freunden ausließ. Ich hasste einfach alles an ihm und fragte mich, was die Frauen an ihm fanden. Nie war er seinen Freundinnen gegenüber romantisch oder liebevoll. Im Gegenteil. Deshalb fiel es mir ja so schwer, diese Mädchen zu verstehen. Es war, als wollten sie schlecht behandelt werden. Konnte das sein? Wenn ich nur an David dachte, bekam ich schon eine Gänsehaut, und egal, was die anderen dachten – für mich war er ein widerlicher Perverser, dem man nicht trauen konnte.

Ohne David hätte es mir in Ockenden gut gefallen. Die einzelnen Häuser unseres Wohnblocks standen als

Viereck um eine Rasenfläche. Oft spielte ich mit Kirsty in diesem Gemeinschaftsgarten. Als wir eines Tages wieder mal auf der Wiese saßen, kam Lisa aus der Wohnung gegenüber mit ihrem kleinen Mädchen zu uns heraus. Wir verstanden uns auf Anhieb, redeten über Kindernahrung, die ersten Zähne und wie und wann die Kleinen schliefen. Typische Mütterthemen eben. Doch für mich war das etwas völlig Neues. Andere Teenager in meinem Alter lebten ein ganz anderes Leben. Im Lauf der Zeit freundeten Lisa und ich uns an. Durch Kirsty hatte ich eine Bekanntschaft geschlossen, und das fand ich schön. Lisa lebte mit ihrem Freund Pete zusammen. Er war sehr dünn, sie ziemlich üppig. Zusammen sahen sie richtig ulkig aus. Doch sie waren sehr gesellig und redeten mit jedem. Beide waren in den Zwanzigern und dachten, ich wäre auch in ihrem Alter. Ich ließ sie in dem Glauben, und ihre Wohnung wurde für mich ein häufiger Zufluchtsort. Eines Tages rollte Pete einen Joint. Als er mein Gesicht sah, fragte er: »Willst du auch was?« Ich zögerte keine Sekunde. Ich wusste noch zu gut, wie angenehm benebelt ich beim letzten Mal gewesen war, und auch diesmal wurde ich nicht enttäuscht. Alle Sorgen verflogen. Von da an ging ich oft zu Lisa hinüber, nur um mit Pete zusammen zu rauchen. Das war furchtbar verantwortungslos, doch dass David wieder zu meinem Leben gehörte, belastete mich sehr. Damals hätte ich alles getan, um meine angespannte Lage eine Weile vergessen zu können.

Kurz nachdem wir nach Ockenden gezogen waren, schlug Mum vor, ich sollte wieder zur Schule gehen. Dort war ich seit Jahren nicht mehr gewesen, aber Mum meinte, ich müsste endlich wenigstens die Grundlagen des Lesens und Schreibens lernen. Deshalb füllte sie die Formulare aus und meldete mich an einer weiterführenden Schule in der Nähe an. Das machte mich ziemlich nervös. Was würden meine Klassenkameraden von einer Teenagermutter denken, die nicht mal die Aufschrift auf einer Cornflakespackung lesen konnte?

Ich weiß noch, wie ich das erste Mal in das Schulgebäude ging und mich sofort als totale Außenseiterin fühlte. Mein ganzes Leben lang hatte ich die Schule gehasst, und im Augenblick war sie das Letzte, was ich zu brauchen glaubte. Mit anderen Jugendlichen zusammen zu sein war für mich jetzt noch schwieriger als vor Kirstys Geburt. Ich hatte so schnell erwachsen werden müssen, dass ich mit Jugendlichen in meinem Alter einfach nichts anfangen konnte. Einerseits hatte ich furchtbare Angst, sie würden mich verurteilen – andererseits beneidete ich sie sehr um ihr sorgloses Leben. David hatte mir nicht nur meine Kindheit genommen – er hatte es mir auch unmöglich gemacht, ein ganz normaler Teenager zu sein.

Als ich das Klassenzimmer betrat, starrten mich zwanzig Gesichter an. Ein bisschen stärker als vor Jahren fühlte ich mich – vielleicht weil ich so viel hinter mir hatte und glaubte, jetzt könnte mich nichts mehr umwerfen. Es gelang mir sogar, die Blicke zu erwidern. Früher hätte ich das nicht fertiggebracht, sondern wie immer gleich zu Boden geschaut. Die ersten Stunden waren grauenhaft. Ich war noch weiter zurück, als ich gedacht hatte, und hatte nicht die geringste Ahnung, wovon die Lehrer sprachen. Bei den Laborübungen gab es niemanden, der mein Partner sein wollte. Deshalb musste ich eine Dreiergruppe mit zwei Mädchen bilden, die über nichts anderes redeten als Klamotten, Musik und Jungs. Mich ignorierten sie, so gut es ging. Wenn ich auch einmal etwas sagte, warfen sie mir mitleidige Blicke zu und tuschelten einfach weiter. Ich fühlte mich wie eine totale Versagerin. Während der Pause am Vormittag schlich ich mich davon und ging zu Pete. Bald war ich nur noch bei ihm, wenn ich eigentlich in der Schule sein sollte. Es dauerte ewig, bis das auffiel. Doch dann setzten sich die Behörden mit Mum in Verbindung.

»Vicky, wann willst du dich eigentlich um deine Bildung kümmern?«, fragte sie genervt.

»Ich brauche keine. Ich bin jetzt Mutter. Nur das ist wichtig.« In meiner Naivität glaubte ich das tatsächlich.

»Wie du willst.«

In diesem Moment fing Kirsty an zu weinen, und Mum ging, um nach ihr zu sehen. Heute wünschte ich, Mum hätte damals nicht so schnell nachgegeben und mich nicht tun lassen, was ich wollte. Mein damaliges Verhalten hatte eindeutig eine selbstzerstörerische Komponente. Doch es sollte noch schlimmer kommen.

***

Anstatt zur Schule zu gehen, mich dort mit Leuten in meinem Alter anzufreunden und anstatt mich um Kirsty zu kümmern, verbrachte ich viel Zeit mit den Leuten zwischen zwanzig und dreißig, die immer bei Pete herumhingen. Dort lernte ich schließlich Helen kennen, Davids neue Freundin. Damit, dass ich sie mögen würde, hatte ich nicht gerechnet. Wie konnte irgendein vernünftiger Mensch jemanden wie meinen Bruder lieben? Aber sie überraschte mich positiv. Heute, wo ich weiß, was bald darauf passierte, versetzt die Erinnerung, wie wir zusammensaßen und uns Geschichten erzählten, mir einen tiefen Stich ins Herz. Helen hatte ein Kind aus einer früheren Beziehung, und ich würde alles geben, die Zeit zurückdrehen und sie warnen zu können. Damals versuchte ich es – ich tat mein Bestes. Doch es reichte nicht annähernd aus, um sie zu retten.

Die Freundin meines Bruders war ein hübsches, hochgewachsenes Mädchen mit langen blonden Korkenzieherlocken und einer angenehmen, weichen Stimme. Sie fand immer Zeit, mir einen Rat für Kirsty zu geben oder Lisa in der Küche zu helfen. Oft wollte ich Helen fragen, wie sie David kennengelernt hatte und was sie an ihm fand. Es interessierte mich, wie eine so nette Person sich in ihn verlieben konnte. Aber ich traute mich nie. Sobald ich David nur erwähnte, zitterte meine Stimme. Ich hatte furchtbare Angst, mein Geheimnis irgendwie zu verraten. Helen war warmherziger und offener als die meisten anderen Mädchen in der Sozialsiedlung. Sie strahlte Freundlichkeit aus, und alle mochten sie. Eine wunderbare Mutter war sie außerdem. Sie gab mir manchen guten Tipp, als Kirsty zahnte und nächtelang nicht schlief. Helen war eine wunderbare Person; sie hatte etwas viel Besseres verdient, als das Schicksal für sie bereithielt.

Wo Helen war, war David leider nicht weit. Verbrachte ich Zeit mit Helen, dann nur unter größter Anspannung, weil ich immer damit rechnen musste, dass mein Bruder gleich um die Ecke bog. Für mich war das stets das Signal zum Aufbruch. Keine Minute konnte ich im selben Raum verbringen wie er. »Du hasst deinen Bruder wirklich, nicht wahr?«, sagte Helen eines Tages.

»Ja. Er ist ein Albtraum. Aber du weißt ja, wie Brüder sind«, antwortete ich unbeholfen. Meine Gedanken rasten. War das meine Chance, sie zu warnen? Helen war so nett zu mir – ich hatte das Gefühl, ihr wenigstens einen Versuch zu schulden. Wieder einmal suchte ich fieberhaft nach Worten. »Sag mal, Helen, bist du sicher, dass er der Richtige für dich ist? Ich weiß, er ist mein Bruder und alles. Aber er ist so ... Ich meine, du bist ein so tolles Mädchen, und ihr beide seid nicht ...«

Lächelnd fiel sie mir ins Wort. »Sei nicht albern, Vicks. Ich bin ein großes Mädchen und kann ganz gut auf mich aufpassen.«

Selbst als Helen ein paar Wochen später mit einem blauen Auge bei Pete auftauchte, beharrte sie darauf, dass alles in Ordnung sei und sie nur einen blöden Unfall gehabt hatte. Handfeste Auseinandersetzungen waren in unserem Viertel keine Seltenheit. Deshalb taten wir alle, als würden wir ihr glauben. Hätte ich doch bloß geahnt, wie es weitergehen würde. Dann hätte ich alles darangesetzt, Helen von David abzubringen. Doch ich schaffte es nicht, mein Schweigen zu brechen. Ob ich mir das je verzeihen werde, weiß ich nicht.

In der Zeit, in der ich mich so viel bei Pete aufhielt, hing daheim der Haussegen schief. Meinen Eltern gefielen meine neuen Freunde nicht, denn sie waren alle deutlich älter und rauchten ständig Gras. Das trieb einen Keil zwischen meine Familie und mich. Mum mochte Pete nicht; sie fand, er hätte einen schlechten Einfluss auf mich. Wenn er fragte, ob ich mit ihm und Lisa ins Kino dürfte, sagte sie Nein. Also log ich und behauptete, ich würde mit Ben spazieren gehen. Oft verließ ich die Wohnung um zwei Uhr nachmittags und kam erst abends um neun wieder heim. Mum geriet dann völlig außer sich und schrie mich an. Doch ich ging einfach in mein Zimmer, knallte die Tür zu und ignorierte sie. Dad sagte gar nichts. Er dachte, ich durchliefe nur eine schwierige Phase. Ich selbst war innerlich zerrissen und wusste nie, ob ich mich wie eine Erwachsene, wie ein Teenager oder wie das verängstigte, verwirrte Kind verhalten sollte, das ich tatsächlich war.

Mum und ich stritten uns immer häufiger und heftiger. Ständig keiften wir einander an oder waren sauer aufeinander. Einmal schickte Mum mich zum Milchholen, und auf dem Rückweg verlor ich das Wechselgeld. Das war schlimm, weil meine Eltern für mich und Kirsty sowieso schon so viele Opfer brachten. Doch damals konnte ich mit dem Geld anderer Leute ziemlich nachlässig sein. Zu Hause angekommen, knallte ich die Milch auf die Arbeitsplatte in der Küche und stapfte davon.

»Hallo, junge Frau? Wo ist denn bitte das Wechselgeld?«, fragte Mum.

Ich griff noch einmal in meine Tasche, dann zuckte ich die Schultern. »Ich weiß nicht, was ich damit gemacht habe. Es muss mir wohl aus der Tasche gerutscht sein. Tut mir leid.«

Mum hatte einen schlechten Tag gehabt und wurde stinkwütend.

»Lüg mich nicht an! Glaubst du, ich bin blöd? Du hast es für Zigaretten ausgegeben, oder?«, schrie sie.

»Du musst mich nicht anschreien, Mum. Ich sage doch, ich weiß nicht, wo das Geld ist.«

»Was ist eigentlich mit dir los?«, keifte sie. »Du endest

noch genau wie dein Bruder David. Willst du auch dauernd Ärger mit der Polizei haben?«

Dass Mum von David sprach, war zu viel. Plötzlich war das Zimmer zu klein, und mein Kopf schmerzte von ihrem Geschrei. Sie ließ mich nicht zu Wort kommen, hackte nur immer weiter auf mir herum. Ich fühlte mich in die Ecke getrieben, und in meinem derzeitigen Zustand war das der Tropfen, der das Fass zum Überlaufen brachte. Mein Gehirn war wie aus Watte, ich konnte keinen klaren Gedanken fassen. Ohne zu wissen, was ich tat, rannte ich plötzlich in mein Zimmer, öffnete das Fenster und sprang hinaus. Wir wohnten im zweiten Stock, und ich landete unten im Gras. Ich wusste nicht, was in mich gefahren war. Bei dem Sprung hätte ich mich ernsthaft verletzen können. Doch ich verstauchte mir nur den Knöchel. In meinem Kopf explodierten sämtliche unterdrückten Gefühle und ungeweinten Tränen.

Der Sprung aus dem Fenster war völlig ungeplant und für mich selbst überraschend gekommen. Heute betrachte ich ihn als Hilfeschrei. Ich war verzweifelt, frustriert, gestresst und traurig. Aber Mum hatte keine Ahnung, in was für einem Zustand ich mich befand. Sie glaubte, sie hätte nur ihre nachlässige Tochter ausgeschimpft, wie jede andere Mutter es auch getan hätte. Das Geheimnis, das ich mit mir herumschleppte, zersetzte mein Selbstvertrauen, mein Selbstwertgefühl, die Beziehung zu meiner Familie und meinen Verstand. Äußerlich wirkte ich wie ein rebellischer Teenager, innerlich stand ich kurz vor einem Nervenzusammenbruch. Der spontane Sprung zeigte, wie verzweifelt ich versuchte, aus meiner Situation zu entkommen. Damals war mir nicht klar, dass es weder einen Ausweg noch einen Zufluchtsort gibt, wenn das Leben auf einem wackeligen Fundament aus Lügen steht.

Für mich war der Sprung aber auch eine Art Wendepunkt.

Weil ich so gut wie nie in einer Schule gewesen war, wandte die Schulaufsicht sich an meine Eltern, die sich sowieso längst Sorgen machten. Man war sich einig, dass schon ein Wunder geschehen müsste, damit ich regelmäßig eine normale Schule besuchen würde. So entstand die Idee, mich auf ein Internat für Teenager zu schicken, die an einer Regelschule nicht zurechtkamen. Zunächst hielt ich das für eine verrückte Idee. Ich hatte Angst, Kirsty allein zu lassen. David hatte zwar nie Interesse an dem Baby gezeigt, doch ich fürchtete, er könnte ihr etwas antun, sobald ich einmal nicht in der Nähe war. Aus meiner Sicht war er zu allem fähig. Gleichzeitig musste ich zugeben, dass mir alles immer mehr entglitt. Wenn es so weiterging, würde ich nicht nur mein eigenes Leben ruinieren, sondern auch Kirstys. Ich fühlte mich hin und her gerissen.

Meine Befürchtungen vor Mum zu verbergen war

schwierig. »Warum machst du dir um Kirsty so viele Sorgen?«, fragte sie. »Du weißt, dass sie bei mir gut aufgehoben ist, solange du dich um deine Schulbildung kümmerst.«

Das Schweigen zog sich ein paar Sekunden lang hin. Ich sah Mum an, dann senkte ich den Blick. Konnte ich ihr eine ehrliche Antwort geben? Und wenn ja – mit welchen Worten? Würde ich damit meine Probleme lösen oder alles noch schlimmer machen? Mum starrte mich an.

»Vicky? Hörst du mir eigentlich zu? Mit Kirsty komme ich schon klar.« Mums feste Stimme riss mich aus meiner Trance. Der Moment war vorbei; sie verließ das Zimmer. Ich konnte nichts tun außer mir immer wieder sagen, dass Kirsty bei Mum sicher war und dass Mum ihre kleine Enkelin sogar noch mehr liebte als ihren gefährlichen Sohn.

Obwohl ich all die furchtbaren Dinge nicht aus dem Kopf bekam, die ich David zutraute, sah ich mir mit meinen Eltern zusammen ein paar Schulen an. Sie machten einen besseren Eindruck, als ich befürchtet hatte. Bei einigen durften die Schüler und Schülerinnen sogar an den Wochenenden nach Hause fahren. Ein an der Küste gelegenes Internat gefiel mir am besten. Dort gab es Einzelzimmer, und das Personal schien ganz nett zu sein, also entschied ich mich, dorthin zu gehen. Das war meine Chance, ein wenig Abstand zu bekommen und wieder zu mir zu finden. Ich war entschlossen, diese Chance zu nutzen, damit ich meinem kleinen Mädchen eine sichere Zukunft bieten konnte. Darauf, dass das Leben bald noch einmal eine drastische Wendung nehmen würde, war ich nicht gefasst.

Das wahre Gesicht

An meinem vierzehnten Geburtstag war Kirsty zehn Monate alt, und ich hatte meinen ersten Tag im Internat. Dad fuhr mich hin, aber ich fühlte mich dort vom ersten Augenblick fehl am Platz und bereute meine Entscheidung für diese Schule sofort. Eine Lehrerin begrüßte mich. Sie versuchte, nett zu sein, wirkte aber kühl und distanziert. Mit ihrer abweisenden, nur oberflächlich-freundlichen Art war sie nicht die Sorte Mensch, die ein Mädchen als Erstes sehen will, wenn es irgendwo ganz neu ist. Ich umarmte Dad zum Abschied, schaffte es dann aber nicht, ihn loszulassen.

»Bitte, Liebes«, sagte er. »Ich muss gehen. Deine Lehrerin wartet auf dich. Sicher wird es dir hier gefallen. Wir telefonieren, und du wirst viele neue Freunde finden.«

»Ja. Du hast recht. Es wird bestimmt gut.« Dabei klammerte ich mich an seinen Arm wie eine Ertrinkende.

Irgendwann musste ich Dad doch wegfahren lassen. Lange sah ich ihm hinterher. Tränen passten nicht zu mir, doch mich erst von meinem kleinen Mädchen und dann von meinem geliebten Vater verabschieden zu müssen war einfach zu viel. Ich spürte, wie mein Herz einen Sprung bekam.

Die Lehrerin führte mich durchs Haus, zeigte mir die Klassenzimmer und Gemeinschaftsräume. Das Internatsgebäude war groß und alt. Die Räume waren hoch; überall sah ich viel Holz. Nach dem Gewusel bei uns zu Hause, wo man Kirsty fröhlich spielen und Mum telefonieren hörte, war es hier fast unheimlich still. Ich folgte der Frau, schaute in kahle Zimmer und leere hallende Korridore und kam mir vor wie im Knast. Zum ersten Mal fragte ich mich, ob ich zur Strafe hierher geschickt worden war. Wusste irgendwer aus irgendeinem Grund, was David mir angetan hatte? Dachten sie, es wäre meine Schuld? Oder schickte man nur einfach alle Mädchen hierher, die mit zwölf Jahren schwanger geworden waren?

Ich war froh, mein eigenes Zimmer zu haben, aber gemütlich wirkte es nicht. Es war alt und klein, und ich fühlte mich darin wie in einem Käfig.

»Hier, bitte«, sagte die Lehrerin. »Pack deine Sachen aus. Wenn du damit fertig bist, kannst du rauskommen und dich ein bisschen umschauen.«

Ich nickte. Doch sobald die Tür zu war, öffnete ich das Fenster und rauchte auf der Fensterbank eine Zigarette, um meine Nerven zu beruhigen. Stundenlang blieb ich im Zimmer und starrte in den Himmel. Benommen, wie ich war, ließ ich mich gleich am ersten Abend von einer Lehrerin beim Rauchen erwischen. Ich wurde angeschrien, und von nun an behielt man mich im Auge. Aus der Sicht der Lehrkräfte war ich ein böses

Mädchen, ein schwieriger Fall. Nicht mehr und nicht weniger.

An diesem ersten Abend ging ich nicht zu den anderen Mädchen. Ich tat, als sei ich gar nicht da. Draußen auf der Treppe kicherten und redeten meine Mitschülerinnen, doch ich hatte viel zu viel Angst vor ihnen. Meine bisherigen Erfahrungen mit Schulkameradinnen waren nicht die besten, und ich wollte nicht gleich wieder von einer ganzen Meute ignoriert, gehänselt oder gedemütigt werden. Wenn man allein in einem Zimmer sitzt und hört, wie draußen Leute lachen und Freundinnen einander nach den Ferien begrüßen, fühlt man sich sehr einsam. Ein Teil von mir wünschte sich nichts mehr, als zu den Mädchen hinauszugehen und mit ihnen Spaß zu haben. Ich sprang sogar auf und kam bis zur Tür. Doch dann sank ich wieder aufs Bett zurück. Um wieder eine Zurückweisung zu riskieren, war ich zu stolz. Außerdem hatte ich keine Ahnung, was ich sagen sollte, wenn sie mich nach meiner Familie fragten. Es erschien mir sicherer, allein im Dunkeln zu sitzen und das ausgelassene Gelächter draußen zu ignorieren.

Auch der nächste Tag brachte keine Verbesserung. Ich war wieder das scheue Kind, das sich in sein Schneckenhaus zurückzog.

Die Lehrer achteten streng auf uns. Für ein Mädchen wie mich, das lange Zeit nur getan hatte, was es wollte, war es schwer, sich an diese Art von Disziplin zu gewöhnen. Ständig kontrolliert zu werden verursachte mir

Platzangst. Ich konnte nicht weggehen, nicht essen, nicht herumlaufen und reden, wann und wie es mir passte. Für alles gab es Regeln. Ich war daran gewöhnt, auf meine Art zu leben und Mutterpflichten zu erfüllen wie eine Erwachsene – und jetzt war ich plötzlich wie ein Hund, der an die kurze Leine genommen wurde. Ständig unter Aufsicht zu stehen war mir zuwider. Dadurch fühlte ich mich wieder wie ein kleines Mädchen. Das Mädchen, das David missbraucht hatte.

Als ich mich ein wenig an die monotonen Abläufe und die zahllosen Regeln gewöhnt hatte, versuchte ich, mich mit einigen der ruhigeren Mädchen anzufreunden. Schließlich saßen wir alle im selben Boot, und ich hatte meinem Dad versprochen, mir Mühe zu geben. In der Schlange vor der Essensausgabe zeigte ich eines Tages auf den grauen Kartoffelbrei, den die Kantinenfrauen uns auf die Teller klatschten.

»Sieht aus wie schon mal gegessen.«

Das brünette Mädchen vor mir verdrehte die Augen und wandte sich ab. Das Mädchen, das hinter mir stand und mit dem ich in der letzten Woche beim Korbballtraining zusammengespielt hatte, räusperte sich.

»Ich will ja nichts sagen«, raunte sie. »Aber an deiner Stelle würde ich Karen und ihre Freundinnen in Ruhe lassen. Die finden dich sowieso schon reichlich seltsam.«

»Oh. In Ordnung«, antwortete ich matt. Mädchen in meinem Alter waren wie Außerirdische für mich; ich kannte mich mit ihrer Cliquenwirtschaft und ihrer

Hackordnung einfach nicht aus. Und die Mädchen an dieser Schule schienen besonders schwierig zu sein. Vermutlich, weil viele von ihnen zu Hause Ärger mit der Polizei gehabt hatten und deshalb hierher geschickt worden waren. Vielleicht würde es mir leichter fallen, Freunde zu finden, wenn ich etwas mehr über meine Altersgruppe wusste. Ich drehte mich um, um meiner Nachbarin ein paar Fragen über die angesagte Clique zu stellen. Doch sie hatte sich bereits zu ihren eigenen Freundinnen gesetzt. Ich nahm meinen wenig appetitlich aussehenden Teller mit der Wurst und dem Kartoffelbrei und setzte mich an einen Tisch in einer Ecke des von Lärm erfüllten Raumes.

In den nächsten Wochen änderte sich kaum etwas, und ich fühlte mich sehr allein. Eigentlich durften wir an den Wochenenden nach Hause, aber die Entfernung war so groß, dass Dad sich das Benzingeld für die Fahrten nicht leisten konnte. Dafür telefonierten wir häufig. Manchmal arbeitete Dad allerdings woanders in einem Pub, und ich konnte ihn nicht sprechen. Dann brachte Mum mich aufs Laufende. »Kirsty spricht jetzt schon viel besser«, sagte sie. »Kürzlich lag sie fast auf Ben, und der alte Spinner hat sie einfach alles mit ihm machen lassen. Das hättest du sehen sollen.« Einerseits hungerte ich nach solchen Anekdoten – andererseits tat es weh, von zu Hause zu hören.

»O Mum, kann ich bitte heimkommen? Ich vermisse euch und Kirsty so furchtbar«, bettelte ich.

Mum seufzte. »Du weißt, dass das nicht geht. Du musst dortbleiben. Du hast in der Schule schon so viel versäumt. Bring es diesmal zu Ende. Wenn schon nicht für dich selbst, dann wenigstens Kirsty zuliebe.« Das wollte ich zwar nicht hören, aber ich hatte keine andere Wahl. Wenn ich Dad am Telefon hatte, sagte er immer sehr liebe Sachen.

»Ich würde dich ja holen, wenn ich könnte. Aber du weißt, das würde einen Riesenärger mit den Behörden geben. Zähl einfach die Tage bis zu den Ferien – es dauert nicht mehr lange.«

Mein guter alter Dad sorgte oft dafür, dass es mir ein bisschen besser ging.

Ein paar Briefe von zu Hause bekam ich auch. Mittlerweile hatte ich so weit Lesen und Schreiben gelernt, dass ich einfache Briefe lesen und sie mit wenigen Worten beantworten konnte. Meine Antworten versuchte ich normalerweise in einem fröhlichen Ton zu halten. Doch nachdem eines Tages ein Mädchen im Umkleideraum Streit mit mir anfangen wollte, konnte ich mich nicht mehr verstellen. Ich schmuggelte einen Brief aus der Schule, in dem stand: »Ich hasse das Internat. Holt mich hier raus!« Mum sagte, nachdem sie die Zeilen gelesen hätten, sei Dad ein paar Tage lang sehr still gewesen.

Nach etwa einem Monat hatte ich mich endlich ein bisschen eingelebt. Doch ein Anruf von Mum änderte alles auf einen Schlag. So spät am Abend hatte sie sich noch nie bei mir gemeldet. Deshalb wusste ich, dass etwas nicht stimmen konnte.

»Ich habe schlechte Neuigkeiten«, sagte sie.

Mir wurde ganz heiß. Bitte lass Kirsty nichts passiert sein! Ich hätte sie nie alleine lassen dürfen! Die Stimme meiner Mutter drang durch meine panischen Gedanken.

»David wurde verhaftet ... Er hat Helen umgebracht.«

Mir blieb fast die Luft weg. Die nette, freundliche Helen, die mir Tipps wegen Kirsty gegeben hatte? Tot? Aber sie war doch so lebendig, so jung und so liebenswert. Das musste ein Irrtum sein ... Ich konnte es nicht fassen.

»Vicky? Bist du noch da?«

Ich wusste nicht, was ich sagen sollte. Mum erklärte mir, was vorgefallen war, doch ich hatte bereits auf Durchzug geschaltet. Mein Geist hatte sich an einen Ort zurückgezogen, wo es keinen David gab. Wo er einfach nicht existierte. Irgendwann sagte ich Mum, ich müsste auflegen. Ich konnte ihr nicht mehr zuhören. In meinem Kopf drehte sich alles. Ohne herausgefunden zu haben, was genau passiert war, legte ich auf. Ich wusste nur eins: Der Bruder, der meine Kindheit zerstört hatte, hatte nun eine Frau getötet, deren ganzes Leben noch vor ihr gelegen hatte. Dass es möglich war, David noch mehr zu hassen, als ich es ohnehin schon tat, hätte ich nicht für möglich gehalten. Doch ich hatte mich geirrt.

Auf dem Weg zurück in mein Zimmer versuchte ich, das Gehörte irgendwie zu begreifen. Nie zuvor hatte ich so viele unterschiedliche Gefühle auf einmal gehabt. Ich war entsetzt über Helens Tod. Sie war so schön. Sie war immer so nett zu mir gewesen. Wie musste ihre Familie sich fühlen? Was war mit dem kleinen Jungen, der gerade seine Mami verloren hatte? Mich quälten furchtbare Schuldgefühle. Ja, es war David, der Helen getötet hatte. Aber was, wenn ich jemandem von den Vergewaltigungen erzählt hätte? Dann hätte Helen ihm nie vertraut. Ich hätte sie retten können, denn ich war die einzige Person, die Davids wahres Wesen kannte. Wäre mein schreckliches Geheimnis ans Licht gekommen, dann hätte er schon seit Jahren im Knast gesessen. Tausend widerstreitende Gedanken rauschten durch meinen Kopf. Ich rang nach Atem, versuchte zu verstehen, was passiert war.

Eigentlich wollte ich in mein Zimmer gehen und alleine sein. Doch sofort stürzten sich alle Lehrkräfte auf mich. »Wie geht es dir, Vicky? Komm, rede mit uns. Wir können dir helfen«, sagten sie immer wieder.

»Lassen Sie mich in Frieden!«, wollte ich schreien. So eingesperrt hatte ich mich noch nie gefühlt. Alle glaubten, es würde mir besser gehen, wenn ich darüber sprach, was mir passiert war. Und vielleicht hatten sie ja recht. Aber ich war vierzehn, am Boden zerstört und wollte einfach nur alleine sein. Ich war so daran gewöhnt, auf meine Art mit Problemen umzugehen – Gefühle in Worte fassen, das konnte ich einfach nicht. Die Lehrkräfte sollten mich in Ruhe lassen und mich mit der Sache so umgehen lassen, wie ich es immer tat.

Die Nacht verbrachte ich mit Nachdenken in meinem Zimmer. Am nächsten Tag sollte ich mit zu einer Sportveranstaltung gehen, die schon seit Wochen geplant war. Aber ich wollte nicht.

»Ich würde gern hierbleiben«, bat ich. »Tut mir leid, aber mir ist heute wirklich nicht danach.« Aber das ließen die Lehrkräfte nicht gelten.

»Ein bisschen rauszukommen täte dir gut«, sagte meine Klassenlehrerin. Die Hände in die Hüften gestemmt, stand sie in meinem Zimmer.

Am Ende schob ich alle aus der Tür und rückte eine Kommode davor, damit niemand mehr hereinkonnte. Stundenlang saß ich da, dachte an Helen und daran, was mein schrecklicher Bruder David ihr angetan hatte.

Irgendwann fiel mir auf, wie ruhig es draußen war. Ich schob die Kommode weg und spähte durch einen Türspalt nach draußen. Keiner da. Instinktiv beschloss ich wegzulaufen, weit weg von all diesen neugierigen Leuten. Ohne lange nachzudenken, schnappte ich mir eine Tasche und schoss aus der Tür.

Weil wir das Schulgelände nur selten verlassen durften, hatte ich keine Ahnung, wohin ich gehen sollte. Ich hatte gehört, dass das Stadtzentrum nur zehn Minuten entfernt sei. Also marschierte ich einfach in Richtung Strandpromenade. Es war herrlich, den Ort zu verlassen, wo ich jedes Mal, wenn ich nur tief durchatmete, anscheinend irgendeine Regel verletzte oder bei einem der beliebteren Mädchen aneckte. Die ständigen Zurückweisungen fand ich unerträglich. Lieber allein sein, als sich an einem Ort voller Menschen einsam zu fühlen.

In der Stadt setzte ich mich auf eine Bank und ließ die frische Meeresbrise all meine Sorgen wegwehen. Lange starrte ich ins Leere, dann sprach ein Mann mich an. Erst ging ich in Abwehrhaltung. Schließlich wusste ich nicht, was er von mir wollte. Doch er schien ein ganz netter junger Typ zu sein. Deshalb nickte ich, als er mich fragte, ob er sich zu mir setzen dürfte.

»Und? Was machst du hier so?«, erkundigte er sich. Dass er die Polizei rief, hatte mir gerade noch gefehlt. Deshalb antwortete ich, ich hätte Krach mit meinen Eltern. Er musterte mich lange, dann nickte er. Er sah ziemlich gut aus; das musste ich zugeben.

»Weißt du schon, wo du heute Nacht schläfst?«

»Das habe ich mir noch gar nicht überlegt.« Erst jetzt wurde mir klar, wie spät es schon sein musste.

»Sollen wir mal meine Eltern fragen, ob sie dich in unserem Gästezimmer übernachten lassen? Das ist sicher kein Problem.«

Ich zögerte. Er wirkte ziemlich vertrauenswürdig. Zwar hatte ich bereits am eigenen Leib erfahren müssen, dass der äußere Eindruck täuschen konnte – aber hatte ich eine Wahl? Die Vorstellung, in die Schule zurückzukehren und dort über David reden zu müssen, machte mich krank. Die Straßen leerten sich, und ich hatte noch gar nicht darüber nachgedacht, dass es für ein junges Mädchen gefährlich sein konnte, die Nacht allein in einem Park oder in einem Ladeneingang zu verbringen.

»Ja, gern.«

Wie ein ausgesetzter Welpe folgte ich dem Typen nach Hause. Erleichtert registrierte ich, dass er mich wie angekündigt in eine biedere Vorstadtstraße brachte. Unterwegs hatte ich angestrengt versucht, nicht daran zu denken, was passieren konnte, wenn man als Mädchen mit fremden Männern mitging.

Die Nacht verbrachte ich dann allerdings unter einem Busch vor dem Haus seiner Eltern. Sie waren doch keine so guten Samariter und wollten mich nicht im Gästezimmer übernachten lassen. Zum Glück war es Sommer und nicht allzu kalt. Aber natürlich fing es an zu regnen. Ich wurde nass bis auf die Haut und wachte schließlich zitternd auf. Der Busch schützte mich kaum. Heute denke ich mit Entsetzen daran, in welche Gefahr ich mich brachte, indem ich auf der Erde und im Dreck schlief wie ein Tier. Doch damals war ich so durcheinander, dass ich glaubte, ich hätte es so verdient.

Am nächsten Tag wartete ich so lange, bis der Typ herauskam. Ich hatte keine Ahnung, wie es weitergehen sollte.

»Vicky, du kannst nicht einfach so im Freien schlafen«, sagte er. »Ganz in der Nähe gibt es ein besetztes Haus. Vielleicht lassen die Leute dort dich ja bei sich wohnen.«

»Kennst du die denn?«, fragte ich. In ein paar Sozialwohnungen in unserem Viertel hatten ebenfalls Besetzer gelebt, und Dad hatte immer wieder gesagt, ich solle mich von ihnen fernhalten.

»Nur vom Sehen.« Der junge Mann schien langsam die Geduld zu verlieren. »Hör mal, Vicky. Du kannst nicht noch eine Nacht lang in meinem Vorgarten campieren!« Er hatte recht, und ich wusste, dass er mir helfen wollte. Aber gleichzeitig hatte ich Angst, wie diese Fremden reagieren würden, wenn ich einfach so bei ihnen auftauchte.

»Dort ... dort läuft doch nicht irgendwas?«, stammelte ich. Aber er war bereits losmarschiert. Mein Selbsterhaltungstrieb war schwächer denn je, deshalb folgte ich ihm stumm. Um ihm noch weitere Fragen zu stellen, war ich sowieso zu müde.

Das besetzte Haus war ziemlich groß, aber heruntergekommen und sah nicht wirklich einladend aus. Fünf Minuten lang musste mein freundlicher Helfer an die Tür trommeln, bis sie von einer schmuddeligen Frau in den Dreißigern aufgerissen wurde. Sie fragte uns, was wir wollten. Am liebsten hätte ich auf dem Absatz kehrtgemacht und wäre weggerannt. Das hier war bestimmt ein Riesenfehler. Doch als wir der Frau meine Lage erklärt hatten, bat sie mich lächelnd ins Haus.

»Komm, Liebes. Rein mit dir. Mach es dir bequem.«

Sie sah ein bisschen ungepflegt aus, schien aber ganz nett zu sein. Ihr Partner war etwa so alt wie sie und winkte mir aufmunternd zu. Ich verabschiedete mich von meinem Helfer und ging ins Haus. Naiv, wie ich war, dachte ich nicht einmal daran, dass ich mich vielleicht in Gefahr begeben könnte. Als Kind war ich in meinem eigenen Bett überfallen worden. Vielleicht hatte ich deshalb jetzt das Gefühl, dass es egal war, wo ich mich befand. Sicher war ich sowieso nirgends.

Diesmal hatte ich Glück. Ich sagte, ich sei siebzehn, die Hausbesetzer stellten keine weiteren Fragen und boten mir einen Schlafplatz an. Insgesamt wohnten sechzehn Leute im Gebäude. Bislang hatte ich immer nur wilde Geschichten über Hausbesetzer gehört, aber diese Leute waren ganz anders, als ich es mir vorgestellt hatte. In jedem Zimmer, in das ich kam, saßen Menschen, die mich anlächelten und begrüßten. Mit Sicherheit war ich nicht die Einzige hier, die vor irgendetwas wegrannte. Aber alle waren viel freundlicher und netter als die sogenannten achtbaren Bürger, die ich kannte. Nirgendwo lagen gebrauchte Spritzen herum, und keiner schlief tagelang in seinem eigenen Dreck. Hier ging es zu wie in einem ganz normalen Zuhause, wenn es auch ein bisschen enger war. Abends wurde ich zum Mitessen eingeladen. Es gab gebackene Bohnen und Toast. Anschließend hörte ich zu, wie die anderen aus ihrem Leben erzählten. Es tat gut, einfach still dabeizusitzen. Die

Geschichten lenkten mich ein wenig von meinen ständigen Grübeleien über Helen und David ab.

Schließlich legte ich mich zum Schlafen in einen Raum, wo noch ein paar andere Leute übernachteten. Die unbequeme, verregnete Nacht unter dem Busch steckte mir noch in den Knochen. Doch mitten zwischen all den fremden Körpern fühlte ich mich absolut sicher und schlief so gut wie noch nie, seit ich von zu Hause weg war.

Aber als ich am nächsten Morgen aufwachte, war das Entsetzen über das, was David mit Helen gemacht hatte, sofort wieder da. Ich fühlte mich, als hätte mir jemand in die Magengrube geschlagen. Nie wieder konnte ich zurück. Das schlechte Gewissen und das Grauen zerbrachen meine Seele. Wenn es mir gelang, irgendwie bei diesen netten Menschen in diesem besetzten Haus zu bleiben, konnte ich vielleicht eine andere werden. Eine, deren Leben keine absolute Katastrophe war. Ich beschloss, als Erstes mein Aussehen zu ändern. Ein Teil von mir sehnte sich zwar nach meinem Zuhause, meinen Eltern und vor allem nach Kirsty – doch mit dem, was David getan hatte, kam ich einfach nicht klar. Außerdem wollte ich auf keinen Fall in die schreckliche Schule zurück. Also färbte ich mein Haar grellrot und rasierte die Seiten aus. Am Ende sah ich aus wie ein echter 80er-Jahre-Punk. Heute lache ich darüber, aber damals fand ich diesen Look ziemlich cool und glaubte, ich wäre damit bestens getarnt. Mit der neuen Frisur wirkte ich sehr taff und fühlte mich auch so. Rein äußerlich war ich nun ein Mädchen, das niemand verletzen konnte.

Als ich sicher war, dass ich der alten Vicky nicht mehr ähnelte, ging ich wieder in die Stadt. Ich spazierte endlos umher und fühlte mich so frei. Auf dem Rummel redete ich mit ein paar Arbeitern. »Habt ihr einen Job für mich?«, fragte ich, nachdem wir eine Weile geflirtet hatten.

An diesem Abend half ich auf der Walzerbahn aus. Innerhalb weniger Tage hatte ich mir ein neues Leben zusammengezimmert. Ich hatte einen Job auf dem Rummel, und nach Feierabend ging ich nach Hause zu netten Leuten. Das Essen bestand zwar vorwiegend aus Dosenwürstchen und gebackenen Bohnen, aber das machte mir nichts aus. Alle waren nett und umgänglich, und je länger ich blieb, desto leichter fiel es mir, die alte, verwirrte und verwundbare Vicky mit all ihren Problemen zu vergessen. Ich hätte wissen müssen, dass das nicht lange gut gehen konnte.

Nach fünf Tagen in dem besetzten Haus spazierte ich wieder einmal die Strandpromenade entlang. Plötzlich kam eine Polizistin mit ein paar Plakaten in der Hand direkt auf mich zu. Ich erstarrte. Ich hatte Angst, dass die Polizei nach mir suchte und dass die Frau mich vielleicht erkennen würde. Als sie zu mir kam, schlug mir das Herz bis zum Hals.

»Entschuldigen Sie, erkennen Sie das Mädchen auf dem Foto?«, fragte die Polizistin.

Von dem Plakat starrte mir ein Schulfoto von mir selbst entgegen. Erst dachte ich, die Polizistin wollte mich auf den Arm nehmen, doch sie erkannte mich tatsächlich nicht.

»Ehm, nein. Tut mir leid. Nie gesehen«, sagte ich.

»Falls es Ihnen mal begegnet, sagen Sie dann bitte auf der Wache Bescheid? Das Mädchen wird vermisst, und seine Familie macht sich große Sorgen«, fügte sie hinzu. Dann ging sie weiter. Einerseits war ich erleichtert, davongekommen zu sein, andererseits hatte ich schreckliche Schuldgefühle, weil ich meinen Eltern noch zusätzlichen Kummer bereitete. Natürlich vermisste ich Kirsty, aber vor allem hatte ich Angst. Meine Gedanken liefen wirr durcheinander. Nur eines wusste ich ganz sicher: Der Abstand zwischen David und mir musste immer so groß sein wie irgend möglich. Meine neue Freiheit genoss ich; das gebe ich zu. Es war so schön, endlich einmal allen Menschen entfliehen zu können, die sich einmischten, mich ständig beobachteten und beurteilten. Hier kannte mich keiner. Es war wie ein Neuanfang, weit weg von meinem verfahrenen alten Leben.

Doch langsam wurde es eng für mich. In den nächsten Tagen passierte nicht viel. Trotzdem wurde ich das Gefühl nicht los, dass meine Tarnung bald auffliegen würde. Meine Flucht war viel zu einfach gewesen. Dieser Zustand konnte nicht von Dauer sein. Eines Abends saß ich vor meiner Schicht auf dem Rummel auf ein paar Steinblöcken unter dem Pier, schaute aufs Meer hinaus und dachte nach. Stundenlang hockte ich reglos da, dann sah ich meine Hausbesetzerfreunde auf mich zukommen und wusste, dass meine Zeit abgelaufen war.

»Vicky, dein Foto kam in den Nachrichten«, sagte der Älteste. Mit schwerem Herzen starrte ich weiterhin hinaus aufs Meer. »Komm. Wir bringen dich zur Polizei.«

Ich leistete keinen Widerstand. Es war Zeit; das wusste ich. In den letzten Tagen hatte ich viel an Kirsty gedacht. Ich konnte sie nicht verlassen. Meine Tochter wartete zu Hause auf mich; ich musste sie beschützen. Bei dem Gedanken, David könnte sich irgendwann auch an sie heranmachen, wurde mir eiskalt. Die stürmischen Umarmungen meines kleinen Mädchens fehlten mir sehr, und ich fürchtete, dass ich sie durch meine Abwesenheit verwundbar machte.

Auf der Polizeiwache verabschiedete ich mich von meinen neuen Freunden. Ich stand am Empfang und atmete tief durch.

»Meine Familie sucht mich«, sagte ich dem Diensthabenden. Und schon saß ich in einer Zelle, in der ich gleich die ganze Nacht verbringen musste. Vermutlich sah ich aus wie eine, die Ärger machen würde. Außerdem hielten die Beamten mich für deutlich älter, als ich in Wirklichkeit war. Es wurde eine der schlimmsten

Nächte meines Lebens. David hatte Helen umgebracht, und ich hockte in einer Zelle wie ein Verbrecher.

Als Mum mich schließlich abholte, war ich froh, sie zu sehen.

»O mein Gott, Vicky. Was hast du bloß mit deinem Haar gemacht?«, rief sie. Wir lachten. Das half uns über den schwierigen ersten Augenblick hinweg. Zum Glück stellte mir niemand irgendwelche Fragen, und ich musste nichts über die vergangenen zehn Tage erzählen. Über Probleme war in meiner Familie sowieso nie viel geredet worden. Stumm saß ich auf der Heimfahrt im Wagen und überlegte, was mich zu Hause erwartete. Ich dachte an den Anruf, in dem ich von David und Helen erfahren hatte. Wie würde das Leben jetzt weitergehen?

Kaum war ich durch die Tür, schon rannten alle möglichen Leute auf mich zu, umarmten und küssten mich. Ich fing an zu weinen vor Glück, weil ich wieder zu Hause war und vor David keine Angst mehr haben musste. Erleichterung durchrieselte meinen Körper: Endlich hatte ich meine Familie für mich, David würde nicht wie eine dunkle Wolke über allem hängen; Kirsty und ich waren sicher.

»Ach, Mädchen. Wo warst du denn?« Dad umarmte mich fester denn je und gab mir tausend Küsse.

»Es tut mir leid, Dad«, schluchzte ich. Wie hatte ich meinen Eltern so schreckliche Sorgen bereiten können? Ich drückte Kirsty an mich und hielt die Tränen ausnahmsweise einmal nicht zurück.

Als am nächsten Tag die Leute von der Schulaufsicht auftauchten, rannte ich in mein Zimmer und schloss mich ein. Sie wollten mich ins Internat zurückschicken, aber ich kam einfach nicht heraus. Am Ende gaben sie auf und kamen gemeinsam mit Mum zu dem Schluss, dass Hausunterricht vermutlich die beste Lösung sei. Ich war überglücklich, denn so konnte ich bei Kirsty bleiben. Der Gedanke, sie nicht schützen zu können, war für mich unerträglich gewesen.

In den nächsten Wochen drehte sich alles um Davids Untersuchungshaft.

Nach und nach kamen Einzelheiten ans Licht, wie Helen gestorben war. Sie trafen mich bis ins Mark. David hatte den Abend mit Helen in ihrer Wohnung verbracht. Ihr kleiner Sohn hatte geschlafen. Aus einem hitzigen Wortgefecht war ein handfester Streit geworden; David hatte zugeschlagen. So wie ich ihn kannte, war das sicher nicht das erste Mal gewesen, doch diesmal hatte er den Zeitpunkt verpasst, an dem er aufhören musste. In seiner Wut hatte er Helen am Hals gepackt und erwürgt, ihren toten Körper dann aufs Sofa gezerrt und die ganze Nacht neben ihr gesessen. Am nächsten Morgen ging er zu Mum und erzählte ihr, was passiert war. Mum rief sofort die Polizei. Sie erzählte mir, sie hätte kaum begriffen, was er sagte, sondern nur den Notruf gewählt und ganz ruhig gesagt: »Ich brauche einen Beamten. Mein Sohn hat mir gerade erzählt, er hätte seine Freundin umgebracht.« David behauptete, es sei ein Unfall gewesen, doch er wurde verhaftet. Die Anklage lautete auf Mord.

Während Mum und Dad zwischen der Polizeiwache, einer Anwaltskanzlei und dem Knast, wo sie David besuchten, hin und her jagten, blieb ich mit Kirsty zu Hause. Meine Eltern waren tief besorgt, und ich musste so tun, als wäre ich es auch. Dabei betete ich im Stillen inbrünstig, dass mein Bruder für den Rest seines Lebens weggesperrt würde. Von meinen wahren Gedanken ahnten Mum und Dad nichts. Die beiden taten mir leid, weil sie solche Angst um David hatten. Sie hielten ihn nicht für schlecht genug, absichtlich jemanden umzubringen. Die Anschuldigungen gegen ihren Sohn belasteten sie so sehr, dass ich die Situation auf keinen Fall noch schlimmer machen konnte, indem ich mein eigenes Geheimnis preisgab. Die Wahrheit hätte meiner Familie den Rest gegeben, dabei brauchten meine Eltern mich jetzt mehr denn je. So weh es mir tun mochte, ich musste stark bleiben und weiter schweigen.

Als würden Mum und Dad nicht schon genug leiden, schien die ganze Nachbarschaft sich gegen uns zu verschwören. Backsteine und Holzstücke flogen durch die Fenster. Nachbarn schrien uns »Mörderpack« ins Gesicht. Eines Tages stand in der Stadt plötzlich eine von Helens Schwestern vor Mum. Mum wusste nicht, wo sie hinschauen oder was sie sagen sollte. Noch bevor sie sich gefangen hatte, spuckte Helens Schwester ihr ins

Gesicht. Es war grauenhaft. Dabei konnte ich Helens Angehörige verstehen. Sie waren so traurig und wütend, wie es jeder andere an ihrer Stelle auch gewesen wäre. Wenn sie nur gewusst hätten, dass ich David ebenso sehr hasste wie sie!

Die zuständigen Polizeibeamten blieben mit uns in Verbindung und rieten uns dringend, uns von Helens Familie fernzuhalten. Wir versuchten es, denn wir wollten ihren Schmerz nicht noch schlimmer machen. Doch am Ende wurde die Situation so schwierig, dass wir wegziehen mussten.

Man wies uns ein paar Meilen entfernt ein Haus in einer Sozialsiedlung in Purfleet zu. Ockenden zu verlassen fiel mir schwer, denn ich hatte hier ein paar gute Freunde und mochte die Gegend. Wegen des Umzugs war ich stinksauer auf David. Selbst im Knast machte er uns noch das Leben zur Hölle. Sein Verbrechen klebte an der ganzen Familie. Mein Hass auf ihn war so groß, dass es fast unmöglich wurde, meine Gefühle für mich zu behalten. Doch immer, wenn ich den Mund aufmachen und von seinen Taten erzählen wollte, hielt mich irgendetwas davon ab. Ich brauchte mir nur das schockierte Gesicht meines Vaters vorzustellen, und schon wusste ich, dass ich kein Wort über die Lippen bringen würde. Über die Vergewaltigungen zu sprechen war absolut tabu. Ich fühlte mich, als hätte jemand eine Büchse mit giftigen Geheimnissen in mir eingeschlossen und den Schlüssel weggeworfen. Dabei hatte ich ehrlich gesagt selbst am meisten Angst vor dem, was sich in der Büchse befand.

***

Das neue zweigeschossige Haus befand sich in einer Siedlung aus dem Zweiten Weltkrieg und war ziemlich eng für drei Erwachsene und ein Baby. Aber hier in Purfleet begann ich mit dem Hausunterricht. Einmal die Woche kam für eine Stunde eine Lehrerin ins Haus. Die meiste Zeit redeten wir und tranken Tee. Nett, aber ziemlich nutzlos. Anscheinend hatten mich alle abgeschrieben. Mit Vierzehn konnte ich grade mal meinen Namen und ein paar einfache Worte auf ein Blatt Papier krakeln: ein weiteres beschämendes Geheimnis. Langsam hatte ich einen ganzen Stapel davon.

Doch in unserer Situation erschien die Schule nicht als allzu wichtig. Alle redeten immer nur von Davids bevorstehendem Prozess, und ich versuchte, die Tage irgendwie zu überstehen.

Der Prozessbeginn wurde auf den folgenden Februar angesetzt. Bis dahin sollte David in Gewahrsam bleiben. Mum war am Boden zerstört, denn sie glaubte ihrem Goldjungen, der stur behauptete, Helens Tod sei ein Unfall gewesen. Ich hingegen war froh darüber, dass er hinter Gittern saß. Eine Sorge weniger. »Morgen besuche ich David. Kommst du mit?«, fragte Mum mich immer wieder. Jedes Mal fand ich eine Ausrede.

»Ich habe keine Zeit«, log ich. »Außerdem ist es David sicher egal, ob ich komme oder nicht.«

Mum ließ die Mundwinkel hängen. »Er braucht uns, Vicky. Seine Familie muss jetzt zu ihm halten.« Ihre Stimme zitterte. »Ich mache mir solche Sorgen um ihn.«

Sie so tief deprimiert zu sehen, zerriss mich innerlich. Ich wollte ihr sagen, sie solle still sein; er sei es nicht wert, dass man sich auch nur eine Minute um ihn sorgte. Innerlich kochte ich, wenn sie immer weiterredete. Es ist hart, wenn jemand eine Person verteidigt, von der man selbst weiß, wie böse und verlogen sie ist.

»Er ist ein großer Junge, Mum. Er kommt schon klar«, brachte ich am Ende hervor. Dann verließ ich den Raum. Im Kopf setzte ich hinzu: »Und er verdient deine Liebe nicht.« Ich hasste mich, weil ich zu schwach war, endlich alles zu sagen, brachte es aber nicht fertig, meiner Familie das Leben noch schwerer zu machen. Meine Eltern standen kurz vor einem Zusammenbruch; einen weiteren Schock hätten sie nicht überlebt.

Die Atmosphäre daheim war so bedrückend, dass ich möglichst viel Zeit außer Haus verbrachte und dadurch ein paar neue Leute kennenlernte. Ich war mit Jungs oder Männern zusammen, aber nie lange mit demselben. Ich suchte immer noch nach dem einen, der mir das gab, was ich suchte – meinen Ritter, meinen Prinzen, meinen Retter. Innerlich war ich eine hoffnungslose Romantikerin; äußerlich versuchte ich, möglichst unverwundbar zu wirken. Ich wurde älter und im Lauf der Zeit tatsächlich selbstbewusster und taffer. Nach allem, was ich hinter mir hatte, hatte ich nun keine Angst mehr. Meiner Einschätzung nach war ich bereits ganz unten gewesen und glaubte, mir könnte nie wieder jemand so furchtbar wehtun. David war der einzige Mensch, vor dem ich je wirklich Angst gehabt hatte. Aber das war nun vorbei. Nach seinen Taten konnte mir keiner mehr etwas anhaben. Wenn ich also im Viertel irgendwelche Schläger, Gangs oder schräge Typen traf, teilte ich mindestens so viel aus, wie ich einsteckte. Am Ende war ich es, vor der die Leute sich fürchteten! Darauf bin ich zwar nicht stolz, aber es war gut, nicht immer das bedauernswerte Opfer zu sein.

Damals fing ich an, darüber nachzudenken, was David zu dem Menschen gemacht hatte, der er war. Meine eigenen einschneidenden Erlebnisse – die ständigen Umzüge, die Vergewaltigungen, die Hänseleien, die frühe Mutterschaft – hatten mich eindeutig geprägt. Hätte David von sich vielleicht etwas Ähnliches erzählen können? Hatte er das Gefühl, von seinen Lebensumständen geformt worden zu sein? Der Gedanke, dass es zwischen uns Gemeinsamkeiten geben könnte, war mir zuwider. Er war ein brutaler Sexgangster, ich ein schüchternes kleines Mädchen, das zu schnell erwachsen werden musste. David war immer aggressiv gewesen, ich schüchtern und gehemmt. Aber ich wollte nie so werden wie er. Ich würde meine hart erkämpfte Stärke nur nutzen, um mich selbst zu schützen und die

Menschen, die ich liebte. Meinen Hass und meine Bitterkeit in Form von Aggressionen auszuleben wäre ein naheliegender Schritt gewesen. Doch ich war entschlossen, niemals einen Menschen so zu behandeln wie David es ständig mit anderen tat – niemals jemandem Schaden zuzufügen, der schwächer und verletzlicher war als ich.

Dabei hatte ich keine Hemmungen, mir selbst zu schaden. Schon seit Jahren betäubte ich mich immer wieder mit Cannabis. Und meine neuen Freunde tranken zusätzlich jede Menge Alkohol und konsumierten auch härtere Drogen. Während meine Eltern sich wie besessen mit sämtlichen Details des bevorstehenden Prozesses beschäftigten, war mir jedes Mittel recht, um nur vergessen zu können. Inzwischen benahm ich mich ganz und gar nicht mehr wie eine echte Mutter. Wenn Kirsty etwas brauchte, ging sie zu Mum. Heute verstehe ich selbst nicht mehr, was ich mir dabei dachte.

Eines Abends betrank ich mich so heftig, dass ich zusammenbrach und mitten in der Stadt auf dem Gehsteig einschlief. Irgendwann weckten mich zwei Polizisten und zerrten mich hoch. Weil ich nicht wusste, wer sie waren oder was sie wollten, wehrte ich mich heftig. Mitten im Schlaf von jemandem gepackt zu werden, erinnerte mich zu stark an das, was David mit mir gemacht hatte. Ich schlug so wild um mich, dass ich einem der Polizisten die Nase brach. Dafür bekam ich ziemlich viel Ärger. Den Rest der Nacht musste ich in einer Zelle verbringen. Genau wie mein Bruder hatte ich zugeschlagen. Und genau wie er saß ich nun hinter Gittern. Weil ich so schrecklich betrunken war, konnte ich zum Glück etwas schlafen. Doch als ich zitternd und nüchtern dort wieder erwachte, bekam ich furchtbare Angst. Ich überlegte, was mit mir passieren würde, hatte aber gehört, dass Minderjährige normalerweise nicht lange festgehalten wurden. Wer mit einem kriminellen Bruder aufwächst, kennt sich mit solchen Dingen zwangsläufig aus. Und tatsächlich erschraken die Polizisten sehr, als sie am Morgen feststellten, dass ich erst vierzehn war. Schnell schickten sie mich nach Hause.

Seit Kirstys Geburt war ich in eine Art Risikopersonen-Verzeichnis des Sozialamts eingetragen. Die Polizisten riefen dort an, und zwei Sozialarbeiter holten mich von der Wache ab. Zu Hause warf Dad mir nur einen langen, tief enttäuschten Blick zu. Mum plauderte erst freundlich mit den Sozialarbeitern, hielt mir dann aber eine Predigt darüber, wie eine junge Lady sich zu benehmen hatte. Zu meiner Schande muss ich gestehen, dass ich ihr gar nicht zuhörte. Wenn meine Eltern nicht einmal jetzt, wo er Helen getötet hatte, erkannten, was David für ein Mensch war – wie kamen sie dann dazu, mir erklären zu wollen, wie ich mein Leben führen sollte?

Die Zellennächte waren mir keine Lehre. Kurz danach war ich wieder mit ein paar Leuten unterwegs und betrank mich mit Bier und Biermixgetränken. Ein

Junge, der mir gefiel, unterhielt sich angeregt mit einer anderen Frau. Deshalb schaute ich wohl deutlich zu tief ins Glas. Ich war erst vierzehn, versuchte aber, beim Trinken mit erwachsenen Männern mitzuhalten. Irgendwann hatte ich einen Filmriss, und die Sache hätte böse enden können. Doch einer der Jungs nahm sich meiner an und fuhr mich in den frühen Morgenstunden nach Hause. Ich war zu betrunken und mir war zu schlecht, um hineinzugehen. Ich sackte auf der Türschwelle zusammen. Geweckt wurde ich vom Klirren von Flaschen, und plötzlich stand der Milchmann vor mir. Der Mann erschreckte sich fast zu Tode.

»O entschuldige, Kleine. Alles klar?« Er schob sich um mich herum.

Beschämt rappelte ich mich hoch und schleppte mich ins Haus. Mein Dad saß in der Küche. So stinksauer hatte ich ihn noch nie erlebt.

»Wo kommst du jetzt her? Weißt du, wie viele Sorgen deine Mutter und ich uns gemacht haben?« Seine Stimme wurde immer lauter.

Ich wollte in mein Zimmer flüchten und mich hinlegen. »Es tut mir leid, Dad«, presste ich hervor. Normalerweise hätte Dad es dabei belassen. Doch diesmal drückte er mich energisch auf einen Stuhl.

»Was tust du dir eigentlich an? Ich höre die unmöglichsten Geschichten über dich. Die Leute sagen, du wärest eine Nutte. Und schau dich doch mal an ... Es ist eine Schande!«, brüllte er. Die Abscheu und den Ärger in seinem Gesicht zu sehen war so niederschmetternd. Offenbar hatte er im Lauf der Nacht Todesängste um mich ausgestanden. Er kam auf mich zu, als wollte er mich schlagen. Ich flüchtete nach oben. Dass Dad so wütend auf mich war, traf mich tief. Ich hatte geglaubt, er würde immer zu mir halten, aber anscheinend hatte ich es zu weit getrieben. Ich war nicht mehr seine kleine Prinzessin. Oben in meinem Zimmer weinte ich mir die Augen aus.

An diesem Tag beschloss ich, dass sich in meinem Leben etwas ändern musste. Ich wollte nicht mehr mit Leuten zusammen sein, die einen schlechten Einfluss auf mich hatten. Ich musste mit dem Trinken aufhören und mit den Drogen. Auf gar keinen Fall sollte Dad mich noch einmal so ansehen oder so mit mir sprechen. Er war der einzige Mensch, der mich immer genau so geliebt hatte, wie ich war. Ihn zu verlieren konnte ich mir nicht leisten.

Der Prozess und die Folgen

Während Davids Prozess näher rückte, geriet mein Leben immer weiter außer Kontrolle. Heute weiß ich, dass ich auch deshalb nichts mehr hinbekam, weil ich so furchtbare Angst hatte, wie das Urteil ausfallen würde. Was, wenn er freigesprochen wurde?

Den Verhandlungen im Staatsgericht in Chelmsford blieb ich fern. Ständig erfand ich neue Ausreden. Mum glaubte, ich wollte nicht hin, weil es mir das Herz brechen würde, meinen Bruder auf der Anklagebank zu sehen. Sie deutete mein Verhalten als Zeichen, dass ich ihn trotz aller Differenzen und unserem abgekühlten Verhältnis liebte.

»Dann passt du eben auf Kirsty auf«, sagte Dad. »David wird das sicher verstehen.«

In gewisser Weise hatte er recht. Ich hasste David, und er wusste vermutlich ziemlich genau, was ich für ihn empfand. Während alle anderen glaubten, dass wir einander im tiefsten Inneren doch irgendwie lieb hatten, war ihm und mir nur allzu klar, dass unsere Beziehung auf Angst, Einschüchterung, Schmerz und Geheimhaltung basierte.

Der Prozess zog sich über vier lange Tage hin. Jeden Morgen schleppte Mum sich schluchzend ins Gericht, hoffte, ich würde mitkommen, und ließ mich am Ende mit Kirsty zurück. Abends berichtete sie detailliert, was tagsüber passiert war. Sie tat mir leid, weil sie so furchtbar litt. Mein Hass auf David wurde dadurch noch stärker. Vor Mum versuchte ich, meinen Ekel und meine Frustration zu verbergen.

»Wie geht's ihm?«, murmelte ich.

»Er sah fix und fertig aus«, flüsterte Mum fast tonlos. »Die Verhandlung belastet ihn sehr, und ich mache mir Sorgen um ihn. Bitte komm doch auch mal mit, Vicky.«

Langsam gingen mir die Ausreden aus. Doch wenn ich meine arme, zutiefst deprimierte Mutter anschaute, wusste ich, dass sie keine weiteren grausamen Wahrheiten über ihren Sohn verkraften würde. Also ließ ich mir wieder eine Ausflucht einfallen.

»Ich muss mich um Kirsty kümmern, Mum. Dass es ihr gut geht, ist doch das Allerwichtigste. David kommt schon zurecht.«

Immer wieder log ich. Mein ganzes Leben war eine Lüge. Manchmal hatte ich Angst, ich könnte eine so gute Schauspielerin werden, dass ich selbst nicht mehr wusste, wer ich war. Darin ähnelte ich Helen, die auch immer so getan hatte, als wäre alles in Ordnung und als wäre David im Grunde ein netter Kerl. Bei dem Gedanken wurde mir eiskalt.

Mum hatte David immer bedingungslos unterstützt. Bei ihm kannte sie kein Zögern und kein Wanken. Sie verteidigte ihn noch immer mit ganzer Kraft, obwohl ihm ein Mord zur Last gelegt wurde. Manchmal fragte ich mich, ob sie wohl je erkennen würde, was für ein Mensch er wirklich war. Sie trat sogar als Zeugin der Verteidigung auf, musste vor den Geschworenen von ihm erzählen und berichten, wie er am Morgen nach Helens Tod zu ihr gelaufen war und was sie dann gemacht hatte. Am Ende wurde er wegen Totschlags zu einer achtjährigen Gefängnisstrafe verurteilt. Im Zuschauerraum jubelten Helens Angehörige. Sicherheitskräfte hielten sie von Mum und dem Rest der Familie fern.

Als Mum mir sagte, wie das Urteil ausgefallen war, hätte ich am liebsten ebenfalls Hurra geschrien. Ich war so erleichtert, mein Bauch fühlte sich an, als hätte mir jemand einen viel zu engen Gürtel gelockert. Zum ersten Mal seit Jahren wich die Anspannung aus meinem Körper. Der Knoten aus Schmerz, Wut und Angst löste sich. Ich war überglücklich, dass David nun für eine so lange Zeit aus unserem Leben verbannt war. Ich war vierzehn, und einer Vierzehnjährigen erscheinen acht Jahre wie eine Ewigkeit. Doch Mum war am Boden zerstört. Tagelang weinte sie fast ununterbrochen, verließ kaum je ihr Zimmer. Dad versuchte, sie zu trösten – ohne Erfolg. Mum so viele Tränen an meinen Bruder verschwenden zu sehen war hart. Manchmal hätte ich ihr am liebsten mein Geheimnis verraten, damit sie einsah, dass er es nicht verdiente, wie sie sich quälte. Doch damals war jedes harte Wort über David für Mum wie ein Schlag ins Gesicht. Weitere schmerzhafte Wunden konnte ich ihr nicht zufügen.

Kurz nach der Urteilsverkündung stellte David einen Antrag auf Berufung. Mum hatte mir zwar gesagt, dass er das beabsichtigte, aber ich hatte nicht daran geglaubt. Wie konnte er bloß so unverfroren sein? Ich hoffte, er würde im Knast über all das Schreckliche nachdenken, was er getan hatte und wenigstens einen Anflug von Reue empfinden. Aber ich hätte David besser kennen müssen.

Drei Monate später fand im Old Bailey Gericht in London die Berufungsverhandlung statt. Diesmal wollte ich dabei sein.

»O Vicky, ich bin so froh, dass du dich endlich dazu durchgerungen hast. David wird sich unheimlich freuen, dich zu sehen«, sagte Mum. Doch ich ging nicht wegen ihm hin und noch nicht einmal für sie. Ich tat es für mich selbst, weil ich Davids dreistes Grinsen entgleisen sehen wollte, wenn sein Antrag auf Strafmilderung abgelehnt wurde. Ich wollte ihn auf der Anklagebank sitzen sehen, und ich wollte, dass er spürte, wie ich ihn anstarrte.

Doch als mein Bruder zu seinem Platz ging, schlug mir das Herz bis zum Hals. Mum hielt meine Hand und muss meinen hämmernden Puls gefühlt haben.

»Geht's?«, fragte sie. »Ich weiß, wie schwer das ist.«

Doch mein Herz raste vor allem vor Wut. Jedes Mal,

wenn ich ihn sah, war es dasselbe. Nie wurde es leichter. Zum Glück schaute David kein einziges Mal zu mir herüber. Ich spürte, wie viel Angst Mum um ihn hatte, doch in mir war nichts als Hass. Er sollte im Knast verrotten, damit er nie wieder jemandem etwas antun konnte.

Aber anscheinend lässt der Teufel die Seinen tatsächlich nicht im Stich. Es dauerte nur ein paar Minuten, und schon war Davids Haftstrafe um zwei Jahre reduziert worden. Mir blieb fast das Herz stehen. Als Begründung sagte der Richter, David sei schließlich nicht wegen Mordes, sondern wegen Totschlags verurteilt worden, und dafür wäre eine achtjährige Haftstrafe zu hart. David strahlte übers ganze Gesicht, in mir brach eine Welt zusammen, und Mum war überglücklich.

»Sechs Jahre klingt doch schon viel besser als acht, nicht wahr, Liebes?«

»Ja, stimmt, Mum.« Ich versuchte, nicht bitter zu klingen.

»Und die Anwälte meinen, bei guter Führung könnte er schon nach vier Jahren wieder draußen sein.«

»Tatsächlich?« Mein Kopf schnellte hoch. Diese Möglichkeit hatte ich noch gar nicht bedacht.

»Ja, Vicks. Wir haben keinen Grund mehr, den Kopf hängen zu lassen. Du wirst sehen: Dein Bruder ist im Nu wieder draußen und spielt mit seiner kleinen Nichte.«

Mir gefror fast das Blut. Mum gab mir eine ihrer seltenen Umarmungen, aber mir war das einfach alles zu viel. Allen guten Vorsätzen zum Trotz drehte ich mir zu Hause gleich einen Joint und rauchte ihn. Mein Geist zerfloss, ich war betäubt.

In den nächsten Jahren rauchte ich immer mehr Cannabis. Manchmal bis zu zehn oder fünfzehn Joints am Tag. Ich war ständig zugedröhnt, und so wollte ich es haben. Heute weiß ich, dass ich damals schwer abhängig war. Seit meinem dreizehnten Lebensjahr nahm ich die Welt nur noch durch einen rauchigen Schleier wahr. Für mich inzwischen der Normalzustand. Mehr denn je fühlte ich die Notwendigkeit, alles Geschehene zu verdrängen. David mochte zwar für ein paar Jahre aus dem Weg sein, doch was er mir angetan hatte, war immer noch da. Noch immer hatte ich Albträume, in denen ich die grauenhaften Nächte ständig neu durchlebte, und Davids Gesicht stand mir andauernd vor Augen. Ich konnte einfach nicht vergessen. Dass alles gut wäre, wenn David weggesperrt war, hatte ich mir nur vorgemacht. Ganz gleich, wo mein Bruder sich befand – in meinem Kopf war er immer präsent. Er spukte darin herum wie ein lebendes Gespenst.

Doch nicht allein mein Bruder trieb mich in die Sucht. In den heruntergekommenen Wohngegenden, in denen ich aufwuchs, gab es keinen Ehrgeiz, keine Ambitionen. Keiner strebte nach Bildung oder einer besseren Zukunft. Die meisten Leute tranken sich um den Verstand oder dröhnten sich mit Cannabis zu bis unter die Schädeldecke. Auch härtere Drogen gehörten zum Alltag. Es gab zwar die eine oder andere Ausnahme, aber ich als Teenagermutter war nicht stark genug, gegen die Strömung zu schwimmen. In meiner wirren Vorstellungswelt schien Cannabis das einzige Mittel zu sein, was mich vor dem schleichenden Wahnsinn bewahrte. Dabei hielt die Droge mich in Wirklichkeit davon ab, die Dinge so zu sehen, wie sie wirklich waren. Ein Teufelskreis. Einerseits wollte ich nicht so enden wie mein Bruder, andererseits wusste ich nicht, wie ich das verhindern sollte.

Wahrscheinlich war es kein Zufall, dass die Beziehung zu meiner Mutter immer schlechter wurde, je mehr Drogen ich nahm. Ich konnte ihr weder verzeihen, dass sie David weiterhin bedingungslos unterstützte, noch ertrug ich, wenn sie mir erklärte, was ich tun und lassen sollte.

Eines Tages hatten Mum und ich einen blöden Streit, weil ich immer wieder zu spät nach Hause kam. Anstatt zu bleiben und die Sache auszudiskutieren wie eine Erwachsene, packte ich Kirsty in den Kinderwagen, nahm Ben an die Leine und ging spazieren. Stundenlang blieben wir weg, hockten auf irgendwelchen Stufen und schaukelten im Park. Mein kleines Mädchen wurde größer, und es machte Spaß, mit Kirsty zusammen zu sein. Doch das war nicht der Grund, weshalb ich mit ihr spazieren ging. Ich wollte Mum damit bestrafen – ihr wehtun. Es funktionierte. Als ich endlich nach Hause kam, war sie in Tränen aufgelöst.

»Mach das bloß nicht noch mal! Wie kannst du Kirsty einfach so mitnehmen und ewig wegbleiben?«, schrie sie. Ich zog eine Grimasse und wollte sie stehen lassen. Doch Mum riss völlig unvermittelt die Hand hoch und verpasste mir eine Ohrfeige. Ein paar Sekunden lang starrte ich sie an. Dann schlug ich zurück. Bis heute weiß ich nicht, wie ich die Hand gegen meine eigene Mutter erheben konnte. Ich war von allen guten Geistern verlassen. Über Jahre aufgestaute Wut, Frustration und Eifersucht brachen sich Bahn – Mum und ich prügelten uns im Wohnzimmer wie die Gassenjungen. Wäre es nicht so entsetzlich gewesen, müsste man darüber lachen. Wir stürzten zu Boden, rollten übers Sofa. Allerhand Kleinkram flog durchs Zimmer. Zum ersten Mal im Leben wollte ich meiner Mutter wirklich körperliche Schmerzen zufügen, sie dafür bestrafen, dass sie mich nicht beschützt und Davids Lügen nicht durchschaut hatte. Keine von uns beiden gab nach. Wir hörten erst auf, als uns alles wehtat und wir nicht mehr konnten.

Später am Abend starrten uns im Bus die Leute an. Mum und ich hatten stundenlang nicht miteinander gesprochen, aber plötzlich trafen sich unsere Blicke, und wir fingen an zu lachen. Das Gift sickerte aus uns heraus. Beide hatten wir Veilchen, Kratzer, verstauchte Handgelenke und blaue Flecken.

»Wir sehen aus wie nach zehn Runden gegen Tyson«, lachte Mum. Ich griff nach ihrer Hand und hielt sie fest.

Doch wieder einmal hielten meine Scham und meine Reue nicht lange an. Ich war völlig außer Rand und Band. Mum konnte mir nicht helfen, und Dad war immer bei der Arbeit, damit genügend Geld da war, um uns irgendwie über Wasser zu halten. In lichteren Momenten merkte ich sogar selbst, dass es mit mir bergab ging. Drogen waren nicht mein einziges Problem. Ich suchte so verzweifelt nach Liebe, dass mir jeder Selbsterhaltungstrieb abhandenkam. Ein solcher Zustand wäre für jeden Menschen gefährlich gewesen. Aber für ein sehr junges Mädchen mit einer schwierigen Vergangenheit noch viel mehr.

Mit siebzehn traf ich Mark. Er war zehn Jahre älter als ich, aber wir verstanden uns sehr gut. Mark wohnte um die Ecke, und wir hatten gemeinsame Freunde. Er war groß, hatte rotblondes Haar, und die jüngeren Jungs blickten zu ihm auf. Dass er sich für mich interessierte, schmeichelte mir, und ich war bereit, alles zu tun, damit es so blieb. Doch dann fiel ich leider wieder in mein altes Muster zurück: Sehr schnell glaubte ich, Mark wäre der Mann, mit dem ich den Rest meines Lebens verbringen würde. Ich dachte allen Ernstes, er sei mein Ticket zum großen Glück. Er war nett, selbstsicher und schien fürsorglich zu sein. Und erneut bildete ich mir ein, die einzige Möglichkeit, mir das Interesse dieses

Mannes zu sichern, sei, mit ihm zu schlafen. Der Plan ging zunächst auf, doch nach zwei Monaten stellte ich fest, dass ich schwanger geworden war. Ich war gleichzeitig schockiert, ärgerte mich über mich und hatte Angst. Denn ich wusste, dass ich Kirsty keine gute Mutter gewesen war und mich in den letzten Jahren sehr unverantwortlich verhalten hatte. Wie sollte ich mit einem zweiten Kind zurechtkommen? Würde ich es jetzt besser machen? Ein Teil von mir glaubte tatsächlich, diesmal würde alles anders. Ich war nicht mehr das verstörte kleine Mädchen, das keine Ahnung hatte, was mit ihm passierte. Dafür gingen nun meine romantischen Träumereien mit mir durch. Ich wollte eine Familie mit Mark an meiner Seite, wollte uns ein liebevolles Zuhause schaffen. Nach und nach reifte in mir das Gefühl, dass diese Schwangerschaft der Einstieg in diese Art von Leben sein konnte.

Der Rest der Familie war alles andere als begeistert.

»Dem Kind wird es nicht anders ergehen als Kirsty«, sagte Tante Chris.

»Wie meinst du das?«, fuhr ich sie an.

»Kirsty hat es doch gut.« Dad versuchte zu schlichten.

»Stimmt. Aber eine Vorzeigemutter warst du in letzter Zeit nicht gerade«, gab Mum zu bedenken. »Die meiste Arbeit ist an mir hängen geblieben.«

»Wie ihr meint. Aber eine Abtreibung kommt nicht infrage.« Es war mir ernst. »Ich und Mark werden diesmal alles richtig machen.«

Aber wie so oft in meinem Leben ging nicht alles nach Plan.

Ich hatte gehofft, Mark würde sich für uns freuen. Stattdessen warf er vor Ärger und Frust einen Aschenbecher quer durchs Zimmer. In diesem Moment erinnerte er mich an David, wenn er die Beherrschung verlor und brutal wurde. Mehr brauchte ich nicht zu sehen. Das öffnete mir gründlich die Augen. Mit so einem Vater sollte das Kind nicht aufwachsen. Ich wollte dieses Baby, und ich wollte eine gute Mutter sein. Die kleine Kirsty war zu einem Zeitpunkt in mein Leben geplatzt, als mein Kopf voller Hass und Angst gewesen war. Diesmal fühlte ich mich viel stärker. Egal, wie meine Träume und Hoffnungen aussahen, meine Kinder mussten die wichtigsten Menschen in meinem Leben sein. Wegen meiner verzweifelten Suche nach Zuwendung hatte ich aus den Augen verloren, was wirklich zählte. Ich nahm mir fest vor, dass das nie wieder passieren würde.

Mark und ich blieben auch während der Schwangerschaft in Kontakt und wurden Freunde. Zudem verlief die Schwangerschaft ganz anders als die erste. Ein Baby in mir zu spüren war wunderbar. Jeder Tritt, jede Bewegung war aufregend und machte mich glücklich. Kirsty liebte ich von Herzen, doch es war eine riesige Freude, ein lebendes und sich entwickelndes Wesen in mir zu tragen, das nicht unter so schrecklichen Umständen gezeugt worden war wie sie.

Ich war siebzehn, Single und erwartete mein zweites Kind. Meine romantischen Träume mochten geplatzt sein, doch Davids Liebesleben lief bestens. Obwohl er wegen Totschlags im Knast saß, würde er bald heiraten. Als ich davon erfuhr, zitterten meine Knie so sehr, dass ich mich setzen musste. Eine seiner Freundinnen aus der Schule hatte von seiner ersten Verurteilung in der Zeitung gelesen und Kontakt mit ihm aufgenommen. Erst schrieben die beiden einander, dann besuchte sie ihn. Jetzt war von Heirat die Rede, und ich wusste nicht, ob ich lachen oder weinen sollte. Einerseits machte mich der Gedanke krank, dass er sein Glück finden würde, während ich wieder alleine war. Ein anderer Teil von mir fand die Sache geradezu absurd. Wie konnte Nicola nur so naiv sein? Er saß wegen Totschlags im Knast!

David zu sehen war das Letzte, was ich in meinem Zustand wollte. Aber vor der Hochzeit konnte ich mich nicht drücken. Mum und Dad ließen sich durch keinen meiner Ausflüchte erweichen. In ihren Augen war die Hochzeit meines Bruders der wichtigste Tag in seinem Leben. Warum in aller Welt wollte ich denn nicht dabei sein? Mum gab sich die größte Mühe, mich für das freudige Ereignis zu begeistern. Sie sprach über Nicolas Kleid und darüber, was ich anziehen sollte. Doch ich dachte mit Grausen an die bevorstehende Zeremonie. Was für eine fürchterliche Charade – so zu tun, als wäre die Hochzeit des Mannes, der mich vergewaltigt hatte und der die Schuld am Tod meiner Freundin trug, für mich ein Grund zum Feiern. Ich spielte mit dem Gedanken, den großen Augenblick auf dem Standesamt zu nutzen, um öffentlich eine Mitteilung zu machen. In meinen kühnsten Träumen verwandelte ich den schönsten Tag meines Peinigers in seinen schlimmsten.

Doch egal, was ich mir ausmalte – in Wirklichkeit hatte ich nur panische Angst davor, mit David im selben Raum zu sein, und konzentrierte mich nur darauf, mich so weit entfernt von ihm wie möglich aufzuhalten. Zum Glück war Mark bereit, mich zu begleiten.

»Danke. Du musst einfach nur bei mir sein – immer, den ganzen Tag lang. Familienfeiern ertrage ich nicht«, log ich ihm vor. Ich brauchte so viel Schutz und Deckung wie nur möglich.

David hatte fast drei Jahre seiner Strafe abgesessen, als er für die Hochzeit für ein paar Stunden aus dem Knast durfte. Das passierte im Jahr 1992, und im Standesamt von Ely versammelten sich etwa 20 Angehörige. Am Morgen der Hochzeit versuchte ich noch ein paar Mal, mich aus der Affäre zu ziehen.

»Ich fühle mich nicht besonders, und ich glaube, Kirsty hat Fieber«, sage ich zu Mum. »Vielleicht ist es besser, wir bleiben hier, bevor wir alle anstecken.«

»Keine Sorge, Vicks. Ich habe ein Auge auf euch beide«, entgegnete sie. Sie war so glücklich über Davids Hochzeit, dass sie gar nicht aufhören konnte zu lächeln.

Immer wieder sagte sie, vielleicht sei die Hochzeit der Neuanfang, den er brauchte. Ich wollte schreien.

»Es macht mir wirklich nichts aus, zu Hause zu bleiben ...«

Mum fixierte mich streng. »Nach allem, was dein Bruder durchgemacht hat, wirst du ihn nicht ausgerechnet heute versetzen, Vicks. Herrje, was hat er dir denn nur getan?«

Wenn ich es ihr gegenüber nur hätte aussprechen können. Doch die Angst davor, David bald gegenüberzustehen, setzte mir so zu, dass ich schließlich nur benommen meine Schuhe holte. Die artige kleine Vicky tat wieder mal genau das, was man von ihr erwartete. Und sie hielt den Mund.

Den ganzen Tag über hing ich wie eine Klette an Mark. Sicher wunderte er sich über mein seltsames Verhalten, aber er war mir eine große Hilfe, und David sah ich fast nicht. Mein Bruder spielte die Rolle des verliebten Bräutigams so gut, dass er nur Augen für Nicola hatte. Ich kannte die Braut kaum, kam aber vor Sorge um sie fast um. Was sollte David davon abhalten, auch ihr etwas anzutun? Stundenlang kämpfte ich mit mir, ob ich die junge Braut irgendwie warnen sollte. Aber dass mein Bruder wegen Totschlags verurteilt war, wusste sie ja. Was konnte ich denn sonst noch tun? Am Ende verzog ich mich mit Mark in eine Ecke, und wir verließen die Feier, sobald wir eine Möglichkeit fanden. Nach der Zeremonie brachten die Aufseher David ins Gefängnis zurück, und ich konnte wieder atmen.

Ein paar Wochen später, am 30. März 1992, setzten die Wehen ein. Dad fuhr mich ins Krankenhaus, Mark wartete draußen, Mum hielt mir auf der Geburtsstation die Hand. Wenn man bedenkt, wie jung ich bei Kirstys Geburt war und wie sehr sie meinem Körper zugesetzt hatte, ging diesmal alles erstaunlich leicht. Kein Trauma, keine Verletzungen – das Baby rutschte einfach so heraus.

So kam mein zweites wunderschönes Mädchen zur Welt. Ich nannte sie Alicia Avril Winifred. Sie war einfach perfekt. Diesmal durfte ich noch am selben Tag nach Hause. Es war unfassbar, wie anders alles verlief. Wieder war ich Mutter geworden, und kein David bedrohte mein Glück. Noch nicht.

Ein paar Wochen später wurde ich achtzehn – ein Tag fast wie jeder andere. Für eine erschöpfte zweifache Mutter wäre es ein bisschen albern gewesen, den Eintritt in die Volljährigkeit mit einer großen Party zu feiern. Weil ich gezwungen gewesen war, fast über Nacht erwachsen zu werden, hatte ich diesen Zustand meiner Meinung nach schon vor Jahren erreicht. Mein ganzes Leben drehte sich im Augenblick um mein Neugeborenes, und ich war entschlossen, dafür zu sorgen, dass auch diesem Kind niemand je so wehtun würde wie David mir.

Doch die Freude über meine beiden süßen Mädchen wurde von einer dunklen Wolke am Horizont getrübt. Alicia war erst ein paar Monate alt, als Mum mich ganz außer Atem von unterwegs aus anrief.

»Ich habe wunderbare Neuigkeiten, Liebes!«

Tausend Gedanken schossen mir durch den Kopf. Hatten meine Eltern im Lotto gewonnen? Hatte Dad einen neuen Job?

»Das freut mich, Mum. Es war höchste Zeit, dass ihr auch mal ein bisschen Glück habt.«

»Es geht um David.« Ihre Stimme klang glücklich und warm, doch mein Herz fühlte sich plötzlich an wie ein Eisklumpen. »Ach?«, krächzte ich mühsam.

»Ja, gerade kam der Anruf. Er wird früher entlassen. Er könnte jeden Tag rauskommen. Ist das nicht fantastisch? Ich freue mich so für ihn und Nicola. Und endlich kann er seine neue kleine Nichte sehen.«

»Ja, schön.« Ich versuchte, gefasst zu bleiben und nicht zu zeigen, wie sehr meine Stimme in Wirklichkeit zitterte. »Ich muss aufhören, Mum. Ich muss Alicia füttern.« Nach dem Auflegen erstarrte ich. Wie eine Gipsfigur stand ich da, überwältigt von der Angst vor der Zukunft. Der Albtraum fing wieder von vorne an; doch jetzt musste ich zwei kleine Mädchen beschützen.

Auch während Davids Haft war das Leben nicht leicht gewesen, wenn auch längst nicht so stress- und angstbeladen. Jetzt konnte mein Bruder wieder jederzeit hereinspazieren. Damit begann ein neues Kapitel in meinem Leben. Seit Davids Verurteilung hatte ich mich sehr verändert. Jetzt würde ich ihm als Erwachsene und zweifache Mutter gegenüberstehen, war eine viel stärkere Persönlichkeit geworden. Trotzdem konnte ich mich nur nervös fragen, wie ich damit zurechtkommen würde, wenn er wieder in unser Leben trat.

Auf Wiedersehen, Dad

Zuerst hatte ich gefürchtet, David könnte nach seiner Freilassung bei uns wohnen, weil Mum ihn sicherlich mit offenen Armen empfangen würde. Diskret versuchte ich herauszufinden, was er plante, kam aber nicht weit. Erst als Mum und ich in der Woche seiner Entlassung einmal zusammen beim Frühstück saßen und Kirsty fütterten, seufzte Mum plötzlich auf. »Nur damit du es weißt«, sagte sie. »David hat sich entschieden, nicht nach Hause zu kommen. Er wohnt bei seinem Kumpel Tim.«

Am liebsten wäre ich vor Erleichterung in die Luft gesprungen.

»Ach.« Aufatmend ging ich weg. Alles war gut, solange David nur weit genug von meinen Töchtern und mir entfernt lebte.

Auch zwei Wochen nach seiner Entlassung hatte er unseren Eltern noch keinen Besuch abgestattet. Mum sehnte sich verzweifelt nach ihm, und obwohl ich ihre Gefühle ganz und gar nicht teilen konnte, tat sie mir leid. Das war typisch für David. Dass seine Eltern auf ihn warteten, kümmerte ihn nicht, obwohl sie die ganze Zeit über unerschütterlich zu ihm gehalten hatten.

Am Ende der zweiten Woche war Mum völlig außer sich und beschloss, zu Tims Wohnung zu fahren, wenn

David schon nicht zu uns kam. Ich hoffte, sie würde das mit Dad zusammen tun und mich mit Kirsty und Alicia zu Hause lassen. Doch sie bestand darauf, dass wir mitkamen.

»Ach Mum. Wir interessieren ihn doch gar nicht«, sagte ich. »Wahrscheinlich will er nur mal wieder mit euch beiden zusammen sein.«

Aber Mum blieb hart.

»Sei nicht albern. Sicher kann er es gar nicht erwarten, dich zu sehen«, gab sie zurück. Auf keinen Fall konnte ich ihr sagen, dass ich genau das befürchtete.

Am nächsten Tag beschloss Dad, dorthin zu fahren. Während er und Mum den Wagen beluden, schlich ich zurück in mein Zimmer und warf einen LSD-Trip ein. Leichtfertig und verantwortungslos. Ein Freund hatte die Tabletten in der vergangenen Woche vorbeigebracht, doch ich hatte mich noch nicht getraut, sie auszuprobieren. Ich kann mir vorstellen, was für einen Eindruck ich damit erwecke. Doch in der Welt, in der ich aufgewachsen war, waren Drogen nichts Besonderes, und in diesem Augenblick wollte ich nur raus aus meinem eigenen Kopf. Ich wusste, dass das LSD mir eine völlig andere Selbstsicht verschaffen, meine Gefühle betäuben und mich somit für ein Treffen mit David wappnen würde. Das Zeug wirkte sofort. Meine Angst, mein Zeitgefühl und meine Selbstwahrnehmung veränderten sich komplett. Mein Inneres fühlte sich an wie umgekrempelt, und ich war ein neuer Mensch. Gleichzeitig war ich so zugedröhnt, dass ich während der gesamten Fahrt keinen Ton sagte.

Als wir bei Tim ankamen, blieb ich mit Kirsty und Alicia draußen und schaute zu, wie sie im Gras spielten. Ich setzte keinen Fuß ins Haus. Das brachte ich nicht fertig. Die Tatsache, dass meine Eltern drinnen mit David über seine Pläne für das Leben nach dem Knast redeten, drehte mir fast den Magen um. Dank der Droge hatte ich es zwar geschafft, in den Wagen zu steigen, doch allein Davids Stimme zu hören führte dazu, dass mir schlecht wurde. Also blieb ich draußen. Nach einer Weile kam Mum heraus.

»Vicks, was soll das? Es ist eiskalt!« Sie verschränkte die Arme vor der Brust.

»Aber den Mädchen gefällt es hier.« Mein Kopf war wattig vom LSD, doch als David sich durch die Tür schob und seinen Blick in mich bohrte, gefror mir das Blut.

»Vicky hat bloß mal wieder eine ihrer seltsamen Launen«, sagte Mum aufgekratzt. »Aber mach dir nichts draus. Du hattest gerade von deinen Plänen gesprochen.«

»Na ja, Nic kennt ein paar Leute, die vielleicht einen Job für mich haben.« Seine Augen hingen noch immer an mir und meinen kleinen Mädchen. »Es ist definitiv Zeit für einen Neuanfang.«

Mein Magen zog sich vor Angst zusammen. Ich stand da wie festgenagelt.

»Was treibt ihr denn alle da draußen?«, rief Dad. »Der Tee ist fertig.«

Mum schob David wieder hinein. Sie konnte die Hände nicht von ihm lassen. So als könnte sie nur, indem sie ihn anfasste, glauben, dass er tatsächlich frei war und zurück bei seiner Familie. Auch ich fand das ziemlich surreal.

Als es Zeit war zu gehen, marschierten wir alle zum Wagen. Ich hielt den Kopf gesenkt, damit Davids Blicke und meine sich nicht kreuzten. Doch Mum rief meinen Namen.

»Willst du dich denn nicht von deinem Bruder verabschieden, Vicky?«

Meine Bauchmuskeln spannten sich an. »Ehm. Ja. Klar. Tschüss.« Tränen brannten mir in den Augen. In diesem Moment schauten David und ich uns kurz an. Ich sah die Häme in seinem Blick. Er tat mir wieder weh, und das machte ihm Spaß.

»Tschüss, Vicky. Pass gut auf dich auf.« Das klang wie eine Drohung.

Schwindelig vor Angst, riss ich den Blick von ihm los. David war frei, und ich saß in der Falle.

Ich weiß nicht, was passiert wäre, wenn ich nicht in diesem Augenblick Tim bemerkt hätte. In einem der schlimmsten Momente meines Lebens stand er plötzlich da und lenkte mich von meinem Elend ab. Er und David waren schon seit der Schule befreundet. David hatte Tim öfter erwähnt, aber begegnet waren wir uns noch nie. Tim sah umwerfend aus. Meine Augen saugten sich an ihm fest. Gemeinsam mit dem LSD sorgte das Adrenalin in meinem Körper dafür, dass Tim mir plötzlich wie die Antwort auf all meine Gebete erschien. Und eines stand fest: Ich brauchte dringend jemanden, der mich vor David schützte – und vor mir selbst.

Mit achtzehn Jahren war ich schließlich schwer drogenabhängig. Nur so konnte ich meinen quälenden Gedanken entkommen. Zwar sagte ich mir nicht bewusst: »Ich nehme die Drogen, weil David mir das angetan hat«. Doch heute weiß ich, dass das meine Art war, mit den höllischen Erinnerungen an die Vergewaltigungen umzugehen.

Zusätzlich zum Cannabis nahm ich Speed und LSD, so oft ich an das Zeug kam. Das klingt sicher furchtbar, und die meisten Leute hätten mich als Junkie abgeschrieben. Doch ich selbst sah mich gar nicht so. Drogen waren überall im Viertel so leicht zu kriegen, dass der Griff danach fast unausweichlich schien. Und seit David frei war, wollte ich nur noch um jeden Preis die lähmende Angst davor loswerden, was er mir antun könnte, um sich mein Schweigen zu sichern.

In den nächsten Wochen rief David regelmäßig bei Mum an. Mum liebte ihren Sohn, und er suchte ihre Unterstützung bei seinen Alltagsproblemen. Einmal nahm ich den Hörer ab, und er war am Apparat.

»Hallo?« Stille. »Hallo«, sagte ich noch einmal.

»Mum da?«, leierte er. Mein Magen drehte sich. Schon der Klang seiner Stimme reichte aus, um mich in Panik zu versetzen. Deshalb legte ich einfach auf und beschloss, in Zukunft nicht mehr ans Telefon zu gehen.

Aber nicht nur mein Bruder rief an.

»Vicky, Tim ist am Telefon. Er will mit dir sprechen«, rief Mum eines Tages.

Erst konnte ich es nicht glauben, doch bald telefonierten wir regelmäßig – redeten und flirteten. Tim arbeitete als Lastwagenfahrer, und wenn er gerade in der Nähe zu tun hatte, kam er vorbei. Ein Mann war die beste Ablenkung für mich. Mit Tim im Kopf konnte ich meine Furcht vor David ein wenig verdrängen. Eine Zeit lang zumindest.

Im Sommer 1992 zog ich mit meinen Eltern und den Mädchen nach West Thurrock und beschloss, mir dort eine eigene kleine Wohnung zu besorgen. Einfacher machte ich mir das Leben damit sicher nicht, doch immer mit Mum und Dad zusammen und dabei doch selbst Mutter zu sein gab mir das Gefühl, nie wirklich erwachsen werden zu können. Abgesehen davon entwickelte meine Beziehung mit Tim sich ganz gut, und ich fing wieder an, von einer eigenen kleinen Familie zu träumen.

»Ich lasse mich auf die Warteliste für eine Sozialwohnung setzen, Mum«, sagte ich eines Tages nervös.

Erst nach einer Weile blickte sie auf. Sie hatte ein Lächeln im Gesicht.

»Ich wusste, dass der Zeitpunkt irgendwann kommen würde«, sagte sie.

Dad kam zu mir und umarmte mich. Ich war achtzehn und traute mir zu, auf eigenen Füßen zu stehen. Solange Tim und meine Eltern mich dabei unterstützten.

Blieb die Frage, wo Kirsty wohnen sollte. Sie war zwar meine Tochter, aber aufgezogen hatte sie Mum. Weil ich bei Kirstys Geburt so jung gewesen war, war zwischen den beiden fast wie selbstverständlich ein besonderes festes Band entstanden. Der Altersunterschied zwischen Kirsty und mir betrug nur dreizehn Jahre. Deshalb waren wir eher wie Schwestern als wie Mutter und Tochter. Kirsty nannte ihre Oma »Mum«, mich aber »VickySchwester-Mum«. Anfangs hatte mir das nichts ausgemacht. In den harten ersten Jahren war ich froh gewesen, dass Mum für sie da war. Aber langsam wurde die Situation schwieriger. Jetzt war Alicia da, und ich war eine viel selbstbewusstere Mutter. Ich wollte Kirsty bei mir haben. Mein Traum war es, ihr und Alicia ein geordnetes Zuhause zu bieten. Und – wenn alles nach Plan lief – auch einen Vaterersatz. Einen Mann, der sie so lieben würde, wie mein Vater mich geliebt hatte. Aber war Kirsty bei einer sehr jungen Mutter, die sich auch noch um ein Baby kümmern musste, tatsächlich gut aufgehoben? Wie konnte ich Kirsty von Mum wegholen, wo ich doch wusste, wie sehr die beiden aneinander hingen? Und wie sollte ich meine Tochter schützen, wenn ich nicht einmal mich selbst schützen konnte? Diese Fragen beschäftigten mich sehr, und als Mum fragte, ob Kirsty dann weiter bei ihr leben könnte, willigte ich ein.

»Gute Idee, Mum«, sagte ich. »Kirsty ist bei dir am besten aufgehoben, und ich wohne ja sowieso gleich um die Ecke.«

Leider galt das auch für David.

Etwas später im selben Jahr zog ich mit Alicia in mein erstes eigenes Heim. Ein großer Schritt. Die Wohnung lag in der Roseby Road, zwei Meilen von meinen Eltern entfernt. Das war weit genug weg, um mich unabhängig zu fühlen, aber doch so nahe, dass wir zusammen Tee trinken oder zu Abend essen konnten. Mum, Dad und ich sahen uns weiterhin täglich, und Tim kam vorbei, wann immer er konnte. Kirsty verbrachte jedes zweite Wochenende bei mir. Ich machte immer viel Wirbel um sie, wenn sie da war. Die kleine Alicia konnte ich früh ins Bettchen legen. Dann machten Kirsty und ich es uns auf dem Sofa gemütlich und redeten. Wir kicherten über die albernsten Dinge – darüber, was die Hunde angestellt hatten oder wie Mum das Essen anbrennen ließ, weil sie sich angeregt mit jemandem unterhielt. Meine Tochter so munter drauflosbrabbeln zu hören, war schön. Wenn man bedachte, was wir alles durchgemacht hatten und in welcher Situation wir uns befanden, war es erstaunlich, wie eng verbunden wir uns fühlten.

Der größte Vorteil der neuen Wohnung bestand aber darin, dass ich Tim nun ganz privat sehen konnte. Mit der Zeit wurde er mir immer wichtiger, und ich genoss es sehr, mit ihm zusammen zu sein. Mein Wunsch nach einer richtigen eigenen Familie wurde immer stärker, immer öfter dachte ich daran, wie schön das wohl wäre. Mit einer Wohnung, Kindern und einem Mann, den ich liebte. Doch ich glaube, ich stellte mir viel schneller als Tim eine ernste und sehr feste Beziehung zwischen uns vor. Äußerlich mochte ich erwachsen sein; innerlich war ich jedoch nach wie vor das ängstliche kleine Mädchen auf der Suche nach dem Märchenprinzen, der mich Tag und Nacht beschützen würde.

***

Doch es gab noch weitere Hindernisse auf dem Weg zu einem märchenhaften Happy End. Zwischen Tim und mir stand keine garstige Hexe, sondern mein böser Bruder. Tim sprach gelegentlich über ihn. Schließlich waren er und David Freunde. Aber ich sorgte immer schnell dafür, dass er das Thema wechselte. »Müssen wir uns unbedingt über einen Verbrecher unterhalten?«, scherzte ich und hoffte, dass Tim nicht merken würde, wie ernst es mir in Wirklichkeit war. Hin und wieder schlug Tim vor, David könnte mit zu mir kommen. Dann protestierte ich so heftig wie möglich, sagte, die Kinder seien im Bett, und behauptete, David sei viel zu laut. Am Ende trafen die beiden sich dann woanders. Den Mann anzulügen, den ich liebte, fiel mir schwer. Doch das Wichtigste war und blieb für mich, David von meinen Mädchen fernzuhalten.

Ein weiteres Problem zwischen Tim und mir war die Eifersucht. Normalerweise hatte ich damit kein Problem, doch Tim sah einfach umwerfend aus. Wer ihm außer mir noch gefiel und wem er sonst noch gefallen könnte, verunsicherte mich sehr, weil ich so ein geringes Selbstbewusstsein hatte. Ständig kämpfte ich mit meinem Gewicht, und mit den zwei Kindern kam ich mir manchmal richtig hausbacken vor. Wie sollte ich mit den unbeschwerten jungen Mädchen konkurrieren, deren größte Sorgen Shoppen und Promi-Tratsch waren?

Trotz meiner Eifersucht war unsere Anfangszeit ein Traum.

David lebte anfangs mit seiner Frau zusammen. Aber kaum hatte er in der Freiheit Fuß gefasst, schon trennten sich die beiden. Was genau zwischen ihnen gelaufen war, erfuhr ich nie. Doch Nicola war noch einmal glimpflich davongekommen. Ich konnte mir ehrlich gesagt nicht vorstellen, dass David sich tatsächlich aufrichtig für einen anderen Menschen interessierte. Nach der Trennung reiste er durch den Süden Englands, traf sich mit alten Freunden und zog mit ihnen durch die Gegend.

Dadurch hatte Tim viel Zeit für mich. Oft holte er mich mit dem Lastwagen ab. Dann redeten wir, lachten und liebten uns. Zum ersten Mal war ich richtig glücklich. Es war fast zu schön, um wahr zu sein. Tim war genau der Mann, von dem ich immer geträumt hatte: liebenswert, frech, groß und gut aussehend. Ein Mann, den die Frauen liebten und die Männer hassten.

Alicias Vater, Mark, war anfangs oft zu uns gekommen und hatte sich mit Alicia beschäftigt. Ich freute mich, dass wir Freunde geblieben waren, und war dankbar, dass wenigstens eines meiner Mädchen einen guten Vater hatte. Doch als ich die Beziehung mit Tim begann und diese immer enger wurde, wurde Mark sehr eifersüchtig und kam uns bald nicht mehr besuchen. Den Kontakt zu Alicia brach er zum Glück nicht ab. Doch unsere Freundschaft erlosch. Eine Zeit lang drehte sich mein ganzes Leben um Tim und die Mädchen. Nichts anderes zählte mehr.

Dann wurde Dad krank.

Dad war noch nie gerne zum Arzt gegangen. Eigentlich war er meistens gesundheitlich ziemlich fit und holte sich normalerweise nicht mal eine Erkältung. Aber gegen Ende des Jahres 1992 begann er über Brustschmerzen zu klagen. Der Arzt meinte, das sei eine Infektion und schickte ihn mit Antibiotika nach Hause. Als die Schmerzen nicht nachließen, ging Dad wieder hin. Diesmal wurde er zum Röntgen ins Krankenhaus geschickt. Nach ein paar Tagen kam das Ergebnis. Er hatte einen dunklen Fleck auf der Lunge.

Ich wusste gleich, dass das etwas Schlimmes bedeutete. Einige Familienangehörige waren bereits an Krebs gestorben. Zwar nahm niemand dieses Wort in den Mund, doch tief im Inneren hatte ich bereits den Verdacht und geriet beinahe in Panik. Für mich war Krebs gleichbedeutend mit Tod, und einen solchen Albtraum wollte ich mir nicht vorstellen. Dad zuliebe versuchte ich zwar, stark zu sein. Doch in mir klagte eine kindliche Stimme, wie unfair alles war. Nach allem, was ich durchgemacht hatte, würde ich doch jetzt nicht auch noch meinen geliebten Vater verlieren? Mein Leben war so voller Schmerz und Kummer, mir entging so viel Spaß, so viel Glück. War es denn gerecht, wenn ich jetzt auch noch so etwas erleben musste? Ich hatte das Gefühl, nur Leid zu kennen. Meine Tage wurden finster, und es sah nicht so aus, als würde sich das bald wieder ändern.

In der folgenden Woche musste Dad zu verschiedenen Tests. Ich kümmerte mich um die Mädchen, Mum war ununterbrochen an seiner Seite. Eines Abends sagte sie nach dem Essen zu mir: »Ich glaube, es ist Krebs.«

Ich sah sie an, wusste, dass sie recht hatte, wollte es aber weder glauben noch akzeptieren. Dad war immer ein kerngesunder Mensch gewesen. Wie konnte er jetzt so krank sein?

»Er ist ein Kämpfer, Mum«, sagte ich. »Er schafft das.«

Von ganzem Herzen hoffte ich, dass es tatsächlich so war.

»Sag aber nichts zu deinem Vater«, bat mich Mum. »Im Moment braucht er seine ganze Kraft, um erst mal wieder auf die Beine zu kommen.«

Dass Mum überhaupt mit mir darüber sprach, war ungewöhnlich. Über Probleme redeten wir in unserer Familie normalerweise nicht. Auch unsere Gefühle behielten wir meist für uns. Selbst wenn es richtig hart auf hart kam, vertrauten wir uns einander nicht an. Das war in unserer Familie einfach nicht üblich. Vielleicht hatte ich auch deshalb alles für mich behalten, als ich von David missbraucht worden war. Selbst Dads schwere Krankheit war nie Thema. An manchen Abenden ballte er vor Schmerz die Fäuste; sein Kopf wurde knallrot vor Anstrengung und Frust. Doch keiner brachte es fertig, etwas zu sagen. »Alles klar, Dad?«, presste ich manchmal gerade noch hervor. Dann nickte er und versuchte zu lächeln.

Dad musste noch viele weitere Untersuchungen über sich ergehen lassen, und in der dritten Woche seiner Krankheit hatte sich die Größe des Flecks auf der Lunge verdoppelt. Damit stand fest, dass es sich tatsächlich um Krebs handelte. Dabei war er noch Jahre von seinem fünfzigsten Geburtstag entfernt. Es zerriss mir das Herz. Ich war am Boden zerstört und außer mir vor Angst. Aber weil ich so war, wie ich war, gab ich mich ganz sachlich. Mum war völlig aufgelöst, doch ich weigerte mich, Gefühle zu zeigen.

»Er schafft das, Mum. Er lässt uns nicht allein«, sagte

ich. Dabei hielt ich meine weinende Mutter in den Armen. Seit Kirstys Geburt hatten meine Eltern so viel für mich getan. Ich war es ihnen schuldig, jetzt stark zu sein.

Seit ich wusste, dass Dad tatsächlich Krebs hatte, redete ich mir ein, er würde die Krankheit besiegen und bald wieder ganz der Alte sein. Dads Arzt bestellte ihn immer wieder ein, machte Tests und durchleuchtete ihn. Unendlich lange warteten wir auf die Ergebnisse; bis zur endgültigen Diagnose dauerte es eine Ewigkeit. Dabei wussten wir alle, dass man bei Krebs keine Zeit verlieren durfte. Erst nach einer dramatischen Verschlechterung sprachen die Ärzte offen mit uns.

Kurz vor Weihnachten ging Dad mit Mum und Tante Chris einen Weihnachtsbaum kaufen. »Bist du sicher, dass dir das nicht zu viel wird?«, fragte Mum. Trotz seiner Schmerzen wollte Dad, dass die Mädchen und ich ein schönes Weihnachtsfest hatten.

»Kein Problem, Avril. Ohne Baum kein Weihnachten. Und auf keinen Fall lasse ich euch das Ding allein nach Hause schleppen«, antwortete Dad. Die drei zogen los, und ich blieb mit den Mädchen zu Hause. Der Anruf kam, als ich die Küche aufräumte.

»Mum, bist du das?« Ich hörte jemanden schluchzen.

»Wir sind im Krankenhaus«, sagte sie mit brüchiger Stimme. Dad war vor Schmerzen zusammengebrochen und mit dem Krankenwagen ins Basildon Hospital gebracht worden.

»Sie wollen ihn dabehalten«, sagte Mum. »Ich habe solche Angst, Vicky.«

Ich wusste nicht, was ich sagen sollte. Wie immer in einer emotional schwierigen Situation fehlten mir die Worte. Doch mir war klar, dass Dad einen schweren Kampf vor sich hatte. Nach dem kurzen Gespräch rannte ich aus dem Zimmer, damit Alicia und Kirsty nicht merkten, wie aufgelöst ich war.

Am Nachmittag ging Tante Chris mit Mum Pyjamas für Dad kaufen. Normalerweise trug er keine Schlafanzüge, doch Mum wollte, dass er im Krankenhaus gut aussah. Als Mum ein paar Stunden später zu ihm fuhr, hatte er eine Sauerstoffmaske auf dem Gesicht und war sehr schwach. Später sagte sie mir, ein Facharzt hätte sie beiseitegenommen und ihr erklärt, wie schlecht es um Dad stünde.

»Sie wissen, dass Ihr Mann schwer krank ist?«, sagte er. »Es ist Krebs; davon können wir sicher ausgehen.« Mum wollte nicht, dass er es Dad sagte. Sie hatte Angst, Dad könnte dadurch seinen Kampfgeist verlieren und aufgeben.

»Darf ich es ihm bitte selbst sagen? Ich möchte einen günstigen Augenblick abwarten«, bat Mum. Der Arzt ließ sich darauf ein.

Das erzählte mir Mum am Küchentisch. Nervös spielte ich mit meinen Fingern. Ich hatte keine Ahnung, was ich tun oder sagen sollte.

»Ich glaube, dein Vater weiß es sowieso längst«, fügte

Mum hinzu. »Schließlich ist er nicht auf den Kopf gefallen. Aber ich kann mir nicht vorstellen, wie es ohne ihn weitergehen soll.«

»Ach Mum.« Ich nahm ihre Hand, und wir blieben einfach eine Weile so sitzen. Das Teewasser kochte, aber keine von uns konnte aufstehen. Ich konnte nicht einmal weinen.

Von nun an machte ich mich jeden Tag fertig und wollte zu Dad ins Krankenhaus fahren. Und jeden Tag brach ich bei dem Gedanken daran zusammen, wie krank mein geliebter Vater war. Konnte ich ihn denn zusätzlich mit meinen Sorgen belasten, während er um sein Leben kämpfte? War es nicht wie ein Eingeständnis, dass die Krankheit siegen würde, wenn ich ihn wie einen Schwerkranken behandelte? So schwach und verletzlich, wie er jetzt war, wollte ich meinen Vater nicht sehen. Das hätte mir das Herz gebrochen. Anstatt über seine Krankheit zu sprechen, erzählte ich den Mädchen stundenlang, was wir alles unternehmen würden, wenn es ihrem Großvater wieder besser ging und wie viel Spaß wir zusammen haben würden, wenn er wieder zu Hause war. So besuchte ich Dad kein einziges Mal im Krankenhaus. Stattdessen bemühte ich mich nach Kräften, zu Hause alles am Laufen zu halten. Mir Dad vorzustellen, wie er an Schläuchen hängend und von Monitoren umgeben schwer krank im Bett lag, tat mir einfach zu weh. Für mich war er immer der Fels in der Brandung gewesen, ein starker Mensch, mit einem ansteckenden

Lachen. Ihn in einer so hilflosen Lage zu erleben widersprach dem Bild, das ich von ihm hatte. Damit konnte ich nicht umgehen. Seit David mich vergewaltigt hatte, war ich eine Expertin im Verdrängen und Abspalten schmerzhafter Gedanken und Gefühle geworden, die mich sonst völlig überfordert und überwältigt hätten. Um morgens überhaupt aufstehen zu können, musste ich die schreckliche Wahrheit über Dads Zustand von mir fernhalten.

Eines Abends sagte Mum: »Dad sagt, er versteht, warum du ihn nicht im Krankenhaus besuchst.«

Vor lauter Erleichterung brach ich in Tränen aus. Ich weinte damals selten, und viele Leute hielten mich für gefühlskalt. Aber diesmal brachen alle Dämme. Dad wusste, wie sehr ich ihn liebte und dass er für mich der Größte war. Dass er mich trotz der schweren Krankheit immer noch so gut verstand, berührte mich tief. Es bedeutete mir unendlich viel.

Dad erholte sich auch im Lauf der nächsten Tage und Wochen nicht. Nachts, wenn ich allein war, quälten mich Gedanken an ein Leben ohne ihn. Heimlich schluchzte ich stundenlang in mein Kopfkissen. Tim wusste nicht, was er mit mir anfangen sollte, wenn es mir schlecht ging. Deshalb versuchte ich, meine Gefühle vor ihm zu verbergen. Ich weinte lieber alleine. Daran war ich gewöhnt.

Dad war der einzige Mann in meinen Leben, auf den ich mich immer verlassen konnte und der immer stark gewesen war. Ständig brannte mir die Frage im Kopf, was Mum und ich nur ohne ihn machen sollten. Das Verhältnis zwischen Mum und mir war seit jeher sehr wechselhaft gewesen, aber während Dads Krankheit rückten wir beide näher zusammen. Wir mussten als Team funktionieren, und ich war froh, dass Mum mich nicht drängte, Dad im Krankenhaus zu besuchen.

Eine Woche später ging es Dad zum Glück etwas besser. Er durfte nach Hause. Bei seinem Anblick brannten Tränen in meinen Augen. Er war so dünn und wirkte so schwach. Doch ich wollte nicht weinen und für ihn alles noch schlimmer machen.

»Ich habe dich so vermisst, Vicky.« Er umarmte mich. Die Tränen zurückzuhalten fiel mir unendlich schwer.

Mum ging mit ihm ins Southend Hospital, um eine zweite Meinung einzuholen, und dort wurde endlich etwas unternommen. Der behandelnde Arzt bestätigte, was wir alle längst wussten – dass Dad Krebs hatte. Er setzte sofort eine Bestrahlungstherapie und eine Chemotherapie an. Es war höchste Zeit. Zuvor hatten wir das Gefühl gehabt, dass Dad den Ärzten egal war. Für sie waren wir bloß irgendeine Familie aus einer Sozialsiedlung. Jetzt endlich erhielt Dad die Behandlung, die er dringend brauchte. Wir konnten nur hoffen, dass sie noch wirkte und nicht zu spät kam.

Dads Zustand nahm ich wie durch einen Nebel wahr, so als passiere das alles einer anderen Familie. Die Situation erschien mir einfach nicht real. Deshalb übernahm ich sämtliche häuslichen Pflichten, während Mum bei Dad blieb und ihn unterstützte.

Nach ein paar Wochen konnte Dad nicht mehr laufen und war sehr deprimiert. Die Ärzte bestätigten, dass er einen Rollstuhl brauchte und nie wieder Autofahren könnte. Wochenlang wurde er im Krankenhaus behandelt, dann durfte er für eine Weile nach Hause.

Einer unserer Freunde brachte es unverblümt auf den Punkt. »Schicken Sie Len jetzt zum Sterben nach Hause?«, fragte er den Arzt. Doch niemand wollte sich festlegen.

»Die Zeit daheim mit der Familie wird ihm guttun«, sagte der Doktor nur.

Bevor Dad nach Hause kommen sollte, gingen Tim und ich zu Mum hinüber, um nachzusehen, ob wir ihr helfen konnten. Wir überraschten sie dabei, wie sie das Bett aus ihrem Schlafzimmer ganz allein ins Esszimmer schleppen wollte. Sie gab sich auch so viel Mühe, stark zu bleiben. Tim und ich kümmerten uns natürlich sofort um das Bett. Doch es unten im Erdgeschoss stehen zu sehen hatte etwas furchtbar Endgültiges. Wir wussten, Dad würde es nie wieder nach oben schaffen.

Dass David wegen Dads Krankheit so oft zu Hause war, machte alles noch schlimmer. Vermutlich hatte er doch ein Herz, aber ich weiß nicht, wie nahe ihm die Situation tatsächlich ging. Ich konnte mir einfach nicht vorstellen, dass er für einen anderen Menschen irgendetwas empfand. Obwohl es schwer war, David so häufig zu sehen, konzentrierte ich mich vor allem auf Dad. Solange ich mich mit ihm und den Mädchen beschäftigte, konnte ich die Gedanken an meinen Bruder ausblenden.

Doch auch als er zu Hause war, fand ich es schwer zu ertragen, meinen Vater so krank zu sehen. Eines Tages schaffte ich es, mich zu ihm auf die Bettkante zu setzen und seine Hand zu nehmen.

»Du siehst gut aus, Liebes«, krächzte Dad. Doch ich konnte ihm nicht in die Augen schauen. Er war so dünn und so blass – nur ein Schatten seines früheren Selbst. Ich hielt seine Hand, damit er wusste, dass ich bei ihm war, brachte es aber nicht fertig, mit ihm zu sprechen oder ihn anzusehen. Es war schrecklich. Da lag mein geliebter Vater, und es war mir unmöglich, seine Krankheit als Tatsache zu akzeptieren.

Nach ein paar Tagen zu Hause verschlechterte sich Dads Zustand. Ihm war furchtbar übel, und er bekam Durchfall. Mum rief einen Krankenwagen, der ihn wieder in die Klinik fuhr. Es war fast so, als warteten wir jetzt nur noch auf sein Ende. Oft war ich nahe daran, ein Taxi zu rufen und ihn im Krankenhaus zu besuchen. Doch ich konnte mich einfach nicht dazu überwinden. Der Anblick meines kranken Vaters bei uns zu Hause war für mich schon unerträglich gewesen, und ihn im Krankenhaus liegen zu sehen stellte ich mir noch schlimmer vor. Ich war erst neunzehn und wollte diese Bilder nicht für den Rest meines Lebens im Kopf haben. Dad sagte zu Mum, ich solle mich lieber zu Hause um meine Töchter kümmern. Er wolle nicht, dass sein kleines Mädchen ihn sah, während er dalag wie ein lebender Toter. Selbst halb wahnsinnig vor Schmerz blieb mein Dad noch immer ein stolzer Mann, der sich unbedingt bis zum Schluss seine Würde bewahren wollte.

Eines Abends saß ich mit Tim im Wohnzimmer meiner Eltern, und plötzlich tauchte völlig überraschend David auf. Mein Blut gefror.

»Hey, Mann«, rief Tim. »Was treibst du denn so?«

»Ich komme grade vom Krankenhaus.« Davids Stimme klang leise und gefährlich. »Wo warst du eigentlich die ganze Zeit, Vicky, du egoistische Schlampe?«

»Lass sie in Ruhe. Sie muss sich um die Kinder kümmern.« Tim versuchte, ihn zu beruhigen.

»Wie geht es ihm?«, flüsterte ich. Dafür musste ich all meine Kraft zusammennehmen.

»Was interessiert dich das? Du hast Dad noch kein einziges Mal besucht. Schämst du dich denn nicht?«, schrie David mich an. »Was bist du eigentlich für ein Mensch? Er stirbt, und du hockst zu Hause rum.«

David war die einzige Person, vor der ich je wirklich Angst gehabt hatte. Aber ich war auch wütend. Wie konnte ausgerechnet er es wagen, mir vorzuwerfen, ich sei schlecht? Ich flüchtete in die Küche, aber er folgte mir.

»Du bist ein Nichts. Du bist schlimmer als nichts.

Mum ist völlig am Ende, weil du Dad nie besuchst.« Ich fuhr herum.

»Was geht dich das an? Dich interessiert doch niemand außer dir selbst!« Noch nie zuvor hatte ich mich mit ihm angelegt, und er sah aus, als würde er gleich vor Wut explodieren. Ich wollte noch etwas sagen, aber bevor ich den Mund aufmachen konnte, waren seine Hände schon an meiner Kehle.

In seinem Zorn packte David mich am Hals und drückte zu. Ich schlug um mich und schnappte nach Luft. Ist so auch Helen gestorben?, fuhr es mir durch den Kopf. Fühlt es sich so an? Mein Bruder drückte mich auf das Bett, das wir für Dad heruntergetragen hatten; ich konnte mich nicht bewegen. Tim sprang auf Davids Rücken und versuchte, ihn wegzureißen. Doch das half nichts. David war furchtbar stark und wollte mich auf keinen Fall loslassen. Sein Griff wurde fester; ich konnte nicht einmal mehr schreien. Ich dachte, er würde mich umbringen, glaubte, der Moment sei nun da. Dieser Augenblick, vor dem ich mich immer gefürchtet hatte, in dem er mich endgültig vernichtete. Für mich war das der Beweis, dass meine Ängste begründet gewesen waren. Ich hatte mich gewehrt, und dafür brachte er mich nun um. Was sollte jetzt aus meinen Mädchen werden? Wer würde sich um sie kümmern? Verzweifelt versuchte ich zu atmen, schnappte panisch nach Luft. Dann verschwamm die Welt. Alles wurde schwarz.

Als ich aufwachte, sah ich Tim, der sich mit einem nassen Waschlappen über mich beugte. Er rief meinen Namen. Mir war schwindelig, und ich fühlte mich wie betäubt. Doch sobald mein Kopf und mein Blick wieder halbwegs klar waren, brach das, was passiert war, wie ein schlimmer Albtraum über mich herein.

»Wo ist er?«, schrie ich. Dabei versuchte ich, mich aufzurappeln. Sofort wurde mir schlecht, und ich übergab mich mitten auf den Fußboden. Ich war totenbleich, und jedes Mal, wenn ich mich bewegte, musste ich mich wieder erbrechen.

»Als du bewusstlos warst, ist der Arsch abgehauen«, antwortete Tim. Dabei streichelte er mein Haar. »Verdammt, warum ist er denn so ausgerastet?«

Die Antwort blieb ich ihm schuldig. Was sollte ich denn sagen?

»Was ist mit Kirsty und Alicia? Sind sie in Ordnung?«

»Sie sind oben, Liebes.«

»Haben sie etwas mitbekommen?«

»Nein. Wenigstens darüber brauchen wir uns keine Sorgen machen.«

»Gott sei Dank.« Ich schlang die Arme um die Knie.

»Mann, Vicky. Ich habe gedacht, er hätte dich umgebracht. Ich habe wirklich geglaubt, er hätte es getan.« Tims Stimme zitterte. »Du warst ganz blau. So viel Angst habe ich noch nie im Leben gehabt. Ich weiß, er ist dein Bruder. Aber ich bringe ihn um, diesen Arsch. Das schwöre ich.«

»Nein!« Ich versuchte aufzustehen. »Nein. Wir bleiben einfach von ihm weg. Von jetzt an haben wir nichts mehr mit ihm zu tun. Versprichst du mir das?«

Zögernd versprach Tim mir, zu tun, was ich vorschlug. Ich hatte versucht, mich gegen David zu behaupten und dafür fast mit dem Leben bezahlt. Auf keinen Fall wollte ich riskieren, dass er jemanden verletzte, den ich liebte.

In der folgenden Nacht warf ich mich im Bett hin und her. Ich wusste nicht, was ich wegen David unternehmen sollte. Sollte ich Mum endlich sagen, was er getan hatte und wie er wirklich war? Aber sie hatte seit Dads Krankheit schon so viel zu ertragen. Wie konnte ich ihr da noch mehr aufbürden? Am Ende beschloss ich, ihr nichts davon zu erzählen, dass David versucht hatte, mich zu erwürgen. Wieder ließ ich ihn ungeschoren davonkommen. Doch mir waren die Hände gebunden. So etwas konnte ich Mum in ihrer derzeitigen Situation nicht über ihren Sohn sagen. Es war, als würde die Geschichte sich wiederholen – und zwar ausgerechnet zum ungünstigsten Zeitpunkt, den man sich denken konnte. Dads Zustand verschlimmerte sich zunehmend, und Mum verbrachte jeden Tag von morgens bis abends bei ihm im Krankenhaus. Sie erzählte mir, dass Dad eines Abends gesagt hatte, es ginge nicht mehr weiter. »Ich kann nicht mehr kämpfen, Avril«, hatte er gesagt. »Diesmal werde ich es nicht schaffen.«

Als ich das hörte, hatte ich das Gefühl, auch mir ginge nun endgültig die Kraft aus.

Dad starb zwei Wochen später. Dieser Tag hat sich für immer in mein Gedächtnis eingebrannt. Ich war gerade mit Tim im Lastwagen unterwegs; wir lieferten ein paar Sachen im Spitalfields Markt in London aus. Plötzlich überkam mich ein seltsames Gefühl. So etwas wie ein Frösteln. Mir wurde sofort klar, dass etwas nicht stimmte.

»Tim, wir müssen nach Hause. Mit Dad ist etwas passiert«, sagte ich.

»Wie kommst du denn darauf?«, fragte er erstaunt.

»Keine Ahnung. Aber bitte beeil dich! Ich muss zu Dad«, schrie ich.

So schnell er konnte, fuhr Tim vom Londoner Stadtzentrum zum Basildon Hospital in Thurrock. Er vertraute meinem Gefühl so sehr, dass wir regelrecht um die Kurven schlingerten.

Vor dem Krankenhaus ließ Tim mich aussteigen, und ich hetzte die Treppe zu Dads Zimmer hinauf. Ich öffnete die Tür. Alle saßen still und reglos da. Leise Schluchzer füllten den Raum. Er war zehn Minuten vor meiner Ankunft gestorben.

»Er ist gegangen, Liebes«, weinte Mum. Ich war völlig außer Atem vom Rennen. Mein Herz fühlte sich an, als wäre es gerade in sich zusammengefallen.

»Ich wusste es, ich wusste es.« Ich fing an zu schluchzen. Dass er mich irgendwann verlassen musste, war mir im tiefsten Inneren klar gewesen. Doch ich war am Boden zerstört, dass ich zu spät gekommen war, und weinte wie ein kleines Mädchen. David starrte mich aus einer Ecke des Raumes an, aber ich war so von der Trauer überwältigt, dass mir das ausnahmsweise nichts ausmachte. Mein Vater, der Mann, zu dem ich aufgeblickt hatte, die einzige Person, die mich je wirklich geliebt hatte, lebte nun nicht mehr.

Mum war völlig aufgelöst. Sie schluchzte und schluchzte. Doch ich konnte ihr nicht helfen. Ich war selbst ganz außer mir. Während ich auf den Knien lag und Dads kalte Hand hielt, wirbelten mir alle möglichen Gedanken durch den Kopf. Den Rest meines Lebens ohne ihn zu bewältigen erschien mir völlig unmöglich. Dad war immer für mich da gewesen. Zwar hatte auch er mich nicht vor David schützen können, aber seine Liebe und Unterstützung hatten mir immer sehr geholfen. Jetzt war er von uns gegangen und würde nie erfahren, was David mir angetan hatte. Darüber war ich froh. Denn dieses Wissen hätte ihn zerbrochen.

Ein letztes Mal verabschiedete ich mich von meinem geliebten Vater. Als ich mich wieder aufrichtete, kreuzten sich Davids und meine Blicke. In diesem Moment dämmerte mir, wie sehr es ihn vermutlich freute, dass ich nun noch schwächer und angreifbarer war. Dad war nicht mehr für mich da, und Mum hatte die dunkle Seite ihres Sohnes nie wahrgenommen. David hatte mich erst vergewaltigt und vor Kurzem beinahe erdrosselt und war beide Male ungeschoren davongekommen. Mit Entsetzen dachte ich daran, wozu er sonst noch fähig sein mochte.

Die Tage nach Dads Tod gingen dunkel und trostlos dahin. Das Leben schien seinen Sinn verloren zu haben. Mechanisch erledigten wir unsere täglichen Pflichten. Dads Schwester, Tante Chris, unterstützte uns wunderbar. Doch es war schwer, sich zu irgendetwas aufzuraffen.

»Was sollen wir denn bloß ohne ihn machen?«, fragte ich die kleine Alicia.

Immer wenn Kirsty mich sah, nahm sie mich fest in den Arm. Auch sie litt entsetzlich. Dad hatte sie sehr geliebt, und mit ihm hatte sie die einzige Vaterfigur in ihrem Leben verloren.

»Er sieht uns und beschützt uns«, versuchte ich sie zu trösten. »Er wird uns nie verlassen. Ganz sicher ist er jetzt hier bei uns.« Doch in meinen eigenen Ohren klangen die Worte leer und abgedroschen.

Seine Feuerbestattung fand an Heiligabend statt. Morgens stand ich wie betäubt auf und stellte mich unter die Dusche. Dann zog ich das schwarze Kostüm an, das Dad mir gekauft hatte. Anschließend holte ich meine kleine Tabakschachtel und das Zigarettenpapier hervor und bekiffte mich. Das war vielleicht unverantwortlich, aber zu jener Zeit konnte ich mit belastenden Gefühlen nur umgehen, wenn ich unter Drogen stand.

Mein Vater war tot, mein Bruder hatte versucht, mich umzubringen, und das Schweigen machte mein Herz schwerer denn je.

Später am Vormittag kam der Leichenwagen mit Dad vorgefahren – gefolgt von einem Auto, das uns zum Krematorium brachte. Ich entschied mich, Dad nicht noch einmal anzusehen. Mum hatte sich in der Friedhofskapelle von ihm verabschiedet, aber ich hatte das nicht fertiggebracht. Es war dasselbe wie mit dem Krankenhaus. Ich wollte mich daran erinnern, wie Dad mich mit zum Angeln genommen hatte oder wie er hinter dem Tresen Hof hielt – nicht, wie er auf einer kalten Pritsche lag. Der Rest des Tages zog verschwommen an mir vorbei. David hing herum wie ein schlechter Geruch, mimte den liebenden Sohn, stützte Mum und stand ihr zur Seite. Es gelang ihm sogar, sich an mir vorbeizudrängeln und sich neben Mum in die Bank zu setzen. Doch wegen der abgrundtiefen Trauer, die ich empfand, war David kaum mehr als ein ferner Gedanke. An diesem Tag konnte ich nicht weinen. Ich spürte die Tränen in mir, doch sie flossen nicht. Mum war untröstlich. Sie so aufgelöst zu sehen, war herzzerreißend. Sie hing sehr an meinem Vater und konnte sich eine Zukunft ohne ihn nicht vorstellen. Auch ich empfand eine große Leere, ich war innerlich so zittrig bei diesem Gedanken. Wir fühlten uns so hilflos und verloren.

Nach der Bestattung kamen ein paar Leute mit zu

uns nach Hause, auf einen Drink und einen Happen zu essen. Doch ich wollte nicht unter Menschen sein. Ich schlich mich nach oben und kiffte den ganzen Nachmittag. Nicht einmal Tim wollte ich sehen. Und obwohl ich selbst zwei Töchter hatte, um die ich mich kümmern musste, war ich an diesem Tag selbst wieder ein Kind – ein junges Mädchen, das seinen Daddy verloren hatte. Je mehr Joints ich rauchte, desto benommener wurde ich, während David unten den verantwortungsbewussten männlichen Vertreter der Familie spielte. Vielleicht hätte ich hinuntergehen und den Leuten zeigen sollen, dass ich die Starke war. Aber das konnte ich nicht. An diesem Tag fehlte mir einfach die Kraft, so zu tun, als wäre abgesehen von Dads Tod alles in Ordnung.

Mum kam nicht herauf, um nach mir zu sehen. Sie wusste, wie schwer ich zu kämpfen hatte, ließ mich aber wie immer mit meinen Gefühlen allein. So war ich es gewöhnt. David und sie zeigten sich als im Kummer vereint. Die tief unglückliche Witwe und ihr vorbildlicher Sohn. Wenn unsere Freunde und Verwandten doch nur die Hässlichkeit hinter dieser Maske der Fürsorglichkeit hätten erkennen können.

Am darauffolgenden Tag war Weihnachten, und es wurde das schlimmste Weihnachtsfest aller Zeiten. Normalerweise kochte Mum ein wunderbares Abendessen. Aber nicht diesmal. Tante Chris war so nett, uns zu sich einzuladen. Aber Geschenke zu öffnen und Weihnachtsknallbonbons krachen zu lassen machte einfach keinen Spaß. Was gab es schon zu feiern? Doch weil Dad Weihnachten so geliebt hatte, rissen wir uns ihm zuliebe zusammen. Weihnachten ohne ein Fest hätte er sich niemals vorstellen können.

»Lach doch mal!« Kirsty wollte mir helfen. Sie und Alicia waren nur Kinder und wollten trotz des Verlustes einfach Geschenke auspacken und ein bisschen Spaß haben.

»Was war denn in deinem Knallbonbon?« Ich gab mir wirklich Mühe. Aber so zu tun, als wären wir fröhlich und ausgelassen, während die Trauer uns innerlich zerfraß, fühlte sich ganz furchtbar an.

David war glücklicherweise zu seiner neuen Freundin gegangen, doch der Tag schleppte sich unter einer dunklen Wolke aus Trauer dahin.

Ohne Dad war das Leben so schwer. Mum war total am Boden, und bald hatte ich das Gefühl, das Rückgrat der Familie zu sein. Ich kümmerte mich um die Mädchen und sorgte dafür, dass es in unserem Alltag irgendwie weiterging. David verschwand und wohnte bei Freunden. Die Last der Trauer lag allein auf meinen Schultern. Tage wurden zu Wochen, und Kirsty zog zu mir. Sobald die Mädchen morgens aus dem Haus waren, ging ich zu Mum. Sie versank in ihrer Depression, weinte ununterbrochen, saß im Schlafanzug herum und verweigerte das Essen.

»Mum, bitte iss doch was«, bat ich sie. »Dad würde dich so ganz sicher nicht sehen wollen.«

Doch sie gab mir nicht mal eine Antwort. Mum fehlte jeder Antrieb; sie zerfiel vor meinen Augen.

Mums Schwester blieb eine Weile und leistete ihr Beistand. Das war eine große Hilfe. Doch eines Tages im Februar rief sie mich an.

»Es wird nicht besser mit deiner Mutter. Ich glaube, sie muss in eine Klinik«, sagte sie.

Das war ein Schock. Wie schwer es Mum fiel, mit ihrem Schmerz zurechtzukommen, wusste ich. Doch dass sie kurz vor einem Zusammenbruch stand, war mir nicht klar gewesen.

»Tim bringt euch hin«, sagte ich. Ich musste mich um die Mädchen kümmern. Als Tim zurückkam, erzählte er, der Arzt hätte beschlossen, Mum im Krankenhaus zu behalten. Nach dem ersten Schreck leuchtete mir das ein. Mum brauchte Hilfe, und ich hatte keine Ahnung, was ich für sie tun konnte. Mit anzusehen, wie diese starke, selbstbewusste Frau zunehmend zu einem zitternden Wrack zerfiel, tat furchtbar weh. Und gerade jetzt, wo sie ihn am dringendsten gebraucht hätte, ließ sich David, ihr Goldjunge, überhaupt nicht blicken.

Ein paar Tage später wurde Mum mit Depressionen ins Gray's Mental Hospital, eine psychiatrische Klinik, überwiesen. Sie weinte ununterbrochen, ihr fehlte jede Kraft zum Leben. Es tat mir in der Seele weh. Ein paarmal besuchte ich sie, doch sie nahm kaum wahr, dass ich da war.

»Hallo, Mum«, sagte ich laut und deutlich. »Kirsty und Alicia lassen dich grüßen.«

Sie war von den beruhigenden Medikamenten so benebelt, dass sie kaum sprechen konnte. Auf dem Heimweg vom Krankenhaus versuchte ich, nicht daran zu denken, wie allein gelassen ich mich fühlte. Alle nahmen schlichtweg an, dass ich irgendwie zurechtkommen würde.

Gerade als ich dachte, es könnte nicht mehr schlimmer kommen, verschwand mein geliebter Hund Ben spurlos. Er war zehn Jahre alt, und eines Abends fehlte er plötzlich. Tim, die Mädchen und ich suchten ihn überall. In der ganzen Straße riefen wir seinen Namen. Ich sorgte mich zu Tode. Dass Hunde fortgingen, wenn sie spürten, dass ihr Ende nahe war, hatte ich schon einmal gehört. Sie schlichen sich davon und suchten sich einen friedlichen Rückzugsort. Das hätte zu meinem schönen, lieben Hund gepasst. Aber Ben wollte ich jetzt nicht auch noch verlieren. Alle, die mir je im Leben Halt und Kraft gegeben hatten, schienen nach und nach daraus zu verschwinden. Ich wusste, dass Hunde nicht ewig lebten. Doch den Gedanken, dass Ben mich eines Tages verlassen würde, hatte ich nie zugelassen. Nachdem wir ein paar Tage lang gewartet und gesucht hatten, musste ich davon ausgehen, dass er entweder überfahren worden war oder sich zum Sterben davongeschlichen hatte. Ich war verzweifelt, konnte aber nicht weinen. Je älter ich wurde, desto schwerer kamen die Tränen. Ben sahen wir nie wieder.

Während Mums Klinikaufenthalt beschloss ich, meine Wohnung aufzugeben und wieder nach Hause zu ziehen. Etwa zur selben Zeit fing ich an, mich unwohl zu fühlen, dachte aber nicht weiter darüber nach. Weil das Geld knapp war, lebten die Mädchen und ich seit Wochen von nicht viel mehr als trockenen Keksen, Toast und gebackenen Bohnen. Dass ich ein wenig blass um die Nase war, wunderte mich deshalb nicht. Viel Geld hatten wir nie gehabt, aber jetzt, ohne Mums Hilfe, mussten wir den Gürtel noch enger schnallen. Erst Jahre später fand ich heraus, dass David zu einem Besuch im Krankenhaus Mums Bankunterlagen mitgenommen hatte. Sie gab ihm Geld und sagte ihm, er müsste mit mir teilen – was er natürlich nicht tat. Anscheinend holte er sich täglich Mahlzeiten vom Schnellimbiss oder ging essen, während ich kaum wusste, wie ich die Mädchen und mich selbst satt bekommen sollte.

Wochenlang wurde mir immer wieder übel – dann dämmerte es mir: Ich war wieder schwanger! Der Test aus der Apotheke fiel positiv aus. Zunächst war das ein riesiger Schock für mich. Seit Alicia zur Welt gekommen war, hatte ich immer sehr gewissenhaft die Pille genommen, weil ich mir einfach kein weiteres Kind leisten konnte. Aber offensichtlich war etwas schiefgelaufen. Nach dem ersten Schreck fing ich an, mich zu freuen. Ein Leben hatte geendet, ein anderes begann. Für mich lag darin ein gewisser Sinn.

Als ich es Tim sagte, freute er sich unbändig. Auch

meine Familie war einhellig der Meinung, eine so wunderbare Nachricht täte uns allen nach den vergangenen bedrückenden Monaten sehr gut. Doch in dem Haus weiterzuleben, in dem Dad so gelitten hatte, wäre zu schwer gewesen. Deshalb beschlossen Tim und ich im April, nach Mums Entlassung aus der Klinik, in Littleport in Cambridgeshire ganz neu anzufangen. Tim organisierte fürs Erste einen Wohnwagen, und Mum kam mit. Der Sommer nach dem harten, traurigen Winter belebte uns alle neu. Ich lief fast ununterbrochen in einer Latzhose mit abgeschnittenen Hosenbeinen herum; Alicia und Kirsty trugen süße geraffte Blüschen mit Stickereien.

Ich glaube, Tim war der erste Freund, den ich tatsächlich liebte. Doch meine Sorge, dass er mir nicht dieselben Gefühle entgegenbrachte, wuchs. Nach einiger Zeit schien er nicht mehr wirklich gern mit mir zusammen zu sein und verbrachte immer mehr Zeit außer Haus. Das führte dazu, dass ich täglich eifersüchtiger wurde und mir dazu alles Mögliche ausmalte.

»Wo warst du?«, fragte ich eines Abends, als er zurückkam. Die Mädchen lagen längst im Bett.

»Ich hatte heute ziemlich viel zu tun.« Er hängte seine Jacke auf und wich dabei meinem Blick aus.

»Und warum hast du nicht angerufen und mir Bescheid gesagt?« Ich versuchte, nicht allzu vorwurfsvoll zu klingen.

»Sag mal, Vicky, was soll das? Ist das ein Verhör?« Damit ließ er mich stehen. Reden wollte er nie.

Immer schneller und öfter verlor er die Geduld mit mir. Wir stritten uns nun häufig, was dazu führte, dass er noch seltener nach Hause kam. Es war ein Teufelskreis. Tim gab mir auch kein Geld für Essen oder neue Schuhe für die Mädchen mehr. Und wenn ich zärtlich werden wollte, schüttelte er mich ab. Trotzdem wollte ich mir nicht eingestehen, dass wir ernste Probleme hatten. Zu lange hatte ich mir vorgemacht, wir wären eine perfekte kleine Familie, ich hätte einen Mann, der mich liebte und mir zur Seite stand. Außerdem war ich schwanger. Deshalb brauchte ich Tim. Ich wollte nicht noch einmal ein Kind allein zur Welt bringen, wollte nicht immer auf mich selbst gestellt sein. Ich wünschte mir so sehr, dass sich jemand um mich kümmerte. Deshalb versuchte ich alles Mögliche, um Tim glücklich zu machen. Doch es war nie genug.

Die kleine Samantha Jane kam im August 1993 zur Welt. Sie war wunderschön, wie alle meine Kinder, und ich schwebte wie auf Wolken. Tim war ebenfalls glücklich und ganz der stolze Papa. Er freute sich, dass Sam ihm so ähnlich sah. Aber bald platzte die glückliche Baby-Seifenblase, und Tim und ich stritten uns heftiger als je zuvor. Er kam tagelang nicht nach Hause und ließ auch nichts von sich hören. Als Lastwagenfahrer hatte er immer eine gute Ausrede parat. Aber früher hatte er mich regelmäßig angerufen oder war über Mittag heimgekommen.

Ein paar Monate nach Sams Geburt ließ ich mir eine

Verhütungsspritze verpassen. Nach einigen Tests war der Arzt zu dem Schluss gekommen, dass die Pille nicht das Richtige für mich sei. Doch durch die Spritze wurden meine Gewichtsprobleme immer größer. Innerhalb von drei Monaten explodierte mein Körper. Hatte ich vorher mit meinen weiblichen Kurven gerade noch in Kleidergröße 40 gepasst, so brauchte ich jetzt Größe 56. Meine Figurprobleme waren eine zusätzliche Belastung für die Beziehung mit Tim, und weil ich mich so hässlich fühlte, wuchs meine Unsicherheit. Ständig machte ich Tim Vorwürfe. Die Eifersucht, die ich mühsam im Zaum gehalten hatte, brach sich Bahn, und ich war am Boden zerstört, weil all meine Befürchtungen sich zu bewahrheiten schienen.

Sam war erst ein paar Monate alt, als ihr Vater für einige Tage komplett von der Bildfläche verschwand. Ich ängstigte mich sehr, weil ich zuerst dachte, ihm könnte etwas passiert sein. Doch als er ohne jede Erklärung irgendwann nach Hause zurückkam, rastete ich völlig aus.

»Liebst du uns denn gar nicht? Sind wir dir nicht gut genug?«

Er sah mich nicht einmal an, und am Ende brüllte ich vor Zorn.

»Ich halte das nicht mehr aus, Vicky«, sagte er schließlich. »Du bist unerträglich.«

Benommen sah ich zu, wie er ein paar Sachen in seinen Laster warf und die Tür zuschlug. Er verabschiedete sich nicht einmal. Ich hörte, wie meine Kinder sich oben in ihren Betten bewegten, und wurde von tiefer Hoffnungslosigkeit erfasst. Wann würden Kummer und Zurückweisung für mich endlich ein Ende haben?

Jahrelang hatte ich auf meinen Märchenprinzen gewartet, jemanden, auf den ich mich stützen und verlassen konnte, der sich um mich kümmerte. Ich dachte, ich hätte ihn in Tim gefunden, und hatte mir so sehr gewünscht, dass unsere Beziehung funktionierte. Dass er mich nun sitzen ließ, brachte mich zu dem Schluss, es gäbe keinen Mann, der wirklich etwas taugte. Zusätzlich war Tims Verhalten für mich der Beweis, dass ich keine Liebe und kein Glück verdient hatte. Oft dachte ich an meinen Dad. Dann fragte ich mich, ob ich je einen so großartigen Mann wie ihn finden würde. Hatte David mich so kaputt gemacht, dass ich einen guten Mann selbst dann nicht erkannte, wenn er direkt vor mir stand?

In den nächsten Jahren war Tim wie ein Jojo. Immer wieder sprang er in mein Leben, immer wieder zog er sich zurück. Vermutlich hoffte ich trotz allem, dass es mit uns doch noch einmal klappen würde. Deshalb war ich so dumm, ihm zur Verfügung zu stehen, wann immer ihm danach war. Vielleicht erniedrigte ich mich damit. Doch ich sehnte mich so sehr nach Liebe und nach jemandem, der sich um mich kümmerte, dass ich die Hoffnung auf eine gemeinsame Zukunft nie aufgab. Wahrscheinlich benutzte Tim mich nur. Wenn er Sex haben wollte, bekam er ihn. Ich selbst wollte Zärtlichkeit und einen Vater für Sam. Doch eines Tages schockierte mich Tim mit der Frage, ob ich auch mit seinem Freund schlafen würde. Ich war fassungslos, dass der Mann, den ich liebte und dem ich vertraute, auf einen solchen Gedanken kam. Es war, als hätte endlich jemand einen Schalter in meinem Kopf umgelegt. Ich setzte ihn daraufhin endgültig vor die Tür und sah ihn nie wieder. Die Mädchen und ich waren mehr wert. So etwas hatten wir nicht verdient.

Tim versuchte nicht, mit Sam oder mir noch einmal Kontakt aufzunehmen. Er verschwand einfach aus unserem Leben. Für Sam tat mir das furchtbar leid. Jetzt hatte noch eines von meinen Mädchen keinen Vater. Und ich selbst hatte keine Ahnung, wie ich aus dem Kreislauf von Liebeshunger und Zurückweisung ausbrechen sollte, in dem ich gefangen war. Was machte ich bloß falsch? Meine Mädchen brauchten einen Vater, und ich konnte ihnen keinen bieten.

Nachdem Tim und ich uns endgültig getrennt hatten, ließ ich mir keine Verhütungsspritzen mehr geben. Zwar hatte kein Arzt einen Zusammenhang zwischen den Injektionen und meiner Gewichtszunahme bestätigt, doch sobald ich die Spritzen abgesetzt hatte, nahm ich sichtlich ab. Es war ein gutes Gefühl, mir selbst wieder ähnlich zu sehen. Doch als viel beschäftigte Mutter dreier Kinder konnte ich mich deutlich weniger um meine Frisur und meine Kleidung kümmern als andere Zwanzigjährige. Wie es sich anfühlte, so sorglos und unbeschwert zu sein, konnte ich mir gar nicht vorstellen.

In der Zwischenzeit freundete ich mich mit Tom an, der in der Nähe wohnte. Wir lernten uns durch eine Nachbarin kennen, und ich gebe zu, dass ich viel zu schnell viel zu weit mit ihm ging. Die Trennung von Tim hatte ich noch nicht überwunden, und ich war so verunsichert und so verletzt, dass mir der Zeitpunkt, an dem Tom in mein Leben trat, geradezu ideal erschien.

Mit Tom war alles ganz anders. Das Einvernehmen zwischen ihm und mir ging tiefer als je zuvor mit einem Mann. Wir hatten beide unser eigenes Leben, unser Heim, unsere Familien und trafen uns nur, wenn wir jemanden brauchten. Nach der Gefühlsachterbahn, die ich mit Tim erlebt hatte, war mir eine etwas lockerere Beziehung gerade recht. Ich glaube, ich kann guten Gewissens sagen, dass Tom und ich uns nie liebten. Doch wir bedeuteten einander sehr viel. Dummerweise wurde ich wieder schwanger. Diesmal passierte es aus Achtlosigkeit, denn ich wünschte mir eine große Familie. Männer mochten auf mir herumtrampeln, auftauchen und wieder verschwinden – aber meine Kinder blieben immer bei mir. Inzwischen bin ich viel erwachsener geworden und weiß, wie sehr ich mir selbst damals mit meinem Verhalten schadete. Doch in jener Zeit war ich glücklich, mein eigenes kleines Familienrudel zu haben.

Ich glaubte, Kinder zu bekommen und eine Familie zu versorgen sei das Einzige, was ich gut könnte. Den Mann fürs Leben zu finden gelang mir offenbar nicht. Aber ich konnte in einer Großfamilie leben, Liebe schenken und empfangen. Je mehr Kinder ich hatte, desto mehr liebte ich sie und desto mehr wollte ich haben. Neun Monate später kam Jamie Leonard Alan, mein erster Sohn, zur Welt, und er war einfach hinreißend. Mit oder ohne Vater – ich schwor mir, dass alle meine Kinder die glückliche, unschuldige Kindheit haben sollten, die mir entrissen worden war.

Inzwischen war ich Anfang zwanzig, und wo immer ich auftauchte, war Mum nicht weit. Wir hielten zusammen und unternahmen alles gemeinsam. Von David hatten wir eine Zeit lang nichts mehr gehört. Ganz offensichtlich hatte er im Moment alles, was er brauchte. Deshalb ließ er Mum in Ruhe.

Im Jahr 1999 zogen Mum und ich wieder nach Tilbury zurück. Wir nahmen Kontakt mit alten Freunden auf, und es war schön, Dads Schwester, Tante Chris, und meine Cousine Kate wieder in der Nähe zu haben. Doch das Leben mit vier Kindern in einer als sozialer Brennpunkt verschrienen Siedlung war hart. Und es wurde nicht leichter, als ich merkte, dass ich wieder schwanger war. Mein jüngster Sohn, der kleine Kirk Philip, kam im April 2001 zur Welt. Dass Kirks Vater nichts von ihm wissen wollte, überraschte mich nicht. Inzwischen erwartete ich nichts anderes mehr. Kirk war einfach süß, und ich war fest entschlossen, ihm den besten Start ins Leben zu ermöglichen, den ich ihm bieten konnte.

Sorgen machte mir allerdings, dass es im Leben meiner Kinder keine Vaterfigur gab, und ich grübelte darüber nach, welche Folgen das haben könnte. Ich selbst hatte einen wunderbaren Vater gehabt – eine Person, die mir den Weg ins Leben gewiesen hatte. Jemand wie er fehlte meinen Kindern. Sie bedeuteten mir alles, und ich hätte sie niemals im Stich gelassen. Doch ich hatte geradezu Gewissensbisse, weil ich ihnen keinen Vater bieten konnte. Bislang hatte ich immer nur Männer kennengelernt, die sich vor der Verantwortung drückten. Die Hoffnung, eines Tages den Richtigen zu finden, hatte ich längst aufgegeben. Es war, als suchte ich mir mit Absicht immer Männer aus, die mich nach kurzer Zeit sitzen ließen, als glaubte ich selbst nicht, dass ich es wert war, geliebt zu werden. Es war eine grausame Ironie, dass der einzige regelmäßig anwesende männliche Verwandte im Leben meiner Kinder ausgerechnet ihr Onkel David war – der Mensch, den ich mehr hasste und fürchtete als den Teufel persönlich.

Eine schöne Hochzeit

Nach Kirks Geburt zog ich mit meiner kleinen Familie zurück nach Purfleet, weg von den lärmenden Nachbarn und der verrufenen Siedlung. Ein paar Monate später lud mich eine Freundin zu ihrer Verlobung ein. Das Fest kam genau im richtigen Augenblick, denn nach den höllischen Monaten, die hinter mir lagen, konnte ich eine Aufheiterung gut vertragen. Ich freute mich auf ein paar schöne Stunden mit meinen Freunden. Ich war Ende zwanzig, Mutter von fünf Kindern und hatte meinen Vater verloren. Meine Mum war nicht besonders stabil und mein Bruder ein brutaler Krimineller, der unter anderem schon einmal versucht hatte, mich für immer zum Schweigen zu bringen.

Das alles schleppte ich mit mir herum.

Die Party war fantastisch. Und irgendwann im Lauf des Abends sah ein Mann zu mir herüber, womit ich zuerst nichts anfangen konnte, weil er mir gar nicht bekannt vorkam. Immer wieder lächelte er mich an. Schließlich stellte er sich vor.

»Hallo. Ich bin Kelly. Ich glaube, ich hab dich schon mal in der Stadt gesehen.«

Seine Stimme war sehr angenehm – sie klang warm und vertrauenerweckend. Kellys Interesse an mir schmeichelte mir, doch ich war ein vielfach gebranntes

Kind und wollte nicht gleich wieder den Kopf und mein Herz verlieren. Zumindest nicht am ersten Abend!

Am nächsten Abend lud ich ein paar Leute zu mir ein, damit wir noch einmal ausgiebig über das Fest tratschen konnten. Kelly kam ebenfalls. Wir redeten stundenlang, und er brachte mich immer wieder zum Lachen. Schnell wurden wir uns immer sympathischer. Kelly war nur ein paar Jahre älter als ich und erzählte, die meisten seiner Angehörigen seien bereits gestorben. Das tat mir leid. Ich wusste, wie weh es tat, einen geliebten Menschen zu verlieren. Gleichzeitig gefiel mir sein schräger Humor.

Wie ein Model sah Kelly nicht gerade aus. Aber seit der Erfahrung mit Tim hatte ich von launischen, gut aussehenden Männern die Nase gestrichen voll. Normalerweise ist es die Persönlichkeit eines Mannes, die mich anspricht, und Kelly schien ein durch und durch netter Mensch zu sein. Wenn er den Arm über die Sessellehne warf, berührten sich unsere Finger wie zufällig. Die Chemie zwischen uns stimmte, und es war nicht zu übersehen, dass er mich mochte. Ich mochte ihn auch. Später erzählte Kelly mir, dass ihn immer fasziniert hätte, mich am Schultor stehen zu sehen, denn ich sei anders als andere Mütter. Irgendwie geerdet und natürlich. Mir ging es mit ihm ganz ähnlich. Er war geradliniger als jeder andere Mensch, den ich kannte.

An diesem einen Abend entstand so viel Nähe zwischen uns, dass Kelly einfach blieb. Das mag verrückt klingen, doch er beschloss kurzerhand, bei mir einzuziehen. Es gab weder eine offizielle Abmachung, noch bot ich es ihm an. Er erklärte nur schlicht, er würde nicht mehr gehen. Ich machte ihm klar, dass es mich nur im Paket mit meinen Kindern gab, doch er war ganz versessen darauf, Teil meiner Familie zu werden. Seine Spontaneität gefiel mir. Er sagte mir auch ganz ehrlich, dass er gerade dabei sei, sich von seiner Freundin zu trennen.

»Seit dem Moment, in dem ich dich getroffen habe, ist mir klar, dass ich Schluss machen muss«, fügte er hinzu. »Ich möchte für immer mit dir und deinen Kindern zusammen sein.« Seine Exfreundin tat mir leid, doch was er sagte, war genau das, was ich hören wollte. Stück für Stück brachte er seine Sachen zu mir. Dass das so schnell ging, war merkwürdig. Eigentlich sollte man glauben, dass ich im Lauf der Jahre im Hinblick auf Männer vorsichtiger geworden wäre. Misstrauischer. Doch tief in meinem Innersten weckte jeder Mann, der mir ein bisschen Aufmerksamkeit schenkte, bei mir noch immer die Hoffnung, er wäre derjenige, der mich für alle Zeiten lieben und beschützen würde. Und Kelly machte den Eindruck, als könnte man sich voll und ganz auf ihn verlassen.

Unter Bindungsangst schien er jedenfalls nicht zu leiden. Drei Tage, nachdem wir uns kennengelernt hatten, lagen wir im Bett und redeten. Und plötzlich machte er mir einen Heiratsantrag. Es war weniger eine Frage, viel eher eine Feststellung. »Ich möchte den Rest meines Lebens mit dir verbringen. Wir sollten heiraten«, sagte er ernst. Dass alles so schnell ging, war verrückt. Doch in diesem Augenblick blieb die Zeit für mich stehen, und ich sagte Ja. Irgendetwas an Kelly bewirkte, dass ich mich bei ihm sicher fühlte. Rückblickend glaube ich, dass ich das Gefühl hatte, ich hätte nach den vergangenen schweren Jahren nichts zu verlieren. Kellys Antrag anzunehmen erwies sich allerdings als eine der besten Entscheidungen meines Lebens.

Die nächsten Monate waren ein Traum. Kelly und ich hatten viel Spaß miteinander. Außerdem konnte er hervorragend mit Kindern umgehen. Als ich Kelly kennenlernte, war Kirsty ein Teenager und lebte noch bei ihrer Oma. Meine Älteste hatte sich zu einer wunderbaren jungen Dame gemausert; ich war sehr stolz auf sie. Ganz besonders, wenn ich bedachte, in was für einer Gegend wir wohnten und wer unsere Nachbarn waren. Doch Kirsty suchte sich ihre Freunde genau aus. Sie war ein tolles Mädchen.

Als Kelly meine Familie kennenlernte, dachte er, Kirsty sei meine Schwester. Er fragte mich nie direkt, doch wegen des geringen Altersunterschieds kam er gar nicht auf den Gedanken, ich könnte Kirstys Mutter sein. Damit war er nicht allein; die meisten Leute glaubten, wir seien Schwestern. Für Kirsty und mich war das ganz in Ordnung so. Sie wusste, dass ich ihre biologische Mutter war, stellte aber nie irgendwelche Fragen. Sie akzeptierte ganz einfach die Gegebenheiten, wie nur

Kinder es können, und mir war bloß wichtig, dass sie glücklich war. So lebte ich unter einer Art Käseglocke und hoffte, die Frage, wer ihr Vater sei, würde nie wieder gestellt werden. Kirsty war ein so glückliches, höfliches und liebenswertes Kind – ich ging einfach davon aus, sie sei zufrieden. Außenstehenden fiel es schwer, unsere familiären Gegebenheiten zu durchschauen, und wenn sie keine direkten Fragen stellten, redeten wir nicht darüber. Ich war sicher, dass Kelly die Zusammenhänge selbst herausfinden würde, wenn er lange genug bei mir blieb. Deshalb ließ ich ihn glauben, was er wollte. Unterschwellig hatte ich vielleicht das Gefühl, wenn er nicht wüsste, dass ich mit Zwölf schwanger geworden war, wäre diese schwere Zeit weniger real. Davids Übergriffe mochten inzwischen uralte Wunden sein, doch sie waren noch immer tief und hässlich. Meinem Verlobten wollte ich sie jetzt noch nicht zeigen.

Kelly war ein romantischer Mensch. Oft schrieb er mir Gedichte und ließ sie irgendwo im Haus liegen, damit ich sie fand. Oder er schickte mir eine verliebte SMS nach der anderen aufs Handy. Ich schrieb jede einzelne sorgfältig ab, damit ich die Worte nie vergaß. »Guten Morgen, Süße. Ich will dir nur sagen, ich liebe dich.« »Ich will dich einfach nur halten. Ich liebe dich so.« So hatte mich noch nie ein Mann behandelt, und es fiel mir schwer, mich daran zu gewöhnen.

»Hast du nichts Besseres zu tun, als mir den ganzen Tag SMS zu schicken?«, scherzte ich.

Einen so liebevollen Freund hatte ich noch nie gehabt. Deshalb wusste ich oft nicht, wie ich reagieren sollte. Komplimente nahm ich schulterzuckend entgegen. Dass jemand etwas Nettes zu mir sagte, war so fremd. Ich hatte kein Selbstbewusstsein und hasste alles an mir, weil so viele Männer im Lauf der Jahre auf mir herumgetrampelt hatten. Um mich zu ähnlich romantischen Reaktionen zu verlocken, musste Kelly sich einiges einfallen lassen.

In vielerlei Hinsicht war Kelly einfach wunderbar. Doch einen großen Fehler hatte auch er: Er nahm regelmäßig Speed. Wie ich bereits sagte, warf fast jeder, den ich kannte, irgendwelche Drogen ein. Deshalb versuchte ich, nicht groß darüber nachzudenken und lieber nur zu sehen, was für ein netter Kerl Kelly war. Doch nach ein paar Wochen musste ich mir eingestehen, dass die Droge zum Problem wurde. Weil er Speed nahm, schlief Kelly nie mehr als fünf Minuten am Stück. Ins Bett kam er fast gar nicht. Schließlich passierte es, dass ich mich ein paarmal zu ihm setzte, wenn die Kinder schliefen, und das Zeug ebenfalls einwarf. Ich war völlig high und verlor jede Kontrolle. Auf diese Art die Hausarbeit zu erledigen mochte zwar ganz nett sein, doch ich wusste genau, dass ich mich nicht in so einer Droge verlieren durfte. Kelly hingegen war abhängig. Er konnte nicht einfach wieder damit aufhören.

Kellys Drogensucht war das eine. Das andere waren die dunklen Gefühle, die seine Liebe und Zuneigung in mir weckten. Kam Kelly einmal spät von der Arbeit nach Hause, ging meine Eifersucht komplett mit mir durch. Ich schrie und zeterte und wurde sogar gewalttätig. Einmal schnappte ich mir während eines Streits Kellys Wanderstock und schlug ihm damit in meiner Wut auf den Rücken. Ich traf ihn so heftig, dass der Stock zerbrach und einen sichtbaren Abdruck auf Kellys Rücken hinterließ. In seinen Augen sah ich, wie tief verletzt er war. Hinterher hatte ich so furchtbare Schuldgefühle, dass ich mich in den Schlaf weinte.

»Was ist bloß mit dir los, Vicks?«, fragte Kelly. »Warum machst du so was?«

»Es tut mir leid. Es tut mir so leid«, schniefte ich. »Ich schwöre, es wird nie wieder vorkommen.«

Doch was wirklich hinter meinen besorgniserregenden Wutanfällen steckte, konnte ich ihm nicht sagen. Wie ich mich aufführte, war mir selbst zutiefst zuwider. Trotzdem konnte ich nicht damit aufhören. In dieser Hinsicht war ich kaum besser als David. Schon seit so vielen Jahren hasste ich mein Leben, hatte so viele Gefühle weggedrückt, dass die Bitterkeit mich zerfraß. Kelly musste das nun ausbaden, denn an David traute ich mich nicht heran. Immer wieder ging ich auf den Mann los, den ich liebte.

Aber ganz gleich, wie sehr ich Kelly zusetzte – er kam jedes Mal zurück. Dass er mich nicht einfach sitzen ließ wie so viele andere vor ihm, konnte ich nicht fassen. Vermutlich war das für mich irgendwann tatsächlich der Beweis, dass er mich trotz allem liebte. Sonst wäre er nicht geblieben.

Wir heirateten im Oktober 2002. Ich schaffte es, 400 Pfund für ein Brautkleid aufzutreiben, und Mum ging mit mir shoppen.

Weil ich wie üblich viel zu tun hatte, gab ich mir nur einen Tag, um das richtige Kleid zu finden. Also gingen wir in einen Brautmodenladen, und ich probierte endlos viele Kleider an. Doch erst in das allerletzte verliebte ich mich. Das Kleid war wunderschön und schmeichelte meiner Figur. Aber ich war so pingelig, dass ich es trotzdem ändern lassen wollte. Der Ausschnitt war ringsum mit Rosen besetzt. Ich fand sie zwar schön, doch es waren mir zu viele.

»Schade, dass all die Rosen an dem Kleid sind. Findest du nicht, Mum?«, stöhnte ich.

Mum lächelte nur. »Keine Sorge. Ich kann ein paar davon abnehmen«, versicherte sie mir. Sie war sehr geschickt mit der Nähmaschine, mit Nadel und Faden.

Ein großes Fest konnten wir uns zwar nicht leisten, aber ein paar Kleinigkeiten wollten wir uns und unseren Gästen gerne gönnen. Kelly war ein guter Bäcker, also kümmerte er sich um den Kuchen. Der untere Teil des dreistöckigen Kunstwerks war ein Obstkuchen, darüber kam eine Lage Biskuit. Ganz oben thronte ein herzförmiger Schokoladenkuchen. Meine Töchter waren unsere Blumenmädchen. Mum nähte ihnen herzige

Hosenanzüge in Blau und Lila, und sie hielten entzückende Blumenkörbchen in den Händen. Nach dem Tod meines Vaters war das Verhältnis zwischen Mum und mir enger geworden. In praktischen Dingen hatte sie mich schon immer sehr unterstützt, doch nachdem wir gemeinsam ihre Trauer und ihre Depression durchgestanden hatten, war auch das emotionale Band zwischen uns fester geworden. Ich hatte sie in ihren schwächsten Stunden erlebt und seither das Gefühl, sie beschützen zu müssen. Dabei wünschte ich mir von Herzen, dass es eine Möglichkeit gegeben hätte, ihr die Vernarrtheit in David auszureden, ohne dabei unser Leben in Trümmer zu legen.

Am Abend vor der Hochzeit wollten die Mädchen mich unbedingt in meinem Kleid sehen, und ich tat ihnen gern den Gefallen. Sie freuten sich so sehr mit mir; wir waren alle furchtbar aufgeregt. Doch als ich den Reißverschluss hochziehen wollte, ging er kaputt. Mir rutschte das Herz in die Hose. Verzweifelt sah ich Mum an.

»Keine Sorge, Liebes«, sagte sie gelassen. »Das kriege ich schon hin.«

Am nächsten Morgen stand sie früh auf, kaufte einen Reißverschluss und reparierte wenige Stunden vor der Hochzeit mein Brautkleid. Die Hektik war groß, doch ich war Mum unendlich dankbar. Sie war meine Retterin in der Not.

Kelly und ich heirateten auf dem Standesamt von Gray's. Es hätte der perfekte Tag werden können, wenn nicht einer gefehlt hätte – mein Dad. Mitten in meinem Glück spürte ich schmerzhaft seine Abwesenheit und war traurig, dass ich nicht an seinem Arm zur Feier schreiten konnte. Doch als der Standesbeamte verkündete, Kelly und ich seien nun Mann und Frau, war ich so glücklich, dass mir Tränen in die Augen stiegen. Endlich hatte ich meinen Weggefährten gefunden. Damit hatte ich gar nicht mehr gerechnet. Selbst an unserem Hochzeitstag musste ich mich immer wieder zwicken, weil mir alles so unwirklich vorkam.

Wir feierten kein rauschendes Fest – es wurde eher eine einfache, nette Feier mit Angehörigen und Freunden. Kelly hielt eine Rede und widmete uns ein Gedicht. Das war wunderschön, und ich fühlte mich als etwas ganz Besonderes.

Mitten am Abend gingen uns das Essen und die Getränke aus. Wir hatten nicht damit gerechnet, dass unsere Gäste so lange bleiben würden. Doch alle genossen die Party, und keiner hatte es eilig, nach Hause zu kommen. Also musste ich zum Supermarkt, wollte aber mein Hochzeitskleid nicht ausziehen. Es war das schönste Kleidungsstück, das ich je besessen hatte, und am liebsten hätte ich es nie mehr abgelegt.

»Lass mich einkaufen gehen. Das macht mir nichts aus«, bot eine Freundin mir an.

Aber ich konnte sie nicht das Essen und die Getränke für unser Fest besorgen lassen. Deshalb beschloss ich, in meinem Kleid loszuziehen.

»Das wird sicher lustig«, kicherte ich.

Mit dem Bus fuhr ich zu einem Supermarkt in der Nähe, und alle Leute starrten mich an.

»Ich habe gerade geheiratet«, sagte ich lächelnd.

Die Worte auszusprechen war eine Riesenfreude. Ich war glücklicher als je zuvor. Im Supermarkt rannte ich durch die Gänge und beeilte mich, damit ich nicht zu viel von meinem Fest verpasste. Ich muss einen ziemlich eindrucksvollen Anblick geboten haben.

Mein Hochzeitstag war auch deshalb so schön, weil David sich nicht blicken ließ. Angeblich hielt er sich gerade in Schottland auf und hatte sich mal wieder in Luft aufgelöst. Mum hatte jedenfalls schon ewig nichts von ihm gehört. Vermutlich wohnte er bei einer neuen Freundin, kam im Moment auch ohne Mum über die Runden und meldete sich deshalb nicht bei ihr. Obwohl Mum immer wieder davon anfing, machte sich niemand die Mühe, mit David Kontakt aufzunehmen. So konnte er mein Glück an meinem Hochzeitstag nicht trüben. Ich dachte, wir wären ihn vielleicht für immer los. Doch ich täuschte mich.

Gift

In den Märchen taucht die böse Fee immer im allerschönsten Moment auf. David gönnte uns immerhin ein paar Monate Eheglück, bevor er zurückkam und seinen bösen Zauber über uns warf. Trotzdem war er viel zu früh wieder da und hing viel zu oft bei Mum herum. Mit Mitte dreißig hatte er kein Geld und kein Dach über dem Kopf und war damit komplett von Mum abhängig. Innerhalb kürzester Zeit verwandelte mein Leben sich erneut vom Traum zum Albtraum. Ich hatte geglaubt, meine Kinder seien sicher. Doch jetzt war David wieder da und beförderte mich zurück in die Hölle.

Durch Kelly hatten ich und meine jüngeren Kinder einen gewissen Schutz. Aber Kirsty? Aus Davids Tochter war längst eine hübsche junge Frau geworden. Wie konnte ich sicher sein, dass ihr Vater ihr nichts antun oder sie gegen mich aufhetzen würde?

»Komm, zieh zu mir, Schatz«, bat ich sie. »Findest du nicht, dass es langsam Zeit wird?«

»Wie bitte?«, lachte sie. »Du hast gerade geheiratet und brauchst nicht ausgerechnet jetzt noch jemanden im Haus. Außerdem hat Mum mich gerne bei sich, und bei ihr ist viel mehr Platz.«

Ich machte den Mund auf, wollte Kirsty sagen, dass sie in Gefahr war. Doch dann klappte ich ihn wieder zu.

Kirsty war so klug, so selbstbewusst und glücklich – ganz anders als ich damals in ihrem Alter. Ihr die Wahrheit zu sagen war einfach undenkbar. Wie sollte sie verkraften, dass ihr wunderlicher Onkel in Wirklichkeit ihr Vater und sie bei einer inzestuösen Vergewaltigung gezeugt worden war? Damit leben zu müssen hatte sie nicht verdient. Tag und Nacht zermarterte ich mir den Kopf darüber, wie ich dafür sorgen konnte, dass sie vor David sicher war.

So vergingen Wochen, und meine Nerven waren zum Zerreißen gespannt. Kelly gegenüber wurde ich immer anlehnungsbedürftiger, doch er blieb der rastlose Partygänger, der er immer gewesen war. Darüber durfte ich mich nicht mal beklagen, denn als wir uns kennengelernt hatten, hatte mir das sehr gut gefallen. Er war ein fröhlicher und geselliger Mensch. Aber seit David wieder da war, hatte ich keinen Nerv mehr für Partys und Feste.

Zu diesem Zeitpunkt nahm Kelly außerdem so viele Drogen, dass er fast nicht mehr menschlich wirkte. Er lebte ohne Essen und Schlaf und konnte unerträglich aufgekratzt sein.

»Kelly, ich schaffe das nicht mehr!«, schrie ich eines Tages. Ständig so zu tun, als wäre alles in Ordnung, kostete mich meine letzte Kraft.

»O Babe«, flüsterte er und drückte mich an sich. »Du weißt doch, dass ich dich liebe.«

Doch mein Kopf war kurz vor dem Platzen, und ich

brauchte mehr als süße Worte. Eines Abends konnte ich einfach nicht mehr.

»Kelly, ich liebe dich. Aber mit den Drogen komme ich nicht mehr klar. Du musst damit aufhören«, verlangte ich. »Das Zeug oder wir. Entscheide dich.«

Traurig sah er mich an.

»Dich und die Kinder könnte ich niemals aufgeben«, sagte er bedächtig.

Ich weinte vor Erleichterung. Ich liebte Kelly sehr und brauchte seine Unterstützung, um meine Familie vor David schützen zu können.

Von da an halbierte Kelly seinen wöchentlichen Drogenkonsum, und nach ein paar Monaten nahm er gar nichts mehr. Sein Kopf wurde viel klarer, und wir fingen an, wie eine ganz normale Familie zusammenzuleben. Zumindest beinahe.

Kelly muss sich damals ziemlich über die sonderbaren Aufträge gewundert haben, die ich ihm ständig gab.

»Rufst du bitte Mum an und fragst sie, ob sie heute Abend allein ist?«, bat ich ihn. »Dann lade ich sie zum Essen ein.« Oder: »Warum bringst du Kirsty nicht ihre Matheaufgaben und schaust dabei gleich bei Mum nach dem Rechten?«

Auf diese Weise wollte ich herausfinden, ob David gerade da war. Die Angst vor meinem Bruder hatte sich im Lauf der Jahre zur Phobie entwickelt. Mich mit ihm im selben Raum wiederzufinden konnte ich nicht riskieren. Trotzdem musste ich sichergehen, dass er sich von Kirsty fernhielt. Deshalb schickte ich Kelly unter allerhand fadenscheinigen Vorwänden zu Mum. Zu meiner Erleichterung erfuhr ich, dass David die ersten Monate bei Freunden wohnen würde. Mein hübsches Mädchen war vor ihm sicher, und ich hatte mir ein bisschen Zeit erkauft, in der ich überlegen konnte, was ich tun sollte. Als Kelly hörte, dass David wegen Totschlags gesessen hatte, war er wie ich der Meinung, dass wir mit ihm nichts zu tun haben sollten. Mir wurden vor Erleichterung fast die Beine weich.

Kelly lernte David schließlich kennen, als er überraschend mit Mum bei uns auftauchte. Ich wurde fast ohnmächtig, als er plötzlich vor mir stand.

»Hey, Vicky – wir wollten nur kurz bei euch vorbeischauen«, rief Mum in der Tür. Ich hoffte, sie hätte Kirsty mitgebracht. Doch dann sah ich David, und mein Herz setzte aus. Mit einem unergründlichen Grinsen im Gesicht stand er im Flur und ließ den Blick durch mein Zuhause und über meine Kinder schweifen. Ich konnte ihn nicht anschauen. Auch auf dem Sofa hielt es mich nicht mehr. Jetzt noch still zu sitzen war völlig unmöglich.

»Möchtest du deinem Bruder nichts zu trinken anbieten?«, fragte Mum. »Er hatte einen harten Tag.«

»Los, nach oben mit euch, Kinder«, sagte ich ein wenig zu laut. »Mit euch zusammen wird es hier unten zu eng.«

Kelly sah mich fragend an.

»Was ist los?«, raunte er. Aber ich konnte ihm nicht antworten. Wie auch? Dass David und ich einander hassten, wusste er bereits. Anfangs hatte er das vermutlich für die ganz normale Rivalität zwischen Geschwistern gehalten. Aber ich spürte, wie er misstrauisch wurde.

Kelly warf einen Blick um die Ecke und sah David im Flur stehen. Mum redete auf der Treppe mit Alicia und Sam. Die beiden Männer musterten einander, sagten aber nichts. Kelly drehte sich zu mir und zog eine Grimasse.

»Ganz schön eingebildet«, flüsterte er.

Dass keiner sich richtig wohlfühlte, merkte man auch daran, dass außer Mum niemand redete. Sobald sich eine Gelegenheit ergab, scheuchte ich die Mädchen weg. Das ärgerte sie, aber ich hielt es nicht einmal aus, wenn sie dieselbe Luft atmeten wie ihr Onkel. Als Mum und David nach ein paar Minuten wieder gingen, plumpste ich erleichtert aufs Sofa zurück.

An diesem Abend sagte Kelly mir, wie überrascht er sei, dass Mum so große Stücke auf David hielt.

»Dass er ihr Goldjunge ist, ist nicht zu übersehen«, sagte er.

»Dann sind wir uns ja einig.« Mehr sagte ich nicht. Ich war froh, dass Kelly ebenfalls diesen Eindruck hatte und ich mir nicht alles nur einbildete. Gleichzeitig bestärkte mich das in meinem Entschluss, Mum auch jetzt nichts davon zu sagen, was David mir angetan hatte. Wenn selbst Kelly auf den ersten Blick sah, wie sehr Mum ihren Sohn vergötterte, wie sollte sie mir da glauben? Nur ich hatte die Macht, die Familie von dem Fluch zu befreien, der durch David auf uns lastete. Doch wenn ich das tat, würde ich das Glück meiner Mutter und meiner geliebten Tochter für immer zerstören und riskieren, die wunderbare Familie zu verlieren, die mir nach Dads Tod zum Glück noch geblieben war.

Doch eines Tages erzählte mir Mum, David würde nun wieder ganz zu ihr ziehen. Wie konnte ich riskieren, dass er meinen Mädchen antat, was er mir angetan hatte? Dass David nun bei Mum lebte und wieder ständig in unserer Nähe war, brachte mich an den Rand eines Nervenzusammenbruchs. Ich hockte in der Falle. Die Mädchen hielten sich gern bei ihrer Großmutter auf. Aber dort waren sie nicht mehr sicher. Kirsty lebte nun mit ihrem Vater unter einem Dach, ohne zu ahnen, wie gefährlich er war. Dabei ging es nicht allein um sie. Alicia liebte ihre Oma, deshalb war sie viel bei ihr. Und Sam betete ihre große Schwester Kirsty an und besuchte sie häufig. Immer wieder erinnerte ich die Mädchen daran, weshalb David im Knast gesessen hatte, und sagte ihnen, sie sollten sich von ihm fernhalten. Doch ich hatte furchtbare Angst, das könnte nicht ausreichen. Lieber wäre ich gestorben, als meine Töchter so leiden zu sehen, wie ich gelitten hatte. Deshalb dachte ich fieberhaft darüber nach, wie ich für ihre Sicherheit sorgen konnte.

Eine Zeit lang wollte ich sie gar nicht mehr zu meiner Mutter lassen. Doch wie sollte ich ihr und Kelly erklären, dass ich die Mädchen aus Davids Reichweite halten wollte? Er hatte schon einmal versucht, mich zum Schweigen zu bringen. Was würde passieren, wenn ich mich erneut gegen ihn stellte? Würde er diesmal seine Wut an den Mädchen auslassen? Ich stand Todesängste aus. Fast zwanzig Jahre lang hatte ich mein Geheimnis nun eisern gehütet. Die zerstörerischen Worte nun laut auszusprechen erschien mir buchstäblich unmöglich. Ich stand mit dem Rücken zur Wand: Einerseits konnte ich nicht sagen, was passiert war, andererseits wusste ich nicht, wie ich meine Töchter sonst schützen sollte.

»Mach dir keine Sorgen, Mum«, sagte Alicia. »Wir gehen doch bloß zu Omi.«

Sicher fragte sie sich, was ihr im Haus ihrer Großmutter schon passieren sollte. Dabei war es dort für sie gefährlicher als draußen auf der Straße. Nur wie sollte ich ihr das erklären?

Ganz gleich, wie oft meine Töchter mir versicherten, meine Bedenken seien albern – selbstverständlich redeten sie nicht mit dem sonderbaren Onkel David –, die Albträume wurde ich nicht los. Alicia war nun im selben Alter wie ich damals, als ich vergewaltigt worden war. Allein bei dem Gedanken, dass sie in Davids Nähe gelangen könnte, bekam ich eine Gänsehaut. Und

Kirsty war fast achtzehn. Deshalb fragte ich mich ängstlich, was er in ihr sehen und wie er auf sie reagieren würde. Jeder Tag mit David machte die Gefahr größer. Jeder Tag, an dem ich schwieg, machte es schwieriger, das Schweigen zu brechen, um ihn für alle Zeiten aus der Familie zu verbannen.

Meine furchtbare Anspannung und das Gefühlschaos bekam vor allem Kelly zu spüren, der bald überzeugt war, er würde einen Fehler nach dem anderen machen.

»Was ist los?«, fragte er. »Was habe ich falsch gemacht?«

Ich konnte ihm keine Antwort geben. Er dachte, ich würde ihn nicht lieben – doch ganz im Gegenteil. Gerade weil ich ihn so sehr liebte, war er derjenige, der meinen Frust am stärksten zu spüren bekam. Meine Angst und Verunsicherung sorgten dafür, dass mein Geduldsfaden immer kürzer wurde. Während eines Streits mit Kelly warf ich einmal sogar einen Drucker aus dem Fenster. Ich hatte das Gefühl, ich müsste explodieren und wurde diese Anspannung nur bei derartigen Ausbrüchen kurzfristig los.

Kelly fing an, Fragen zu stellen.

»Warum führst du dich so seltsam auf? Manchmal könnte man meinen, du verlierst den Verstand«, sagte er einmal sehr direkt.

»Ich weiß. Es tut mir wirklich leid«, antwortete ich. »Ich werde mir Mühe geben, meine Launen nicht an dir auszulassen.«

Dann wieder sagte er: »Mal bist du völlig locker, und dann flippst du ganz plötzlich aus. Was bringt dich denn dazu?«

Sicher vermutete Kelly, dass ich so launisch war, weil ich irgendein Erlebnis in meiner Vergangenheit nicht verkraftet hatte. Einerseits wollte ich, dass er mich direkt danach fragte, mir die Würmer aus der Nase zog. Das hatte ich mir auch von Mum gewünscht, nachdem David mich zum ersten Mal vergewaltigt hatte. Manchmal flehte ich stumm: »Frag mich! Bitte frag mich!« Aber er tat es nicht. Nach jedem üblen Streit weinte ich, weil ich Kelly gegenüber schreckliche Schuldgefühle hatte. Er verstand, dass ich gar nicht so aufbrausend und verletzend sein wollte, dass ich nur immer wieder völlig die Kontrolle verlor. Normal fand Kelly mein Verhalten schon lange nicht mehr. Wenn wir nachts allein im Bett lagen, flüsterte er: »Was ist los mit dir, Babe? Warum bist du so? Ich weiß, dass irgendetwas nicht stimmt.« Aber selbst wenn ich dann den Mund aufmachte, kam kein Ton heraus. Wahrscheinlich hatte ich die Worte so tief in mir vergraben, dass sie den Weg an die Oberfläche nicht mehr fanden. So drehte ich mich weg und ließ Kelly auflaufen.

»Ich bin müde, Babe«, log ich. Den Rest der Nacht verbrachte ich dann wieder einmal damit, mir den Kopf zu zermartern, wie ich meine Töchter von David fernhalten konnte.

Obwohl ich ihn so abscheulich behandelte, war Kelly

mir eine große Hilfe. Andauernd schickte ich ihn zu Mum, damit er nach den Mädchen sah und nebenher auch mitbekam, ob David da war oder nicht.

»Falls David bei Mum ist, bringst du die Kinder bitte mit. Sie sollen nicht mit ihm reden. Er könnte einen schlechten Einfluss auf sie haben«, sagte ich immer wieder.

Wenn Kelly zurückkam, zog er häufig über David her. »Er sagt kein Wort, hockt immer nur am Computer«, stöhnte er.

Höflich war David nie gewesen, und Kelly spürte seine Arroganz. Andere Menschen waren David schon immer egal gewesen. Er war sehr ichbezogen und hatte keinerlei Einfühlungsvermögen. Was immer der Grund dafür gewesen sein mag – er wirkte wie aus Eis.

David war wie eine dunkle Wolke, die noch am hellsten Tag die Sonne verdecken konnte. Einmal wollten wir im Bell-Wood-Park bei Ockenden ein Picknick machen. Mum und Kirsty kamen mit, und wir freuten uns auf einen schönen sonnigen Nachmittag. Doch gerade als wir im Park ankamen, rief David Mum an und sagte, er käme auch.

»Ach wie schön! Euer Onkel ist auch bald hier!«, sagte Mum zu den Mädchen. Ich fröstelte.

Kelly schaute mich an, doch zog einfach weiter unsere Sachen aus dem Wagen. Dann setzten Mum und ich uns auf eine Bank; die Kinder spielten am Wasser. Aber bald war es mit dem Frieden vorbei. Jamie und Kirk hockten am Ufer und warfen Steine in den Fluss. Beim Aufstehen stützte Jamie sich an seinem Bruder ab und stieß ihn dabei aus Versehen ins tiefe Wasser. So schnell war ich noch nie im Leben auf den Beinen gewesen. Ich sah Kirk nur untergehen und warf mich schreiend hinter ihm in die Fluten. Der Fluss war voller Wasserpflanzen, und ich hatte Angst, sie könnten ihn in die Tiefe ziehen. Zum Glück gelang es mir, Kirk zu packen und ihn zu Kelly zu schieben. Dann kämpfte ich mich mühsam zurück an Land. Meine schwere Baumwollhose hatte sich vollgesaugt. Deshalb schaffte ich es fast nicht allein ans Ufer. Während Mum sich alle Mühe gab, mich aus dem Fluss zu zerren, kam David mit seiner neuen Freundin Sarah an. Zum Glück schien Kirk mit dem Schrecken davongekommen zu sein. Doch wir hatten Angst, dass er vielleicht etwas von dem schlammigen Wasser geschluckt hatte und davon krank werden würde. An David ging die ganze Aufregung komplett vorbei. Er wirkte völlig ungerührt und bot uns keinerlei Hilfe an. Das war typisch für ihn. Später versicherte man uns in der örtlichen Unfallambulanz, Kirk würde nichts fehlen. Wir waren erleichtert, doch der Nachmittag war gelaufen.

Das Leben wurde immer beschwerlicher, weil David mit seiner Anwesenheit jeden einzelnen Augenblick vergiftete. Nachts konnte ich nicht schlafen, weil ich immer daran denken musste, dass Kirsty unter demselben

Dach wohnte wie er. Aber wie sollte ich sie dort wegkriegen, ohne ihr zu sagen, was David mir angetan hatte? Kelly wusste ja nicht einmal, dass Kirsty meine Tochter war! Mir war völlig klar, dass der ganze Albtraum nur enden konnte, wenn ich endlich die Wahrheit sagte. Doch ich hatte mich zu sehr in meinem eigenen Gespinst aus Lügen verstrickt, mit denen ich mein scheußliches Geheimnis schützte. Die Lügen erschienen längst viel plausibler als die eigentlichen Fakten. Und abgesehen von all dem wusste ich auch nicht, wie ich mich den dunkelsten Momenten meiner Vergangenheit noch einmal stellen sollte. Sobald David in der Nähe war, fühlte ich mich nicht mehr wie eine Mutter und Erwachsene. Ich wurde wieder zu einer verstörten, vor Angst gelähmten Zwölfjährigen.

An einem Abend im Herbst 2004 sagte Mum mir, David würde bei einem Freund übernachten. Deshalb erlaubte ich Alicia und Sam, bei ihr zu bleiben. Normalerweise ließ ich sie kaum aus den Augen, doch dieses eine Mal glaubte ich, im Haus meiner Mutter könnte ihnen tatsächlich nichts passieren. Ich täuschte mich. Als ich am nächsten Morgen mit Kelly zu Mum ging, um die beiden Mädchen abzuholen, rannten sie mir aufgeregt entgegen. Mir rutschte das Herz in die Hose.

»Was ist passiert? Was ist los?«, schrie ich halb wahnsinnig vor Sorge.

»Cool bleiben, Liebes«, sagte Kelly. Doch ich winkte

ab und wartete mit angehaltenem Atem, was die Mädchen sagen würden.

»Du hast recht, Mum«, erklärte Sam. »Onkel David ist echt schrecklich.«

Mein Magen drehte sich beinahe um, doch Sam sprach unbeirrt weiter.

»Wir haben bloß im Wohnzimmer gespielt, und er hat uns ganz furchtbar angeschrien, weil wir ihn an seinem Computer gestört haben.«

»Typisch.« Kelly wollte sich abwenden und nach Hause gehen. Doch ich war blass geworden.

»Augenblick mal«, sagte ich. »Hat David heute auch bei Oma übernachtet?«

»Ja. Der muss irgendwann mitten in der Nacht heimgekommen sein«, sagte Sam beiläufig.

Mein Blut begann zu kochen. Ich konnte weder denken noch atmen.

»O mein Gott«, murmelte ich.

»Schon gut, Vicks«, sagte Kelly. »Es ist nichts passiert – er hat sie bloß angeschrien.«

Doch ich sah rot. Ich hatte genug. Laut schimpfend und fluchend stand ich mitten auf der Straße.

»Ich halte das nicht mehr aus. Es geht einfach nicht mehr. Er kann mir nicht mein Leben diktieren. Meins nicht und das der Mädchen auch nicht. Das muss ein Ende haben!«

Ich hatte das Gefühl, gleich in Flammen aufzugehen. Ich weinte, zeterte, rannte im Kreis. Kelly war ratloser denn je. Er wusste nicht, was er mit mir anstellen sollte.

»Kelly, hol Kirsty und bring sie zu uns!«, schrie ich. Dann hetzte ich mit Alicia und Sam nach Hause. Ohne ein Wort der Erklärung schickte ich sie in ihr Zimmer.

Sicher dauerte es nur Minuten, bis Kelly zurück war, aber mir erschienen sie wie Stunden. Während ich auf ihn wartete, wanderte ich im Wohnzimmer auf und ab. Die verschiedensten Gedanken jagten durch meinen Kopf. Die bange Frage, an der ich nun nicht mehr vorbeikam, lautete: Muss ich Kelly die Wahrheit sagen? Ich lebte in einem Albtraum. Monate hatte ich damit verbracht, um sicherzustellen, dass die Mädchen nur ab und zu auf dem Weg ins Haus oder wieder hinaus an David vorbeimussten – und jetzt das. Bei der Vorstellung, dass meine Töchter die Nacht mit ihm unter einem Dach verbracht hatten, wurde mir eiskalt. Was, wenn er noch einmal zuschlug? Wenn er etwas im Schilde führte und nur auf den richtigen Moment wartete, um es in die Tat umzusetzen? Tränen brannten in meinen Augen. Die Gefahr war einfach zu groß. Tief in mir reifte der Entschluss, dass das schreckliche, seit fast zwanzig Jahren gehütete Geheimnis nun ans Licht musste. Denn so konnte es nicht weitergehen. Ich stand am Rand eines Nervenzusammenbruchs. Was sollte werden, wenn David noch monate- oder gar jahrelang bei Mum wohnen blieb? Wie sollte ich ihn von meinen Mädchen fernhalten? Ich litt Höllenqualen. Würde ich es schaffen, die Worte, die ich so tief in mir begraben hatte, jetzt plötzlich auszusprechen? Ich versuchte, sie mir im Kopf zurechtzulegen. »Kelly, ich muss dir etwas sagen.« »Kelly, es gibt einen Grund, warum ich David so sehr hasse.« »Kelly, ich wurde missbraucht.« Es ging einfach nicht. Die Worte hingen an einer Schnur und wurden immer wieder in meine Kehle zurückgezerrt. Das fühlte sich beinahe so an, als legte David noch einmal die Hände um meinen Hals.

Was, wenn Kelly mir nicht glaubte? Und selbst wenn er mir glaubte – was kam dann danach? Würde er sich angewidert von mir abwenden und mich und die Kinder schutzlos zurücklassen? Die beklemmendsten Gedanken stürzten auf mich ein. Dabei wusste ich längst tief in meinem Herzen, dass Kelly bleiben würde, egal was kam. Wir hatten schon so viel zusammen durchgemacht – er war mehr als nur ein Fels in der Brandung. Er war der Mann, von dem ich immer geträumt hatte. Der Mann, der mich in die Arme nehmen und sich um mich kümmern würde. Je mehr ich darüber nachdachte, desto überzeugter wurde ich, dass Kelly genau das Richtige tun und für mich da sein würde. Mir nur vorzustellen, dass ich jemandem alles sagen würde, war bereits mehr, als ich mir in den vergangenen Jahren erlaubt hatte. Nun gab es kein Zurück mehr. Die Wahrheit musste ans Licht – den Mädchen zuliebe.

Aber was war mit Kirsty? Und mit Mum? Wie würden sie meine Geschichte aufnehmen? Jahrelang hatte ich Kirsty mit der Erklärung abgespeist, ihr Vater hätte nichts von ihr wissen wollen. Und jetzt würde ich zugeben müssen, dass ich sie angelogen hatte. Dass ich alle angelogen hatte. Wie würde meine Tochter damit klarkommen? Würde sie mich hassen? Kirsty und ich hatten ein sehr viel engeres Verhältnis als viele andere Mütter und Töchter. Aber konnte unsere Beziehung eine derart schockierende Offenbarung überstehen? Vermutlich würde Kirsty sich beschmutzt fühlen. Sie musste gleich mit zwei entsetzlichen Tatsachen leben: dass sie bei einer inzestuösen Vergewaltigung gezeugt worden war und dass ihr Vater einen Menschen umgebracht hatte. Durfte ich denn ihre Welt von einer Minute zur anderen zertrümmern? Jahrelang hatte ich mir diese Frage immer wieder gestellt, doch jetzt blieb mir keine andere Wahl. Ich war schon zu lange vor David davongelaufen. Jetzt musste ich mich der brutalen Wahrheit stellen und mit den Folgen leben.

Am härtesten würde es vermutlich Mum treffen. Sie war einer der vielen Gründe dafür, dass ich bislang geschwiegen hatte. Mum betete David an und war seit Dads Tod so leicht aus der Fassung zu bringen. Würde sie mir überhaupt glauben? Das Risiko, dass sie es nicht tat, musste ich eingehen. Außerdem hatte ich jetzt Unterstützung. Ich war nicht mehr das kleine Mädchen, das Angst hatte, als Lügnerin angesehen zu werden. Mit Kelly an meiner Seite konnte ich zu meinen Worten stehen. Wenn die Wahrheit erst heraus war, würde nichts mehr so sein wie zuvor. Und vielleicht war das auch gut so. Je intensiver ich über den nächsten Schritt nachdachte, desto stärker fühlte ich mich.

Dann hörte ich die Haustür.

»Wir sind da, Vicks!«, rief Kelly.

Kirsty ging gleich hinauf zu ihren Schwestern. Kelly kam ins Wohnzimmer und nahm mich fest in den Arm.

»Ich muss dir etwas sagen, Kelly«, stammelte ich.

Die Wahrheit muss ans Licht

An diesem Nachmittag schien die Sonne hell ins Zimmer. Trotzdem fröstelte ich.

Ich saß auf dem Sofa und brachte kein Wort heraus. Kelly holte mir einen Drink, während ich versuchte, mich zu fassen. Oben flüsterten und kicherten die Mädchen. Sie spürten, dass irgendetwas los war, konnten aber nicht wissen, wie ernst diese Angelegenheit war. Ich hatte furchtbare Angst, Kelly alles zu sagen könnte ein Fehler sein, und fürchtete mich entsetzlich vor den Auswirkungen, die meine Entscheidung auf Kirsty haben könnte. Aber die Wahrheit musste ans Licht. So konnte es nicht weitergehen.

Kelly setzte sich neben mich und wartete. Er sagte kein Wort. Ich glaube, er hatte immer gehofft, dass ich ihm eines Tages erklären würde, warum ich so war, wie ich war. Und plötzlich quollen die Worte so hektisch aus mir hervor, dass ich gar nicht wusste, was ich alles sagte. Ich fing an zu weinen, und Kelly hielt mich einfach nur fest.

»Kirsty ist von David«, nuschelte ich. Zwischen Schluchzern kamen immer wieder Worte wie »vergewaltigt«, »Kirsty« und »David« aus meinem Mund. Zum Glück gelang es Kelly, sich die Geschichte zusammenzureimen, ohne dass ich zu sehr ins Detail gehen musste. Ängstlich suchte ich in seinem Gesicht nach einer Reaktion, fand aber nicht das leiseste Anzeichen von Abscheu. In solchen Augenblicken verrät der Gesichtsausdruck einer Person sehr viel. In Kellys Augen las ich Schmerz und Mitgefühl für mich, doch keine Verurteilung, keine Zweifel. Deshalb verstand er auch ziemlich schnell, was ich sagte. Für ihn ergab nun alles auf schreckliche Weise einen Sinn.

»O Vicks.« Tränen stiegen ihm in die Augen. »Dieses Monster! Dieser verdammte Arsch! Mein armer Liebling. Wie konnte er seiner Schwester so etwas antun? Du warst so alt wie Alicia jetzt. Ein Kind! Es tut mir so leid, Liebes. Er wird dir nie wieder etwas tun.«

Kelly schlang die Arme um mich und hielt mich ganz fest. Ich war völlig außer mir, konnte kaum atmen und auch nicht mehr aufhören zu weinen. Ich spürte, dass auch Kelly schluchzte, und ein paar Minuten lang lagen wir einander nur in den Armen und sagten kein Wort. Ich wusste, dass er meinen Schmerz fühlte – dass ihn jetzt das Geheimnis fast erdrückte, das ich so lange mit mir herumgeschleppt hatte.

Doch am allerbesten ist mir noch das tiefe Gefühl von Befreiung in Erinnerung, das ich in diesem Moment empfand. Als die Worte aus meinem Mund kamen, lösten sich fast automatisch die Verkrampfungen in meinen Muskeln, ich fühlte mich ganz leicht. Danach hatte ich mich jahrelang gesehnt. Nie werde ich den Moment der inneren Erlösung vergessen, in dem die schwere Last von mir genommen wurde. Ich spürte es im ganzen Körper. Endlich, endlich fiel die Anspannung von mir ab. Kelly würde mir helfen, die nächste Zeit zu überstehen. Das wusste ich. Er war genau der Mann, den ich nun brauchte. Ein Beschützer, ein ganzer Kerl. Es klingt vielleicht egoistisch, doch es fühlte sich wunderbar an, die Last meiner Sorgen an einen anderen Menschen weiterzureichen und das dunkle, alles vergiftende Geheimnis endlich mit jemandem zu teilen. Achtzehn Jahre lang hatte ich auf diesen Augenblick gewartet.

Als die Jungs ins Zimmer stürmten, hielten Kelly und ich einander immer noch weinend in den Armen. Wir mussten uns zusammenreißen. So war das in diesem Haus immer: Lange konnte man nie über etwas nachgrübeln, denn meist platzten bald die Kinder herein und brauchten irgendetwas. Kelly sah mich nur an und flüsterte mir ins Ohr: »Ich kümmere mich drum.«

Und ich wusste, dass er das tun würde.

»Okay, Jungs. Abmarsch in euer Zimmer.« Er verbarg seine Tränen vor den beiden. Nach meinem jahrzehntelangen einsamen Kampf hatte ich nun einen Verbündeten, der mir helfen würde, das Dunkel zu besiegen, das David in unser Leben gebracht hatte.

Kelly dachte sich sofort, dass ich nie jemandem etwas davon erzählt hatte. Ich musste ihm nicht erst erklären, dass er der allererste Mensch war, dem ich mich anvertraute. Für ihn fügten sich die Teile eines großen Puzzles nun endlich zu einem vollständigen Bild. Jetzt kannte er den Grund für meine zerstörerische Wut und meine Selbstzweifel, für mein unstillbares Bedürfnis nach Liebe und die gleichzeitige Überzeugung, ich hätte nur Schmerz und Betrug verdient.

Doch im Vergleich zu dem, was noch vor mir lag, war das Gespräch mit Kelly nur der einfache erste Schritt gewesen. Der Gedanke, Kirsty einweihen zu müssen, stand wie ein riesiger Berg vor mir. Dabei machte ich mir schon genügend Sorgen darüber, wie Mum reagieren würde.

»Was wird Mum sagen?«, fragte ich Kelly. »David war seit jeher ihr Goldjunge. Sicher glaubt sie mir kein Wort.«

»Das wird sie müssen. Wir kriegen das irgendwie hin.«

Allein das Nachdenken über die richtigen Formulierungen machte mich fast panisch.

»Ich helfe dir, so gut ich nur kann«, versprach Kelly.

Wir hatten eine ganze Stunde lang geredet und merkten nun, dass Kirsty inzwischen weggegangen war.

»Nein!«, schimpfte ich. »Wie kann ich sie jetzt noch mal in das Haus zurücklassen, in dem David sich herumdrückt?«

»Ich gehe zu deiner Mutter«, sagte Kelly.

»Ja. Wir müssen es Kirsty jetzt sagen.« Tränen liefen mir übers Gesicht. »Was wird sie bloß von mir denken?«

»Du bleibst am besten hier und passt auf die Kleinen

auf«, sagte Kelly. »So wie es dir gerade geht, wäre es nicht gut, wenn du ausgerechnet jetzt mit David zusammentriffst.«

Wo David sich aufhielt, wussten wir nicht. Aber Kelly konnte auf sich aufpassen. Daran hatte ich keinen Zweifel. Das war auch einer der Gründe, warum ich ihm schließlich alles gesagt hatte. Als ich noch mit den Kindern allein gewesen war, hatte ich zu viel Angst davor gehabt, jemandem mein Geheimnis zu verraten. Aber jetzt, wo Kelly bei mir war, würde David es nicht wagen, mich noch einmal zu bedrohen oder mich anzugreifen. Ich wusste, Kelly würde mich immer beschützen.

Nachdem Kelly weg war, ging ich zu Hause fast die Wände hoch. Zum Glück waren die Jungs da. Die beiden brauchten so viel Aufmerksamkeit, dass ich kaum an etwas anderes denken konnte. Trotzdem kam ich aus Angst vor Kirstys Reaktion fast um. Ein Teil von mir fand, ich hätte es ihr selbst sagen müssen. Aber selbst bei Kelly hatte ich furchtbar gestammelt. Und das war das viel leichtere Gespräch gewesen. Die Wahrheit würde Kirsty tief treffen; man musste sie ihr behutsam beibringen. Ein schluchzendes Wrack konnte diese Aufgabe nicht erfüllen. Kirsty hatte bereits den Tod ihres geliebten Großvaters und Mums Klinikaufenthalt verarbeiten müssen. Das Wohl meiner ältesten Tochter lag mir jetzt am meisten am Herzen. Sie sollte ein bisschen Zeit haben, den ersten Schock zu verdauen, bevor wir uns gegenüberstanden.

Jetzt wo Kelly Bescheid wusste, hatte ich das Gefühl, jeder müsste es erfahren. Alle oder keiner. Im Kopf stellte ich mir das vor wie eine Szene, die neu in ein Filmskript geschrieben wird und den gesamten Handlungsverlauf verändert. Das Geheimnis war nun keines mehr – unser aller Leben nicht mehr dasselbe.

Ich saß mit einer Zigarette in der Hand zu Hause und stellte mir vor, wie Kelly mit Kirsty sprach. Jetzt sagt er es ihr gerade, dachte ich. Jetzt zieht es ihr den Boden unter den Füßen weg. Weint sie jetzt? Wird sie mich hassen?

In den nächsten Tagen rekonstruierte ich die Ereignisse Stück für Stück wie ein Detektiv. Ich musste wissen, wer was gesagt hatte, wollte mir den Ausdruck auf den Gesichtern vorstellen können und hören, wie meine Familie auf die platzende Bombe reagiert hatte.

Kelly traf Mum im Wohnzimmer an. Kirsty war oben in ihrem Zimmer. Kelly versicherte sich, dass David nicht im Haus war, setzte sich zu Mum und sagte: »Ich muss dir etwas erzählen, und es wird ziemlich hart für dich werden. Aber hinterher wird dir klar sein, warum Vicky David nicht in ihrer Nähe erträgt.«

Mum schaute Kelly überrascht an. Anfangs wollte ihm die Stimme versagen, doch er zwang sich zum Sprechen.

»Es ist etwas richtig Scheußliches passiert ... Ich weiß gar nicht, wie ich es sagen soll ... David hat Vicky missbraucht.«

Mum saß plötzlich wie versteinert da – wie in einer Schockstarre.

»Was? Das kann nicht sein. Mein David? Nein ... so was würde er niemals tun. Das ist unmöglich. Vicky? Meine Tochter Vicky? Wer behauptet denn so was?«

»Es tut mir leid – aber ja. Dein Sohn David. Deine Tochter Vicky. Er hat sie vergewaltigt, als sie noch ein kleines Mädchen war.« In diesem Augenblick konnte Kelly im Gesicht meiner Mutter lesen, dass sie anfing zu verstehen und dass ihr dabei fast übel wurde.

»Mein Gott, Vicky. Es ist wahr, oder? David hat ihr das wirklich angetan. Jetzt verstehe ich manches«, murmelte sie. »Die ganzen letzten Jahre. Jetzt wird mir einiges klar.« Mum lachte bitter auf. »Wie konnte ich so blind sein? Sie hasst ihn. Sie erträgt es nicht mal, im selben Raum zu sein wie er.« Dann verlor Mum völlig die Fassung. Sie brach in Tränen aus und schluchzte hemmungslos.

»Ich hätte es wissen müssen. Ich hätte etwas tun müssen. Aber etwas so Abartiges, etwas so Böses – darauf wäre ich nie gekommen.« Sie spuckte die Worte geradezu aus.

Kelly erzählte mir, dass Mum dann lange geweint hatte. »Meine arme kleine Vicky. Sie muss schreckliche Angst gehabt haben. Warum hat sie mir nichts gesagt? Immer wieder habe ich sie dazu gedrängt, ihn zu besuchen ... Ihr muss ganz schlecht geworden sein. Und die ganze Zeit habe ich ihn in Schutz genommen ...«

Aber der zweite Schock stand meiner Mutter noch bevor. Kelly holte tief Luft.

»Das war noch nicht alles. Es tut mir leid, dass ich dir das auch noch sagen muss, aber Kirsty ist Davids Tochter.«

»Nein ...« Mum schluchzte noch heftiger. »Vicky war doch noch ein kleines Mädchen. Das ist zu viel. Wie konnte er das tun? Ich kann es einfach nicht glauben. Und mein Gott – Kirsty! Wie soll sie damit klarkommen? Wir haben sie die ganze Zeit angelogen. Ihr ganzes Leben ist eine Lüge ... Und Vicky musste das alles mit sich selbst ausmachen?«

Später sagte Mum mir, es hätte sie schwer getroffen, dass ich fast in einem Gefühlsstrudel ertrunken war, während sie ihr Leben gelebt hatte. Sie hatte ihren Sohn geliebt und versucht, ihn auf die rechte Bahn zurückzuführen, mir dabei aber entsetzlichen Schaden zugefügt. An diesem einen Nachmittag musste sie alles auf den Prüfstand stellen, was sie je über ihre Familie gedacht hatte.

»Wenigstens hat Len nie davon erfahren.« Mum wischte sich mit der Hand übers Gesicht. »Das ist ihm zum Glück erspart geblieben. Es hätte ihm das Herz gebrochen.«

Mum war der Ansicht, es sei am besten, wenn sie es Kirsty sagte. Kelly ging hinaus in den Garten, damit die beiden allein sein konnten, und Mum rief Kirsty zu sich. Ahnungslos und fröhlich kam sie angerannt. Doch sobald sie Mums Gesicht sah, wusste sie, dass etwas passiert war. Unsicher setzte sie sich hin.

»Ich muss dir etwas sehr Schlimmes erzählen, mein Schatz«, sagte Mum. »Vielleicht wirst du es gar nicht gleich verstehen. Ich habe es selbst gerade erst erfahren und kann es noch gar nicht glauben.«

Kirsty hörte aufmerksam zu, während Mum ihr so behutsam wie möglich sagte, was sie wusste.

»Es tut mir leid, aber als deine Mum noch ein kleines Mädchen war, hat sie etwas ganz Schreckliches durchmachen müssen. So schrecklich, dass sie bis jetzt noch nie mit jemandem darüber geredet hat. Dein Vater ist nicht derjenige, von dem du es vielleicht vermutet hast ... O Kirsty, es ist nicht leicht, dir das zu sagen. Aber dein Vater ist David. Er ...« Mum suchte nach den richtigen Worten. »Er war selbst noch sehr jung, aber er hat deiner Mum etwas Furchtbares angetan. Mit den Gefühlen, die Vicks für dich hat, hat das aber nichts zu tun. Sie hat dich immer geliebt. Wir alle lieben dich. Von ganzem Herzen. Aber du musst wissen, was damals passiert ist.«

Anfangs saß Kirsty nur reglos da und starrte in die Luft.

»Kirsty? Ist alles okay?«, fragte Mum unsicher.

»Ist das wahr?«, flüsterte Kirsty.

»Es tut mir so leid.«

Mum nahm Kirsty in den Arm, doch Kirsty war starr wie ein Brett.

»Aber das ändert gar nichts. Du bist immer noch mein süßes Mädchen. Das verspreche ich dir.«

Kirsty fing an zu weinen.

»Arme Vicky«, schluchzte sie. »Ich kann gar nicht glauben, dass sie das alles so lange mit sich herumgeschleppt hat.« Später erzählte sie mir, dass sie erst nach Wochen wirklich verstanden hatte, was damals passiert war. Anfangs hatte sie nur furchtbares Mitleid gehabt. Mit mir. Das zu hören, brach mir fast das Herz. Kirsty ist ein so liebes Mädchen, das allen nur Freude macht, und hat es nicht verdient, in einen so furchtbaren Tumult gestürzt zu werden.

Mum hielt sie fest und weinte mit ihr.

»Ich weiß, es fällt schwer, das zu glauben. Ich habe es eben erst selbst erfahren. Aber wir halten zusammen. Wir kommen damit klar«, versprach sie.

»Und ich wollte unbedingt wissen, wer mein Vater ist!«, schluchzte Kirsty.

Kelly ging wieder ins Haus, sah, dass die beiden weinten, und legte die Arme um sie.

Als sich alle ein wenig beruhigt hatten, kamen sie zu mir herüber. Vor diesem Augenblick hatte ich mich schon seit dem Tag gefürchtet, an dem ich erfahren hatte, dass ich von meinem Bruder schwanger war.

Wie lange ich auf die drei gewartet habe, weiß ich nicht mehr. Doch ich glaube, es war früher Abend, als die Haustür aufging. Bei dem Geräusch sprang ich auf und fing an, auf und ab zu gehen. Ich hatte Angst davor,

Mum und Kirsty in die Augen zu sehen, ihnen von Angesicht zu Angesicht zu sagen, was passiert war. Dann kamen sie ins Zimmer, und ich stand einfach nur da und fing wieder an zu weinen. Mum rannte sofort auf mich zu und nahm mich in den Arm.

»Es tut mir so leid, dass du es mir nicht sagen konntest«, murmelte sie.

Dann warf meine süße Kirsty sich in meine Arme. Zusammen fielen wir aufs Sofa, umarmten einander und weinten und weinten. Es fühlte sich an wie Stunden. Wir sagten kein Wort, hielten einander nur fest.

Später ging Mum nach Hause, doch Kirsty blieb, und wir schliefen alle unter einem Dach. Genauer gesagt gingen wir alle ins Bett. Wirklich geschlafen hat vermutlich keiner. Ich lag nur da und konnte nicht aufhören zu weinen. Kelly lag neben mir und redete stundenlang sanft auf mich ein. Normalerweise drehte ich mich in solchen Situationen weg. Doch diesmal hielten wir einander fest und fragten uns, was der Morgen bringen würde.

Am nächsten Morgen schrieb Kelly eine SMS an eine Mitarbeiterin von Mosaic, einer Wohnbaugenossenschaft mit angeschlossenem Sozialdienst in London und Essex. Obwohl die Leute von Mosaic sich vorwiegend um Wohnungsangelegenheiten kümmerten, boten sie auch bei anderen Problemen Hilfestellung an. Wen wir sonst anrufen sollten, wussten wir nicht. Wir wussten nur, dass wir Unterstützung brauchten. Auf die Idee, uns an Mosaic zu wenden, kam Kelly, weil wir dort auch schon bei ganz banalen Alltagsproblemen gut beraten worden waren. Wegen etwas die Polizei anzurufen, das schon so lange zurücklag, schien uns wenig sinnvoll. Als die Frau von Mosaic anrief, sagte Kelly ihr, innerhalb der Familie sei ein schwerer Übergriff passiert, und wir müssten mit jemandem sprechen. Die Frau sagte, es käme jemand vorbei. Dann warteten wir.

Kaum hatte Kelly aufgelegt, da rief Mum bei uns an.

»David ist weg«, sagte sie.

Benommen

Ich fühlte mich wie vom Blitz getroffen. Ich konnte nicht sprechen und kapierte erst gar nicht, was Mum sagte. Deshalb gab ich Kelly das Telefon. An seinem Gesichtsausdruck und seinen Gesten während des Gesprächs konnte ich ablesen, dass etwas Schlimmes passiert sein musste. Mit angehaltenem Atem wartete ich, bis er das Gespräch beendete.

Kelly sah erschöpft aus, als er sich zu mir drehte.

»Das ist der pure Wahnsinn. Anscheinend hat David ein Mädchen entführt.«

Mir knickten die Beine weg. Ich sank aufs Sofa.

Am Morgen hatte ein Polizist an Mums Tür geklopft und sie gefragt, wann sie David zuletzt gesehen hätte. Der Beamte erklärte, David hätte allem Anschein nach seine Exfreundin Sarah entführt und niemand wisse, wo die beiden seien. Sarah und er waren ein paar Monate lang zusammen gewesen. Ich hatte keine Ahnung, wie sie sich kennengelernt hatten. Doch sie war ein hübsches Mädchen aus einer soliden Mittelschichtfamilie. Dass die beiden sich getrennt hatten, hatte Mum mir bereits vor einer Weile erzählt. Zu dem Zeitpunkt war ich einfach nur erleichtert gewesen, dass Sarah ihm entkommen war, bevor er ihr etwas antun konnte. Doch anscheinend hatte ich mich getäuscht. Wir erfuhren, dass er am vergangenen Abend zu Sarah gefahren war, um mit ihr zu reden. Als sie sich zu ihm in seinen weißen Van gesetzt hatte, war er einfach mit ihr davongerast. Weil sie im Lauf der Nacht nicht nach Hause gekommen war, hatten ihre Eltern sie vermisst gemeldet.

Ich spürte, wie Panik in mir aufstieg.

»Dann weiß also keiner, wo sie sind?«, fragte ich. Das machte alles noch schlimmer. Sarah tat mir furchtbar leid. Ich dachte daran, was vor Jahren mit Helen passiert war, und spürte wieder Davids Hände an meinem Hals. Was sollte ihn davon abhalten, Sarah ebenfalls etwas anzutun? Gleichzeitig war ich außer mir vor Sorge um meine Kinder.

»Was ist, wenn er hier aufkreuzt?«, fragte ich gehetzt.

Kelly nahm mich in den Arm. »Das lasse ich nicht zu. Mach dir keine Sorgen. Das werde ich verhindern«, sagte er.

Ich musste ihm vertrauen. Ich hatte nach langer Zeit mein Geheimnis preisgegeben. Mehr konnte ich im Augenblick nicht tun.

Schon ein paar Stunden später standen zwei Mitarbeiter von Mosaic vor der Tür. Schnell schickte ich die Mädchen in ihr Zimmer. Kelly hatte Jamie und Kirk zur Schule gebracht. Dort waren sie im Moment am besten aufgehoben. Er sagte ihren Lehrern, was passiert war, und bat sie, ein Auge auf die Jungs zu haben.

Die Leute von Mosaic wussten bereits, dass David verschwunden war. Sie schienen sich große Sorgen zu machen und schalteten die Brentwood Child Protection Unit, CPU, eine Kinderschutzorganisation, ein, die eng mit der Polizei zusammenarbeitete. Ich sollte eine Aussage machen. Alles ging sehr rasch, und ich weiß gar nicht mehr, wer genau wofür zuständig war. Noch am selben Morgen kam eine nette Frau namens Susan Clarke von der CPU zu uns. Sie erklärte mir, ich müsste für die Aussage leider zur Wache kommen.

Am Nachmittag ging ich zur Polizeiwache von Stamford. Dort gab es Besprechungszimmer, die nicht an offizielle Verhörzimmer erinnerten. Sofas und eine Kaffeemaschine machten die Räumlichkeiten fast wohnlich. Anfangs war ich sehr nervös. Ständig zupfte ich an meinen Kleidern herum. Würde man mir hier glauben? Würde man mir die Schuld an Sarahs Entführung geben, weil ich nicht schon viel früher etwas gesagt hatte?

Kelly durfte nicht mit ins Besprechungszimmer. Doch nebenan befand sich ein Aufzeichnungsraum. Dort konnte er sitzen, zuhören und sich versichern, dass ich irgendwie klarkam. Ich setzte mich mit einem Getränk in der Hand aufs Sofa. Mir gegenüber nahmen einige sehr professionell wirkende Frauen Platz. Anfangs fiel es mir schwer, zu sprechen. Obwohl ich das Gefühl hatte, dass die Dinge sich für mich langsam zum Besseren wendeten, war die Angst noch nicht weg. Jahrelang hatte ich das Gefühl gehabt, David nicht entkommen zu können, und jetzt war er derjenige, der die Nerven verloren hatte und geflüchtet war. Trotzdem wurde mir erst nach und nach bewusst, dass er mir wirklich nichts mehr anhaben konnte.

Die Frauen von der CPU waren sehr einfühlsam und bedrängten mich nicht. Sie stellten nur vorsichtig ein paar Fragen. »Können Sie uns vielleicht als Erstes erzählen, was gestern passiert ist?«

Ich atmete tief durch und fing an zu reden.

Erst fand ich nicht die richtigen Worte. Ich stammelte, brach ab und wusste nicht weiter. »Es tut mir leid«, sagte ich immer wieder. Achtzehn Jahre lang hatte ich die Worte in mir vergraben. Jetzt hatte ich zwar mit Kelly gesprochen, dabei aber keine Details preisgeben müssen. Das meiste hatte er sich selbst zusammengereimt. Ich hatte die schrecklichen Fakten nur bestätigen müssen. Dann hatte Kelly Mum alles erzählt, und Mum hatte schließlich mit Kirsty gesprochen. Ich selbst hatte kaum etwas sagen müssen. Aber jetzt war ich gezwungen, die schmerzhaften Worte tatsächlich auszusprechen. Das fühlte sich an, als würden in meinem Inneren Knoten aufgeknüpft. Erst nach einer Weile spürte ich, wie leicht es war, mit diesen Frauen zu sprechen. Sie waren Fremde. Außenstehende. Ich musste mir keine Sorgen machen, dass meine Geheimnisse ihnen schaden könnten.

In diesem Augenblick brach alles aus mir heraus. Die Schrecken der Vergewaltigungen, die Verwirrung und die Angst der kommenden Jahre. Auf einige wenige Fragen der Frauen fiel mir die Antwort wirklich schwer.

Vor allem wenn es dabei um die Einzelheiten bei den Vergewaltigungen ging. Es tat ungeheuer weh, die Augenblicke noch einmal zu durchleben, und es war mir auch sehr peinlich. Ich musste erklären, wie David mich missbraucht hatte. Und obwohl ich nichts dafürkonnte, war das sehr demütigend.

Das Gespräch zog sich über Stunden hin. Die Frauen waren sehr nett und einfühlsam. Nie hatte ich das Gefühl, bedrängt zu werden. Sie stellten jede Frage nur ein einziges Mal, und so wurde meine Aussage nicht zu dem Verhör, vor dem ich mich gefürchtet hatte. Bald hatte ich fast das Gefühl, mit Freundinnen zu sprechen, und ich wünschte mir von ganzem Herzen, ich hätte als völlig verstörte Zwölfjährige so einfühlsame und unvoreingenommene Zuhörerinnen gehabt. Dass Kelly im Zimmer nebenan zuschaute und zuhörte, wusste ich. Darüber war ich froh. Dann brauchte ich wenigstens nicht alles noch einmal zu erzählen. Endlich erfuhr er auch die Einzelheiten.

Nach dem Gespräch sagten mir die Frauen, ein DNA-Test würde alles beweisen. Damit könnte ich mir weitere detaillierte Schilderungen der Vergewaltigungen ersparen. Wir vereinbarten einen Termin, zu dem Kirsty und ich in ein paar Tagen erscheinen sollten. Durch einen solchen Labortest wurde, was geschehen war, sehr real und sehr offiziell.

In den nächsten Tagen hatte ich kaum Zeit für die Kinder, weil ich mit so vielen Leuten von irgendwelchen Behörden sprechen musste. Mum kümmerte sich liebevoll um Kirsty, doch Kirsty verschanzte sich fast ununterbrochen in ihrem Zimmer. Ich wollte unbedingt bei ihr sein und selbst nach ihr sehen. Aber die Leute von Mosaic, von der CPU und von der nationalen Kinderschutzorganisation NSPCC waren ständig da, stellten Fragen und erklärten uns das weitere Vorgehen. Das war fast mehr, als ich ertragen konnte, und teilweise auch sehr chaotisch.

David und Sarah waren immer noch unauffindbar, deshalb sollten nach Jahren des Schweigens plötzlich sämtliche Details sehr schnell ans Licht. Ich hatte das Gefühl, alle versuchten zu helfen und das Richtige zu tun. Aber alle zur selben Zeit.

Um Kirsty machte ich mir riesige Sorgen. Ich wollte wissen, wie sie klarkam. Sie musste einen schweren Schock verarbeiten, sich mit Fakten beschäftigen, die ihr ganzes Leben und ihren Blick auf alles Gewohnte verändern würden. Dabei waren wir, wie bereits erwähnt, keine Familie, in der viel geredet wurde. Empfindungen und Gefühle wurden normalerweise nicht offen ausgesprochen. Still in einer Ecke zu sitzen und seine Gedanken ganz allein zu sortieren war bei uns schon viel eher der Normalfall. Ich wünschte mir, es wäre anders – doch ich konnte mir nicht vorstellen, dass irgendetwas, was ich sagte, den Schmerz meiner wunderbaren Tochter lindern würde.

Zum Glück pendelte Kelly unentwegt zwischen

Kirsty, Mum und mir hin und her, kümmerte sich um uns und ermutigte uns zum Reden. Erst ging er zu Mum, dann kam er zu mir und sagte mir, wie es ihr ging. Als Nächstes setzte er sich zu Kirsty und erzählte ihr, wie es mir zumute war. Das war unsere Methode der Verarbeitung, und sie schien zu funktionieren. Das vorherrschende Gefühl, mit dem wir alle kämpften, war die Schuld. Mum hatte ein schlechtes Gewissen, weil sie mich nicht vor David geschützt hatte. Kirsty hatte Schuldgefühle, weil ich mich fast zwei Jahrzehnte lang allein mit einem so scheußlichen Geheimnis herumgeschlagen hatte, und ich fühlte mich schlecht, weil ich allen so viel Kummer bereitete.

»Ich habe das Gefühl, versagt zu haben, weil ich sie nicht schützen konnte und weil sie glaubte, sich mir nicht anvertrauen zu können, als sie mich am meisten brauchte«, sagte Mum zu Kelly.

»Wie hättest du denn verhindern sollen, dass David sie missbraucht? Du wusstest doch überhaupt nicht, wozu er fähig ist.« Doch Mum beharrte auf ihrer Sicht.

»Kann sein. Oder auch nicht. Aber sie hätte das Gefühl haben müssen, dass sie mit jedem Problem jederzeit zu mir kommen kann. Dass Vicky dachte, sie müsste alles mit sich alleine ausmachen, ist richtig schlimm.«

Nebenher wuchs bei uns allen die Sorge um Sarah. Mum brach unter der Anspannung fast zusammen. »Ich hätte doch sehen müssen, wie er wirklich ist. Ich bin seine Mutter. Warum habe ich ihn nicht durchschaut?«

Kirsty hatte noch viel schwerer zu kämpfen. Bei einem längeren Gespräch verriet sie Kelly, dass ein Gedanke sie fast wahnsinnig machte: »David ist mein Vater. Woher weiß ich denn, dass ich nicht eines Tages so werde wie er? Was ist, wenn ich das Leben anderer Menschen genauso kaputt mache, wie mein Vater es tut?«

Kirsty war siebzehn Jahre alt und bereits eine sehr patente junge Frau. Kelly gab sich Mühe, ihr das klarzumachen.

»Du bist nicht wie er, Kirsty«, sagte er. »Du hast längst bewiesen, was für ein liebenswerter, großartiger Mensch du bist.«

Aber sie hörte ihm nicht zu.

»Ich hasse mich dafür, dass ich seine Tochter bin. Das kannst du nicht verstehen. Ich kann mich selbst nicht mehr leiden«, flüsterte sie.

Ich hatte geglaubt, etwas Schlimmeres, als das, was David mir angetan hatte, gäbe es nicht. Doch nichts, was ich durchlitten hatte, war so erschütternd, wie hören zu müssen, dass meine geliebte Tochter meinte, sie sei vielleicht so böse wie ihr Vater.

Sarah und David waren unauffindbar. Täglich besuchte uns eine Frau von Mosaic und brachte uns auf den neuesten Stand. Sie war sehr nett, und wir fühlten uns gut beraten. Sie erklärte uns alles genau und half uns, wo sie konnte. Sogar zum Arzt brachte sie mich, damit ich gegen meine Spannungszustände Antidepressiva bekam. Doch außer zum Arzt oder zur Polizei ging ich nirgendwohin. Ich hatte furchtbare Angst, David zu begegnen, aber auch davor, dass die Leute mich mit Fragen bombardieren würden. Tratsch verbreitete sich in unserem Viertel wie ein Lauffeuer, und die Nachbarn beobachteten die vielen Fremden, die bei uns ein und aus gingen, mit wachsendem Misstrauen. Fast ebenso sehr graute es mir vor dem Mitleid, das mir vielleicht entgegengebracht werden würde. Ich wollte niemandem leidtun. Dieses Gefühl hasste ich. Ich fand es einfacher, mich einzuigeln, bis die Leute etwas anderes gefunden hatten, worüber sie sich die Mäuler zerreißen konnten.

Solange niemand wusste, wo David sich aufhielt, führte Kelly unseren Haushalt wie ein Militärlager. Alle mussten sich zu jeder Zeit in Sichtweite aufhalten, falls David plötzlich auftauchte. Wir durften kein Risiko eingehen. Während ich mich zu Hause versteckte, brachte Kelly die Kinder zur Schule, holte sie wieder ab und ging mit den Mädchen einkaufen. Nichts lief mehr so wie sonst. Weil ich wusste, dass mein Bruder sich einfach nahm, was er wollte, hatte ich furchtbare Angst um meine süßen Mädchen. Er war zu allem fähig, und ich war überzeugt, er könnte jederzeit über eine von ihnen herfallen. Warum auch nicht? Vermutlich glaubte er, er hätte nichts mehr zu verlieren. Was war, wenn er ahnte, dass ich endlich die Wahrheit gesagt hatte? Hatte er mich auf der Straße vor Mums Haus schreien gehört?

Wie in einer Endlosschleife gingen mir die verschiedenen Szenarien durch den Kopf. Ich fragte mich, was er sonst noch tun würde. Würde er weitere junge Mädchen missbrauchen? Was hatte er mit Sarah vor? Musste ich bald mit Blut an den Händen weiterleben, weil ich ihn nicht früher angezeigt hatte? Mein Herz krampfte sich zusammen.

»Wir sind nicht verantwortlich für seine Taten, Vicky«, sagte Kelly immer wieder. »Er macht, was er will, und muss selbst dafür geradestehen. Wir können ihn nicht daran hindern.« Meine Schuldgefühle linderte das nicht. Obwohl ich gute Gründe dafür gehabt hatte zu schweigen, quälte mich der Gedanke, dass ich ein Verbrechen hätte verhindern können, wenn ich früher den Mund aufgemacht hätte.

Kelly saß oft vor dem Haus und hielt Wache. Er bat Nachbarn und Freunde, auf weiße Transporter zu achten, und verteilte sogar Fotos von David, damit sie ihn wiedererkennen konnten. Ich muss zugeben, dass ich mich dadurch viel sicherer fühlte. Dafür war ich Kelly wirklich dankbar.

Nach drei langen Tagen rief die Polizei bei Mum an. David war aufgetaucht. Er befand sich in Gewahrsam. Wir waren alle sehr erleichtert, dass er nun hinter Schloss und Riegel saß und uns nichts mehr antun konnte. Vielleicht endete damit der Albtraum. Dass mein Vergewaltiger weggeschlossen war, gab mir die nötige innere Ruhe, um einmal durchzuatmen und meine

Gedanken zu ordnen. Jetzt konnte ich meiner Familie helfen, den Trümmerberg abzutragen, zu dem unser Leben geworden war.

Doch die Scheußlichkeiten nahmen kein Ende. Wir erfuhren, dass David Sarah nach drei Tagen voller grässlicher Misshandlungen zu Hause abgeliefert hatte und dann geflüchtet war. Sechs Stunden später stellte die Polizei ihn in seinem Van. Anscheinend hob er die Hand und tat, als würde er auf die Polizisten zielen. Sie sollten offenbar glauben, er hätte tatsächlich eine Waffe. Er wollte, dass sie ihn erschossen. Vor seiner Flucht hatte er einem Freund gesagt: »Ich muss mich umbringen, weil ich böse bin.«

Kelly ist der Meinung, David hätte bei Sarahs Entführung bereits gewusst, dass sein Geheimnis ans Licht kommen würde. Das würde auch erklären, warum er seinem Leben ein Ende setzen wollte. Als ich hörte, was David diesmal getan hatte, schloss ich mich im Badezimmer ein. Meine schlimmsten Befürchtungen hatten sich bestätigt. Ich hatte endlich allen die Wahrheit über meinen Bruder gesagt, und er hatte sich dafür an einem anderen Menschen gerächt. Ich hatte mich gewehrt – er hatte sich ein neues Opfer gesucht.

Das war alles viel zu entsetzlich, um wahr zu sein. Während wir abwechselnd mit Sozialarbeiterinnen und Polizisten gesprochen hatten, waren die Zeitungen voller Berichte über die Entführung gewesen. Sarahs Eltern hatten David in einem Aufruf angefleht, ihre Tochter freizulassen. Am Montag war er mit ihr verschwunden. Am Mittwoch brachte er ein verletztes, völlig verstörtes Mädchen zurück. Mein Bruder hatte seine Exfreundin gefangen gehalten, sie vergewaltigt und ihr mehrfach angedroht, sie umzubringen. Eine Nacht lang hatte er sie im Wagen auf einem Parkplatz festgehalten und sie dann in einem billigen Hotel in Ely versteckt. Warum er sie schließlich wieder gehen ließ, weiß kein Mensch. Den Polizisten sagte er, er hätte sich gewünscht, dass sie ihn erschießen. Und nach allem, was er Helen, Sarah und seiner Familie angetan hat, war es schwer, diesen Wunsch nicht zu teilen.

Obwohl ich selbst durch die Hölle ging, tat mir vor allem Sarah leid. Sicher hatte sie Unvorstellbares durchgemacht und musste jetzt irgendwie damit zurechtkommen. Wenigstens hatte sie ein gutes Verhältnis zu ihren Eltern und konnte auf deren Unterstützung bauen.

David saß nun hinter Gittern, und Kirsty und ich mussten DNA-Proben abgeben. Damit ließ sich beweisen, dass David tatsächlich Inzest begangen hatte. Wir mussten zu zwei verschiedenen Polizeiwachen gehen, damit ausgeschlossen war, dass die Proben vertauscht wurden. In der Polizeiwache von Gray fuhr man mir mit einem Wattestäbchen über die Innenseiten der Wangen und steckte das Stäbchen dann in ein verschließbares Röhrchen. Das war's. Die Prozedur dauerte nur ein paar Minuten. Kirsty war vorher ziemlich nervös gewesen, hatte Angst gehabt, dass sie mit Nadeln traktiert werden und dass man ihr Blut abnehmen würde. Wie harmlos die Sache tatsächlich war, hatten wir beide nicht geahnt. Am Abend nach dem Test umarmten Kirsty und ich uns lange. Wir hofften, dass das Schlimmste nun hinter uns lag. Falls irgendjemand noch angenommen hatte, David könnte vielleicht doch nicht Kirstys Vater sein, würde derjenige bald eines Besseren belehrt werden.

Die nächsten Wochen vergingen wie in Trance. David war in Gewahrsam und kam auch gegen Kaution nicht wieder frei. Wir konnten durchatmen, weil er nicht draußen auf uns lauerte. Eine Zeit lang waren wir alle damit beschäftigt, Aussagen zu machen und beim Sammeln von Beweisen zu helfen. Wie gravierend die Auswirkungen meiner Eröffnung sein würden, konnten wir noch nicht absehen, ebenso wenig, welche Auswirkungen Davids Verbrechen haben würden. Schließlich kehrte etwas Ruhe ein. Nichts lenkte uns mehr ab. Und das war der Augenblick, in dem die Gefühle erst richtig hochkochten.

Die Leute von Mosaic schlugen eine Familientherapie vor. Doch ich konnte mir nicht vorstellen, unsere Probleme mit noch einem weiteren Fremden zu diskutieren. Nicht, nachdem ich so lange geschwiegen hatte. Dafür war es noch zu früh. Mum nahm das Hilfsangebot an. Sie fand durch eine Therapie zu einer neuen Sicht der Dinge. Drei Monate lang ging sie einmal die

Woche zu einer Sitzung. Obwohl ich meiner Mutter gegenüber lange Zeit Bitterkeit empfunden hatte, weil ich ihr nicht hatte sagen können, was mir passiert war, tat sie mir jetzt sehr leid. Zu erfahren, dass ihr Sohn ihre Tochter missbraucht hatte, muss für sie ganz furchtbar gewesen sein. Ihr über alles geliebter David hatte sich als abartig veranlagt und als gefährlicher Verbrecher erwiesen, der ausgerechnet denjenigen schreckliches Leid zufügte, die er eigentlich lieben und schützen sollte. Weil ich selbst Mutter war, hatte ich eine gewisse Vorstellung, wie Mum sich fühlte.

Vermutlich hätte ich Mum alles ein wenig leichter machen können. Ich hätte ihr nur sagen müssen, ich würde ihr nicht vorwerfen, dass sie David nicht durchschaut hatte. Aber so einfach war das für mich nicht. Ehrlich gesagt empfand ich immer noch Wut, weil sie dafür gesorgt hatte, dass David so lange Teil unseres Lebens blieb. Die Verarbeitungszeit war für uns alle nicht leicht. Mehr denn je wünschte ich mir, Dad könnte uns dabei zur Seite stehen. Aber gleichzeitig war ich dankbar, dass er die Wahrheit nie erfahren hat. Ich will mir lieber nicht vorstellen, wie sehr er darunter gelitten hätte.

Auch der Gedanke, Mum könnte trotz allem immer noch versuchen, mit David Kontakt aufzunehmen, ließ mir keine Ruhe. Schließlich hatte sie auch zu ihm gehalten, als er wegen Totschlags verurteilt worden war. Doch bevor ich mit Mum darüber sprechen konnte, traf Kelly für uns alle eine Entscheidung.

»Hör zu. Es tut mir leid, wenn das hart klingt«, sagte er zu Mum. »Aber falls du diesen Mann besuchst oder mit ihm sprichst, wirst du die Kinder nie wiedersehen. Das ist uns einfach zu riskant.«

»Keine Sorge. Ich gehe nicht zu ihm«, antwortete Mum leise. »Das hatte ich gar nicht vor. Diesmal nicht. Er ist zu weit gegangen. Ich weiß nicht einmal mehr, ob ich diesen Menschen noch kenne.« Damit verließ sie den Raum, und wir blieben schweigend sitzen. Den Goldjungen unter so schmerzlichen Umständen von seinem Podest stürzen zu sehen bereitete mir kein Vergnügen.

Ein paar Wochen später kam Mum zu mir, als ich gerade die Brote für die Kinder herrichtete.

»Ich habe einen Brief bekommen. Von David«, sagte sie.

Ich legte das Messer weg und sah sie an.

»Was will er? Was schreibt er?«, fragte ich. War es jetzt so weit? Würde Mum sich auf Davids Seite schlagen? Nach allem, was sie inzwischen über ihn wusste?

»Nicht viel.« Sie sah mir direkt in die Augen. »Ich werde ihm nicht antworten.«

Mein Herz machte vor Erleichterung einen Sprung, doch ich versuchte, ganz ruhig zu sprechen.

»Wirklich, Mum?«

»Ich hätte nie gedacht, dass ich mal so was über mein eigenes Kind sagen würde, Vicks. Aber was David dir angetan hat, ist unverzeihlich. Ich weiß, dass du glaubst, ich würde ihn noch immer in Schutz nehmen. Aber nach allem, was passiert ist, kann ich nicht mal mehr seine Mutter sein.«

Ich nickte und nahm sie in den Arm, als wäre ich die Mutter und sie das Kind. Lange blieben wir so stehen und schwiegen.

Sicher hat Mum, genau wie ich, tage-, wochen- und monatelang darüber nachgedacht, was David zu einem so kalten und tief gestörten Menschen gemacht hat. Als er mich missbrauchte, war er erst siebzehn und selbst kaum mehr als ein Kind. Weshalb missbrauchte er ein Mädchen, das fünf Jahre jünger war als er? Und nicht irgendein Mädchen, sondern seine eigene Schwester? Was brachte einen überdurchschnittlich intelligenten Jungen dazu, etwas so Schreckliches zu tun? Manchmal fragte ich mich, ob ihm als Kind irgendetwas zugestoßen war, ob auch ihn jemand missbraucht hatte. Wussten wir alle nur einfach nichts davon? Oder war es die Kombination aus ungewöhnlich hoher Intelligenz und der völligen Abwesenheit von Mitgefühl, die ihn so brutal machte? Ein Kontrollfreak und eine Führernatur war er schon immer gewesen – aber auch ein Mensch, in dessen Gegenwart selbst seine Freunde sich nie hundertprozentig wohlfühlten. Und seine Freundinnen behandelte er wie Dreck, wenn sie einmal nicht genau das taten, was er wollte. Hatte er mich schlichtweg deshalb vergewaltigt, weil er es konnte? Oder lebte er damit seine Machtgelüste aus? Er hatte geglaubt, ich würde es nie jemandem verraten, er könnte tun und lassen, was er wollte. Jahrelang hatte mich genau dieser Gedanke sehr gequält. Doch jetzt hatte er den Bogen überspannt und wurde zur Verantwortung gezogen. Keine noch so plausibel klingende Begründung rechtfertigt, was David mir, Helen und Sarah angetan hat. Für alles, was seine Opfer erleiden mussten, verdiente er es, im Knast zu sitzen.

Während Mum sich mit ihren Schuldgefühlen, mit Reue und Bedauern herumschlug, kämpften Kelly und ich unseren eigenen Kampf. Kelly trank immer mehr, und ich kam nicht wirklich gut damit zurecht, dass ich ihn erst jahrelang im Dunkeln gelassen und ihm dann alles auf einmal vor die Füße gekippt hatte. Wir mussten beide mit einem gigantischen Gefühlschaos klarkommen. Kelly machte sich sogar Vorwürfe, dass er nicht viel früher bemerkt hatte, was wirklich mit mir los war. Fast drei Jahre lang waren wir durch die Hölle gegangen, und jetzt bestrafte er sich, weil er glaubte, er hätte schneller darauf kommen müssen, was mich quälte. Ich versuchte, ihm zu sagen, dass kein Mensch dazu in der Lage gewesen wäre. Doch er wollte es nicht hören. Trost fand er nur noch auf dem Grund einer Wodkaflasche. Am Ende musste er für zwei Wochen zur Entgiftung, weil er ohne Hilfe nicht mehr von der Flasche loskam. Dabei wollte er doch stark sein, für mich und die Familie.

»Es tut mir leid, dass ich so ein Waschlappen bin«, sagte er. »Aber ich schaffe den Entzug. Euch zuliebe.«

Ich umarmte ihn fest. »Sieh einfach nur zu, dass du wieder auf die Beine kommst. Ich will dich ganz schnell wieder bei mir zu Hause haben.«

Die Zeit ohne Kelly war schwer, denn ich brauchte ihn dringend. Aber ich durfte nicht vergessen, dass er selbst es auch nicht leicht hatte. Während seines Aufenthalts in der Entzugseinrichtung schrieb Kelly mir ein weiteres schönes Gedicht:

Ich habe gelebt von Tag zu Tag,
Hab alles gemacht, wie ich es mag,
Aufs Geld habe ich dabei nicht geschaut,
Hab gebettelt, geborgt und manchmal geklaut.
Dann warst du plötzlich da, hast geändert mein Leben,
Und ich beschloss, dir mein Jawort zu geben.
Ich entschied mich für dich und gab dir ein Versprechen
Und will es im ganzen Leben nicht brechen.
Du gabst mir dein Herz fast ohne Scheu,
Und mit dir begann mein Leben ganz neu.
Du stehst mir zur Seite – dafür danke ich dir.
Als ich mich verkroch, zeigtest Liebe du mir.
Wegen dir kann ich Licht am Ende des Tunnels sehn,
Und unsere gemeinsame Zukunft wird schön.

Ich wusste, dass Kelly mich nicht im Stich lassen würde. Ein paar Wochen lang fühlte er sich schwach und litt unter Depressionen. Kein Wunder. Mit der Bombe, die ich hatte platzen lassen, musste auch er erst mal zurechtkommen. Doch ich war sicher, er würde sich fangen und bald wieder meine größte Stütze sein. Jetzt brauchte ich ihn mehr denn je, denn noch endeten die schweren Zeiten nicht.

Bewältigungsarbeit

Die vier Monate bis zu Davids Verhandlung kamen mir vor wie ein Jahr. In den ersten Wochen setzte ich keinen Fuß vor die Tür. Ich lebte wie eine Einsiedlerin und war froh, dass ich Kelly hatte, der vor einiger Zeit gesund aus der Entzugsklinik zurückgekommen war. Er brachte die Jungs zur Schule, ging einkaufen und erledigte alles, was außer Haus zu tun war. Ich fürchtete mich davor, anderen Menschen zu begegnen – sogar solchen, die ich einmal als meine Freunde betrachtet hatte. Die Leute sollten nicht mit dem Finger auf mich zeigen, mich anstarren. Ich wollte weder ihre Schadenfreude noch mitleidige Fragen. Sie sollten mich behandeln, als wäre nichts geschehen, sich um ihre eigenen Angelegenheiten kümmern und uns in Ruhe lassen.

Kelly informierte unseren Bekanntenkreis in groben Zügen über die Ereignisse, damit niemand glaubte, mir Fragen stellen zu müssen. Doch wir hatten viele neugierige Nachbarn, die nicht unsere Freunde waren, aber trotzdem alles ganz genau wissen wollten. Vor ihnen fürchtete ich mich am meisten. Menschen, die hinter meinem Rücken über mich tuschelten, hatte ich immer gehasst, und im Moment fehlte mir die Kraft, um mit diesem Tratsch zurechtzukommen. Ich wollte nur Kelly um mich haben, sonst niemanden. Zum Glück war er die Idealbesetzung für die Rolle des rettenden Ritters. Sicher tat es ihm auch gut, gebraucht zu werden.

Die Kinder, besonders meine kleinen Söhne Jamie und Kirk, machten einfach so weiter wie immer. Darüber war ich sehr froh. Weil sie etwas älter waren, spürten die Mädchen viel deutlicher, wie Kelly und mir zumute war. Sie registrierten die angespannte Atmosphäre im Haus. Ich versuchte, so viel Zeit wie möglich mit Kirsty zu verbringen. Dabei hatte ich den Eindruck, sie käme ganz gut klar. Kelly erinnerte sie oft daran, dass sie jederzeit mit ihm reden konnte. Aber das wollte sie nicht. Von sich aus erwähnte sie ihren Vater nie, und sie schien sich ganz normal zu verhalten. Ich staunte oft, wie gut sie die neue Situation verarbeitete. Erst viel später wurde mir bewusst, wie sehr ich mich damals täuschte. Kirsty ließ sich nur äußerlich nichts anmerken, hatte für jeden ein Lächeln und einen Scherz parat. Doch allein in ihrem Zimmer kämpfte sie ihren eigenen verzweifelten Kampf.

Die Schulen hatten wir darüber informiert, was bei uns zu Hause los war, damit die Lehrkräfte ein Auge auf die Kinder haben konnten. Sie sollten nicht gehänselt oder auf dem Schulhof verspottet werden. Zum Glück passierte nichts dergleichen. Für mich glich jeder Gang vors Haus einem Spießrutenlauf; die Kinder blieben unbehelligt, und das war gut so. Die letzten Monate waren auch für sie sehr belastend gewesen.

Je näher der Verhandlungstermin rückte, desto besorgter wurde ich über den Ausgang. Mosaic, die Frauen von der CPU und die Polizei versicherten mir, dass David diesmal wohl »lebenslang« bekommen würde. Ich dagegen rechnete fest damit, dass er wieder ein Schlupfloch fand. David war so furchtbar intelligent. Er schaffte es stets, den Kopf aus der Schlinge zu ziehen. Bestimmt würde es auch diesmal wieder so kommen.

Die Polizei verhielt sich sehr diskret. Man schickte uns keine Uniformierten ins Haus, wenn es neue Erkenntnisse gab. Stattdessen gaben die Beamten die Informationen an die Leute von Mosaic weiter, damit diese uns auf dem Laufenden halten konnten. Ich kann wirklich sagen, dass wir während der gesamten schwierigen Zeit von Behördenseite immer sehr respektvoll und einfühlsam behandelt wurden.

Viel Vertrauen in unser Rechtssystem hatte ich trotzdem nicht. Ich war in ziemlich üblen Vierteln aufgewachsen, in denen Gesetzesverstöße zum Alltag gehörten. Wer sich besonders idiotisch anstellte, wurde erwischt und bestraft. Doch viele Leute kamen über Jahre hinweg ungeschoren davon. Das stärkte nicht gerade meinen Glauben an die Wirksamkeit unserer Gesetze. David hatte zwar schwere Verbrechen begangen, und die Beweislage war eindeutig; dennoch zweifelte ich daran, dass er eine gerechte Strafe erhalten würde.

Bald wurde deutlich, dass diese Sorge uns alle vereinte. Eines Abends rief Kirsty bei uns an. Kelly ging ans Telefon. Mit grimmiger Miene hörte er kurz zu. Dann legte er auf und sagte: »Kirsty glaubt, Mum hat eine Überdosis Tabletten genommen. Sie kriegt sie nicht wach.«

Einen Moment lang war ich selbst wie betäubt. Was musste denn noch alles passieren?

»Schnell, geh zu den beiden rüber«, sagte ich. »Beeil dich!«

Ich versuchte, die Kinder zu beruhigen, und sagte zu den jüngeren: »Keine Sorge. Oma ist ein bisschen krank. Aber Kelly schaut gleich nach ihr, und dann wird alles gut.«

Ich hoffte von Herzen, dass ich recht hatte.

Kelly fand Mum mit geschlossenen Augen auf der Couch. Neben ihr stand ein leerer Eiscremebecher voller loser Tabletten.

»Hörst du mich, Mum?«, rief Kelly. Sie murmelte schwach.

Kirsty war beinahe hysterisch; Kelly übernahm das Kommando.

»Das könnten Schlaftabletten sein.« Kelly zählte die leeren Stellen in den Packungen. »Sehr viele hat sie zum Glück noch nicht genommen.«

»Was machen wir denn jetzt?«, fragte Kirsty. »Sollen wir einen Krankenwagen rufen?«

»Ich glaube, das kriegen wir selbst wieder hin. Noch einen Aufenthalt in der Nervenklinik würde ich ihr gern ersparen.«

Kelly flößte Mum eine ziemliche Menge Wasser ein,

und nach einer Weile kam sie wieder zu sich. Als Kelly mir später davon erzählte, meinte er, der Selbstmordversuch sei in Wirklichkeit ein Hilfeschrei gewesen. Mum habe sich nicht ernsthaft umbringen wollen. Sie tat mir sehr leid, denn ich glaube, sie fühlte sich nach und nach immer weniger gebraucht und hatte Angst, ganz überflüssig zu werden. Außerdem hatte sie ihren Mann verloren und musste sich jetzt der Wahrheit über ihren Sohn stellen. Ihre Welt lag in Trümmern. Ich musste Kelly mit seiner Vermutung recht geben. Was auch immer Mums Absicht gewesen sein mochte, sie hatte uns klargemacht, wie sehr sie litt und wie sehr sie unsere Unterstützung brauchte.

Weil das Verhältnis zu meiner Mutter lange Zeit sehr wechselhaft gewesen war, fiel es mir zeitweise immer noch schwer, Mitgefühl mit ihr zu empfinden. Doch immerhin war ich ihre Tochter, und ich wollte nicht, dass es ihr schlecht ging. Ich wusste, dass sie sich von David hintergangen fühlte. Vielleicht dachte sie nun, dass all die Zeit und die Liebe, die sie ihm geschenkt hatte, dass alles, was sie ihm stets bereitwillig gegeben hatte, ganz umsonst gewesen war. Immer wieder sagte sie Kelly, wie sehr es sie belastete, nicht für mich da gewesen zu sein. Sicher quälte sie auch das Gefühl, als Mutter versagt zu haben. Weil ich selbst Mutter war, konnte ich mir vorstellen, wie schlimm es sein musste, wenn der eigene Sohn sich zu einem gewalttätigen Monster entwickelte. Aber kann man sein eigenes Kind hassen?

Wenn Mum David früher so gesehen hätte, wie er wirklich war, wäre vielleicht manches ganz anders gekommen. So viele Fragen, so viele Gedanken beschäftigten mich. In mir stritten sich Liebe und Hass. Doch Mum hatte sich letztlich für uns und gegen David entschieden, und jetzt brauchte sie Hilfe. Kelly verstand sich gut mit Mum und redete oft mit ihr. Auch für Kirsty war er da. Er war ein großartiger Gesprächspartner. Kelly stammte aus einer gebildeteren Familie, wo über alles diskutiert wurde. Ich hingegen war es gewöhnt, alles mit mir selbst abzumachen, den Mund zu halten und irgendwie klarzukommen. Mum und Kirsty waren froh, Kelly zum Reden zu haben, und ich war froh, dass sie bei ihm Unterstützung fanden. In gewissem Sinne war das egoistisch von mir und für Kelly frustrierend. Ich war seine Frau, und er wollte sich vor allem um mich kümmern. Aber weil ich so lange ohne einen Menschen gewesen war, der mich emotional auffing, fiel es mir nun schwer, mich zu öffnen. Dass wir nachts im Bett redeten, kam nur selten vor. Wie immer hatte ich Probleme damit, in Gegenwart einer anderen Person zu schlafen, offen zu reden oder zu weinen. Manchmal hatte ich das Gefühl, David hätte mich von allen Menschen abgeschnitten, die ich liebte.

Die Angst vor dem Prozess verwandelte mich in ein psychisches Wrack. Ich verlor ziemlich viel Gewicht. Wenn Kelly nicht dafür gesorgt hätte, dass ich den Kindern zuliebe etwas aß, hätte ich ganz damit aufgehört. Die Leute von Mosaic sagten mir, ich müsste vielleicht gegen David aussagen. Das war eine zusätzliche Belastung. Ich sollte vor Gericht hinter einem Wandschirm sitzen und Fragen beantworten. Das bedeutete zwar, dass ich David nicht anzusehen brauchte. Aber ich hatte so furchtbare Angst davor, im selben Raum zu sein wie er, dass ich mich in ein regelrechtes Albtraumszenario hineinsteigerte, obwohl noch gar nicht feststand, dass ich überhaupt als Zeugin geladen werden würde.

Der Druck, unter dem wir alle standen, führte auch zu Spannungen zwischen Kelly und mir. Er unterstützte meine Familie so sehr, dass ich manchmal vergaß, dass er auch mein Mann war und nicht nur ein Ersatzvater, Ersatzsohn und Sozialarbeiter. Auch im Bett hatten wir zunehmend Probleme. Wenn Kelly mich nachts berühren wollte, wich ich zurück. Die Erinnerung an die Vergewaltigungen war nun wieder so frisch. Weil Kelly immer Verständnis für mich hatte, fiel es mir leicht, Nein zu sagen, wenn er Sex wollte. Dabei wusste ich, dass das unserer Beziehung nicht guttat. Mir war klar, dass er sich bewegte wie auf Eiern, sich ständig fragte, ob er mich so berührte, wie David mich berührt hatte, oder ob er irgendetwas tat, was mich an meinen Bruder erinnerte. Indem ich Kelly mit seinen Befürchtungen allein ließ, machte ich alles noch schlimmer. Seit Ewigkeiten schlief ich immer mit dem Rücken zur Wand, und Kelly kannte nun den Grund dafür. Er wollte mir helfen.

Aber nach so langer Zeit fiel es mir unendlich schwer, jegliche Art von Hilfe anzunehmen. David wartete auf seine Strafe – ich lebte bereits seit fast zwei Jahrzehnten mit meiner.

In jenen Tagen weinte ich mehr als je zuvor. Es war, als hätte jemand alle Schleusen geöffnet. Sobald ich allein war, stiegen mir Tränen in die Augen und liefen mir dann auch bald übers Gesicht. So lange hatte ich sie unterdrückt – jetzt schienen sie die verlorene Zeit wieder aufholen zu wollen.

Ein paar Monate vor dem Prozessbeginn erfuhr ich zum Glück, dass die DNA-Proben den eindeutigen Beweis erbracht hatten, dass David Kirstys Vater war. Das genügte und bedeutete zudem, dass ich keine Aussage machen musste. Mir fiel ein tonnenschwerer Stein vom Herzen. Eine Zeit lang überlegte ich mir noch, ob ich zu den Verhandlungen gehen und mit eigenen Augen mit ansehen sollte, was dabei herauskam. Doch ich fürchtete die Blicke der Leute. Ich war das Mädchen, das von ihrem Bruder ein Kind bekommen hatte – und alle wussten das nun.

Je näher der Verhandlungsbeginn rückte, desto instabiler wurde ich. Meine Gefühle fuhren Achterbahn. War ich gerade noch obenauf gewesen, sauste ich im nächsten Moment schon wieder in den Abgrund.

Am Morgen des ersten Verhandlungstages im April 2005 war die Anspannung im Haus fast greifbar. Ich hatte mich inzwischen entschieden, nicht zum Gericht zu gehen, und Mum war nach langem Hin und Her zum gleichen Entschluss gelangt. Sie wollte nicht, dass David sie sah und glaubte, sie würde ihn unterstützen. Deshalb war es einfacher, zu Hause zu bleiben. Am Ende ging an unserer Stelle ein Polizeivertreter hin. Doch Kelly fand es wichtig, dass einer von uns dabei war und dem brutalen Verbrecher auf der Anklagebank in die Augen schaute. Diese Aufgabe wollte er übernehmen.

»Das ist nicht nötig, Liebling«, sagte ich. »Keiner von uns muss sich das antun.«

»Ich tue es für dich. Für deinen inneren Frieden«, widersprach er. »Keine Sorge – ich werde dir genau Bericht erstatten.«

Kelly zog den einzigen Anzug an, den er besaß – seinen Hochzeitsanzug. Am Vormittag fuhr er zum Basildon Crown Court, dem Staatsgericht für schwere Strafsachen, vor dem gegen David verhandelt wurde. Später erzählte er mir, dass er während der gesamten Fahrt geweint hätte, weil er so voller Hass gewesen war. Er sagte mir auch, wie sehr ihm davor gegraut hatte, David zu sehen. Als er ankam, schrieb er mir eine SMS. John Paul und Helens Familie waren auch dort.

Kelly ging in den Verhandlungssaal, setzte sich neben Clare von Mosaic, sah David und musste nach fünf Minuten den Raum verlassen. Er sagte, er hätte es einfach nicht ausgehalten. Auf dem Heimweg musste er auf einem Parkplatz anhalten, weil er von Weinkrämpfen geschüttelt wurde. Das konnte ich verstehen. Den Rest der Woche über saßen wir am Telefon und warteten auf die Anrufe von Clare, die uns auf dem Laufenden hielt.

Fünf Tage lang dauerte der Prozess. Drei Fälle von Inzest sowie Menschenraub, Vergewaltigung, Freiheitsberaubung, Nötigung, gefährliche Eingriffe in den Straßenverkehr und die vorgetäuschte Verwendung einer Schusswaffe bei seiner Verhaftung wurden David vorgeworfen. Er bekannte sich schuldig, zeigte aber auch angesichts dieser bedrückenden Liste von Verbrechen keinerlei Reue.

An den Tag des Urteilsspruchs erinnere ich mich noch gut. Wir saßen alle ungeduldig zu Hause am Telefon. Auch Kirsty und Mum waren gekommen. Die Anspannung war riesig. Ich hatte das Gefühl, mein ganzes weiteres Leben hinge von diesem Augenblick ab. Für mich war dieses Urteil von großer Bedeutung. Hatte es sich gelohnt, Davids frühe Verbrechen ans Licht zu bringen? Würde ich ihn noch einmal wiedersehen müssen? Dieser Gedanke machte mir Angst. Gleichzeitig hatte ich das Gefühl, mit dem Urteil eine neue Seite im Buch meines Lebens aufschlagen zu können. Für mich war es das Signal, Vergangenes loszulassen und neu anzufangen.

»Wie spät ist es? Müssten wir nicht längst etwas gehört haben?« Ich versuchte, das Telefon mit der Kraft meiner Gedanken zum Klingeln zu bringen.

»Keine Sorge, Mum«, sagte Kirsty. »Clare sagt uns sicher sofort Bescheid, wenn das Urteil raus ist.«

»Ich weiß, mein Schatz.« Ich lächelte matt. »Ich will bloß, dass endlich alles vorbei ist.«

Plötzlich klingelte der Apparat. Ich sprang auf. Wir sahen einander an. Zögernd nahm ich den Hörer ab.

»Hallo?«

»Hi, Vicky. Hier Clare.«

Ich ließ den Hörer fallen, als hätte ich mich daran verbrannt. Kelly hob ihn auf.

»Hallo, Clare«, sagte er. »Und – wie sieht es aus?«

Gebannt beobachteten wir sein Gesicht. Wir hörten Clares Stimme, verstanden aber nicht, was sie sagte. Nach ein paar Minuten legte Kelly auf und sah uns an.

»Es klingt zwar alles ziemlich verwirrend, aber anscheinend hat er lebenslänglich bekommen.« Er lächelte.

Es gab weder Jubelrufe noch Luftsprünge. Sicher, das war eine gute Nachricht, aber trotzdem kein Grund zum Feiern. Wir hatten keine Prüfung bestanden und auch nicht im Lotto gewonnen – die Stimmung war immer noch bedrückt. Nur die Erleichterung, die ich in diesem Moment empfand, tat wirklich gut. Nie wieder würde ich meinen Vergewaltiger sehen müssen. Meinen Bruder. Stumm saßen wir eine Zeit lang da. Dann kamen Jamie und Kirk hereingerannt, und es war mit der Ruhe vorbei. Mum und Kirsty starrten so ausdruckslos vor sich hin wie ich sicher auch.

»Ich kann es gar nicht glauben«, presste ich hervor.

»Ich auch nicht, Liebes«, sagte Mum matt. »Ich auch nicht.«

Doch die Sache mit dem Urteil war nicht so einfach wie gedacht. Nach dem Abendessen rief noch einmal jemand von Mosaic an, und wir erfuhren, dass manches sich ganz anders darstellte, als wir gehofft hatten. Die Juristensprache war kompliziert, und Kelly hatte sich an dem Begriff »lebenslänglich« festgehalten. Er hatte angenommen, das hieße, David würde wirklich für den Rest seines Lebens eingesperrt. Tatsächlich bedeutete dieses Urteil aber, dass er mindestens zwölf Jahre im Gefängnis verbringen würde. Bei guter Führung konnte sich daran noch etwas ändern, und er kam möglicherweise schon nach weniger als zehn Jahren wieder frei. Ich hörte auch, dass er für die Vergewaltigungen nur drei Jahre bekommen hatte, und fand das unfassbar. Drei Jahre? Seine Freiheitsstrafe bekam David für die ganze Liste von Verbrechen, die er begangen hatte. Doch der Richter schien zu glauben, die Schrecken und der Tumult, in die David mich gestürzt hatte, seien davon nur drei Jahre wert. Dabei hatte ich längst mein eigenes Lebenslänglich abgesessen, und ein Ende war nicht in Sicht. Ich war schockiert, empört und fühlte mich im Stich gelassen. Dieses Rechtssystem verstand ich einfach nicht. Doch noch viel schlimmer war die Angst vor dem Tag, an dem David wieder entlassen werden würde. Er hatte Helen getötet und Sarah auf bestialische Weise misshandelt und missbraucht. Was musste er denn noch tun, bis dem Richter klar war, dass David eine Bedrohung für die Gesellschaft darstellte?

In den nächsten Tagen stand über Davids Verurteilung einiges in der Zeitung. Um Kirsty zu schützen, spielte der Inzest in den Artikeln zum Glück keine Rolle. Es ging vor allem um die Entführung und um Sarah. Für sie und ihre Eltern tat mir das sehr leid. Sie hatten schon so viel durchgemacht, und nun stürzten sich auch noch die Schreiberlinge auf diese Story und fügten den Demütigungen durch David eine andere Art von Demütigung hinzu.

Ich hatte geglaubt, nach dem Prozess könnte ich mich aufraffen und mein Leben langsam wieder in geordnete Bahnen lenken. Doch das Urteil hinterließ einen bitteren Nachgeschmack, und es fiel mir schwer, zur Tagesordnung überzugehen. Ich fragte mich, ob es sich gelohnt hatte, die Wahrheit ans Licht zu bringen. Damit hatte ich das Leben so vieler Menschen zerstört, und David konnte schon in zehn Jahren wieder draußen sein. Dann ging diese Hölle von Neuem los. Kelly versuchte, mich zu überzeugen, dass ich richtig gehandelt hatte. »Das war die einzige Möglichkeit, dich zu befreien«, versicherte er mir. »Sonst hättest du den Rest deines Lebens mit einer Lüge gelebt.« Doch seine tröstenden Worte verhalfen mir nicht wirklich zu einem besseren Gefühl.

In den Tagen nach der Urteilsverkündung gab es Momente, in denen ich mich umbringen wollte. Die Verwirrung und der Hass, die ich empfand, wurzelten so tief, dass ich einfach nicht mehr weitermachen konnte.

Eines Abends ging ich in der Küche auf und ab und hatte das Gefühl, ich müsste explodieren. Die Kinder waren im Bett, Kelly sah fern. Doch ich konnte nicht still sitzen. Zu viele Gedanken jagten durch meinen Kopf, und manchmal glaubte ich, gleich ohnmächtig zu werden. Ich betrachtete die sauberen, blitzenden Messer in der Küchenschublade. Noch nie im Leben hatte ich einen so starken Drang verspürt, mich zu verletzen wie in diesem Augenblick. Ich wollte ein Messer in die Hand nehmen und es mir über den Arm ziehen. Ich brauchte ein Ventil für meinen Schmerz und den Frust, musste diese Emotionen irgendwo auslassen. Nichts anderes, was ich tun konnte, würde mir helfen. Ich wollte den körperlichen Schmerz, um den psychischen, gegen den ich kämpfte, zu überdecken.

Kelly sagte ich nicht, dass ich mich verletzen wollte. Er hätte es nicht verstanden, sondern es womöglich auf sich bezogen. So als hätte er mich nicht ausreichend unterstützt. Doch der Gedanke, dass das Messer mir eine neue Art von Frieden schenken konnte, dass es mir einen tiefen Schlaf bescheren würde, ging mir nicht mehr aus dem Kopf. Damit wäre endlich alles erledigt und vorbei. Ich fragte mich sogar, ob es nicht für alle besser wäre, wenn ich tot war. Dann hätten die Kinder keine emotional labile Mutter mehr, und Kelly wäre frei und könnte sich eine weniger vorbelastete Frau suchen.

Doch mich umzubringen brachte ich nicht fertig. Einerseits war ich einfach zu schwach dazu – andererseits konnte ich das meiner Familie nicht antun. Meine Kinder bedeuteten mir alles. Ich konnte sie nicht sich selbst überlassen. Und Kirsty befand sich in einer so schwierigen Phase und hatte schon so viel durchgemacht, dass ich sie jetzt nicht hängen lassen konnte. Hinterher hasste ich mich für meine Selbstmordgedanken. Was dachte ich mir bloß dabei? Ich widerte mich selbst an. Doch ich bekam mich einfach nicht in den Griff. Eines Abends war ich so frustriert, dass ich das Messer tatsächlich packte und mir damit in den Arm schnitt. Ich musste mich nicht gleich umbringen. Mich zu verletzen reichte aus. Damit konnte der Druck entweichen, der sich in mir aufgestaut hatte. Vor dem Schnitt hatte ich mich gefühlt wie ein kochender, pfeifender Kessel. So als wäre mein Körper zum Bersten gefüllt mit Spannung und Frustration, die sich zwangsläufig einen Weg nach außen bahnen mussten. Ein anderes Mal schlug ich meinen Kopf gegen einen Schrank. Ich tat alles, um den Schmerz und die bitteren Knoten in mir zu bekämpfen. Anders wurde ich meinen inneren Druck nicht los. Es war so schwer, jeden Tag mit so viel psychischer Verkrampfung durchzustehen, die sich einfach nicht lösen wollte. Ich hatte genug davon, dagegen anzukämpfen. Es sollte nur endlich alles aufhören. Doch ich sagte niemandem etwas davon. Wie kaputt ich wirklich war, wollte ich nicht zugeben. Außerdem musste ich den Kindern zuliebe eine starke Fassade aufrechterhalten.

Doch nicht jeder ließ sich von mir täuschen. Kelly sah zwar nur die Narben, doch er wusste, was ich tat. Es wurde so schlimm, dass er sogar ein paarmal seine Sachen packte.

»Warum tust du dir das an?«, weinte er. »Ich bin für dich da und möchte dir helfen. Aber du scheinst das gar nicht zu wollen.«

»Ich weiß, dass du für mich da bist. Aber ich weiß nicht, wie man sich helfen lässt«, gab ich zu. »Es tut mir leid. Viel mehr kann ich nicht sagen.«

»Lange halte ich das nicht mehr aus, Vicks«, seufzte er. »Ich weiß nicht, was ich für dich tun kann, und das macht mich fertig.«

Als er schon dabei war, mit seinen Taschen das Haus zu verlassen, rannte ich ihm nach. Der Gedanke, ohne ihn leben zu müssen, war völlig unerträglich.

»Es tut mir leid. Bitte gib mich nicht auf«, bat ich ihn. »Alleine schaffe ich das nicht.«

Jedes Mal gab er mir noch eine Chance.

Genau wie Kelly und ich uns mit der verletzten und zutiefst verstörten Vicky abmühten, die nach dem Prozess zum Vorschein gekommen war, kämpfte auch Kirsty darum, wieder zur Tagesordnung übergehen zu können. Anfangs hatte ich geglaubt, sie sei stark und käme ganz gut zurecht. Über David wollte sie nicht reden, und wenn Kelly es dennoch versuchte, brauchte es ewig, bis sie sich öffnete. Ich selbst war mit meinen eigenen Problemen beschäftigt. Viel zu lange fiel mir nicht auf, dass Kirsty sich immer mehr in sich selbst zurückzog. Inzwischen bereue ich bitter, dass ich mich nicht intensiver um sie gekümmert habe, sie nicht ins Herz der Familie zurückzerrte.

Kirsty verschanzte sich zunehmend in ihrem Zimmer. Damit hatte sie bereits vor dem Prozess angefangen. Doch wenn Mum jetzt nach ihr schauen wollte, musste sie oft feststellen, dass Kirsty sich davongeschlichen hatte. Halb verrückt vor Angst rief Mum dann bei uns an. »Ich weiß nicht, wo Kirsty ist.«

»Mach dir keine Sorgen. Sie ist ein vernünftiges Mädchen. Sicher ist alles in Ordnung, und sie kommt bald zurück.«

Doch schon während ich die Worte aussprach, kam mir die Situation auf unheimliche und beklemmende Weise bekannt vor. Kirsty benahm sich genau wie ich damals in ihrem Alter und lehnte sich gegen jede Art von Autorität auf. Eine Zeit lang hatte es so ausgesehen, als käme sie ganz gut klar. Doch jetzt brach alles über sie herein. Selbst vom Knast aus hatte David die Macht, Leben zu zerstören.

Kelly rieb sich fast dabei auf, uns allen zu helfen. Am Ende wurde es ihm zu viel, und er beschloss trotz meiner Proteste, dass ich professionelle Hilfe brauchte. Als ich eines Abends wieder einmal weinend in der Küche stand, kam er mit strengem Gesicht herein.

»Ich bringe dich ins Gray's Hospital«, sagte er. »Die sollen dich mal gründlich durchchecken.«

Ich drehte fast durch. »Bitte nicht. Tu mir das nicht an, Kelly. Bitte nicht.« Ich war furchtbar durcheinander. Einerseits war ich kurz vor einem Zusammenbruch, andererseits wollte ich auf keinen Fall das Haus verlassen. Obwohl ich weinte und mit Gegenständen um mich warf, schaffte Kelly es irgendwie, mich zum Auto zu bugsieren. Er schnallte mich an, rief Mum an und sagte ihr, sie solle sich um die Kinder kümmern.

»Es geht nicht mehr anders, Vicky«, sagte er.

Ich weinte während der ganzen Fahrt und wurde so hysterisch, dass Kelly anhalten und Luft schnappen musste. Auf einem Parkplatz setzte er sich auf die Motorhaube. Sofort warf ich mich hinters Steuer und wollte wegfahren. Ich hatte keine Ahnung, was ich tat – ich hatte ja nicht mal einen Führerschein. Aber ich wollte nach Hause. Kelly sprang von der Motorhaube. Besorgt sah er mich an. Dann stellte er sich vor den Wagen und hinderte mich so am Wegfahren. Trotzdem versuchte ich, den Gang einzulegen.

»Was zum Teufel machst du da?«, schrie Kelly.

»Geh weg, Kelly. Bitte geh weg«, bettelte ich unter Tränen. Dabei rüttelte ich am Ganghebel.

Zum Glück hatte ich keinen blassen Dunst, wie ich

das Auto zum Fahren kriegen sollte. Ich will gar nicht daran denken, was hätte passieren können, wenn es mir gelungen wäre. Langsam ging Kelly zur Fahrerseite.

»Rutsch rüber, Vicks.« Er klang erschöpft. Schließlich fuhren wir doch ins Krankenhaus, und ich bekam weitere Antidepressiva verschrieben. Als könnten ein paar Pillen die Scherben meines zerstörten Lebens kitten! Doch immerhin hatte ich Kellys Unterstützung. Deshalb beschloss ich, mich zusammenzureißen. Ich hatte mein Schweigen gebrochen, und jetzt war es höchste Zeit, mich von der Macht zu befreien, die David noch immer über mich hatte. Meine Kinder verdienten eine Mutter, auf die sie sich verlassen konnten, und letztendlich konnte nur ich selbst mich aus dieser Krise retten.

***

Weil so viel passiert war, beschlossen Kelly und ich, nach dem Prozess im Jahr 2005 nach Tilbury zurückzuziehen. Es war unsere gemeinsame Entscheidung. Wir brauchten einen Neuanfang. In Tilbury bezogen wir ein zweigeschossiges Haus mit Garten in einer Sozialsiedlung und konzentrierten uns wieder auf unser Familienleben. Ich liebte meine Kinder und wollte ihnen geben, was sie brauchten, obwohl ich durch die Hölle und wieder zurück gegangen war.

Der Empfang, den uns unsere neuen Nachbarn bereiteten, war denkbar schlecht. Ein paar männliche Teenager, die den Tratsch gehört hatten, schrien quer über die Straße: »Du hast es doch gewollt!« Und: »Sicher hat's dir Spaß gemacht!« Als hätte ich vergewaltigt werden wollen. Ich bekam eine Gänsehaut und konnte gar nicht glauben, wie eiskalt und gemein die Menschen sein konnten. Eine Frau hielt mich eines Tages mitten auf der Straße auf und zischte: »Pass besser gut auf dich auf, Lady. Du hättest den Mund halten sollen. Eines Tages wird David dich finden.« Ich ließ sie einfach stehen. Vor solchen Begegnungen hatte ich mich immer gefürchtet. »Das Mädchen, das von ihrem Bruder missbraucht wurde« – würde ich nun für den Rest meines Lebens mit diesem Etikett herumlaufen?

Für Kelly tat es mir besonders leid. Würden wir jetzt überall so behandelt werden? Wie sollte er mit den Fragen klarkommen, die die Leute ihm stellten? Weil ich lange Zeit sehr zurückgezogen gelebt hatte, war es jetzt umso schwerer zu akzeptieren, dass viele herzlose Menschen mein Leben als eine Art Reality-TV-DailySoap betrachteten.

Kirsty und Danny

Nach dem Umzug nach Tilbury verlief das Leben trotzdem langsam wieder in geordneteren Bahnen. Kelly und ich verbrachten viel Zeit mit den Kindern, wir hatten nicht mehr ständig irgendwelche Sozialarbeiterinnen im Haus. Es schien voranzugehen. Doch dann tat Kirsty plötzlich Dinge, die meine Befürchtung bestärkten, unsere Familie würde Davids vergiftendem Einfluss nie entkommen.

Eines Tages kam Mum zu mir und berichtete, Kirsty bliebe oft die ganze Nacht weg, käme erst frühmorgens nach Hause und hinge mit ziemlich dubiosen Leuten herum. Ich machte mir Sorgen, weil das eigentlich gar nicht zu ihr passte, vertraute aber auf ihren gesunden Menschenverstand und dachte, das sei nur eine vorübergehende Phase. Ich hatte immer geglaubt, Kirsty sei die Vernünftige von uns, weil sie trotz allen Widrigkeiten eine so wunderbare junge Dame geworden war.

Doch die Situation spitzte sich zu. Kelly und ich waren mit unseren eigenen Dämonen beschäftigt gewesen. Deshalb hatten wir nicht genügend darauf geachtet, wie Kirsty damit klarkam, einen Totschläger und Vergewaltiger zum Vater zu haben. Jetzt sahen wir allerdings sehr deutlich, dass Kirsty in Gefahr war, total abzurutschen.

Immer öfter klingelte Kellys Telefon früh am Morgen. Kirstys beste und älteste Freundin, Stephanie, rief verzweifelt bei uns an. »Kirsty kann nicht mehr stehen«, sagte sie dann. Oder: »Ihr müsst kommen und Kirsty holen.«

»Bitte nicht schon wieder. Okay, danke für den Anruf, Steph. Bleib, wo du bist. Ich bin gleich da.«

Manchmal kam der Anruf um drei Uhr morgens, aber Kelly stand jedes Mal auf und holte Kirsty ab. Sie trank Alkopops und Wodka. Vierundzwanzig Stunden am Tag – sieben Tage die Woche. Wenn ich sie so betrunken erlebte, stiegen mir Tränen in die Augen. Meine schlimmsten Befürchtungen bestätigten sich. Vor solchen Folgen hatte ich mich am meisten gefürchtet, als ich meiner Familie die Wahrheit über David gesagt hatte. Doch als Kirsty nach einigen Monaten immer noch ganz normal gewirkt hatte, hatte ich geglaubt, es sei alles gut. Heute mache ich mir deswegen Vorwürfe. Dass ich mein kleines Mädchen im Stich gelassen habe, verzeihe ich mir nie.

Indem Kirsty sich mit ihren sogenannten Freunden die Nächte um die Ohren schlug, versuchte sie offensichtlich zu verdrängen und zu vergessen, was sie belastete. Zum ersten Mal im Leben war ihr alles egal. Sie wollte nicht einmal daran erinnert werden, dass sie überhaupt existierte. Und die Leute, mit denen sie zusammen war, wollten nur ihren Spaß. Deshalb sprach niemand Kirsty auf den Tratsch an, der in der Nachbarschaft die Runde machte.

An Kirstys achtzehntem Geburtstag veranstaltete ich in unserem Haus eine Party. Ich kochte und lud ihre besten Freundinnen und die Familie ein. Aber sie ließ uns warten. Als sie endlich auftauchte, war sie betrunken. Es war Sommer, wir saßen den ganzen Abend im Garten. Kirsty bewegte sich wie in Trance, fiel ihren Freundinnen in den Schoß und merkte gar nicht, was um sie herum vorging. Viele junge Leute betrinken sich an ihrem achtzehnten Geburtstag. Doch ausgelassene, rebellische Teenager verhielten sich anders. Kirsty hatte ein Jahr lang in der Hölle gelebt und schien zu glauben, sie hätte nichts zu feiern.

Während die Leute, mit denen sie inzwischen meist herumhing, sie bereitwillig mit Alkohol versorgten, machte ihre Freundin Stephanie sich ernsthaft Sorgen um Kirsty. Sie sagte uns, sie wüsste nicht, wie sie Kirsty helfen sollte. Mum versuchte, mit Kirsty zu reden und ihr klarzumachen, wie viel Angst wir um sie hatten. »Das sieht dir gar nicht ähnlich, Kirsty. Du bist nicht so, wie du dich jetzt gibst.«

»Tatsächlich?« Kirsty konnte ihr nicht mal in die Augen schauen. »Wie kannst du das sagen, wo du doch weißt, was mein Vater getan hat? Vielleicht bin ich ja genau wie er.«

Mum ließ das nicht gelten. »Du bist überhaupt nicht wie David. Vergiss das nie. Du bist ein guter, anständiger Mensch. Er hatte andauernd irgendwelchen Ärger, aber du bist ganz anders.«

Noch immer staunte ich darüber, dass Mum ihren Sohn inzwischen in einem völlig anderen Licht sah. Aber Kirsty war taub vor Kummer und Selbsthass.

Sie verbrachte immer mehr Zeit mit Süchtigen und Dealern in heruntergekommenen Wohnungen. Ich fand sogar heraus, dass sie eine Zeit lang mit einem Drogenhändler zusammen war. Doch was sollte ich tun? Kelly und ich waren völlig ratlos. Noch nie zuvor hatte Mum gegenüber Kirsty streng sein müssen. Und nach der harten Zeit, die Kirsty hinter sich hatte, wussten wir alle nicht so recht, wie wir sie anpacken sollten. Meine älteste Tochter hatte Angst, so zu sein oder zu werden wie ihr Vater. Aber mich erinnerte sie vor allem an meine eigene traurigste und wildeste Zeit. Wenn ich daran dachte, wie furchtbar allein ich mich damals gefühlt hatte, blutete mir das Herz.

Ich beschloss, Kirsty zu mir ins Haus zu holen, damit ich sie besser im Auge behalten konnte. Doch bald zog sie zu Mum zurück, und dann verschwand sie wieder.

Meine Tochter hatte schwere körperliche und emotionale Probleme. Sie war völlig durch den Wind und schien entschlossen, sich zu Tode zu trinken. Dabei vertrug sie eigentlich gar keinen Alkohol. Bei ihr wirkte er besonders stark. Als Sechsjährige hatte sie einmal Wein aus dem Kühlschrank gemopst und die ganze Flasche ausgetrunken. Ich war damals mit ihr ins Krankenhaus gehetzt, wo man eine Alkoholvergiftung feststellte – ein ziemlich beängstigendes Erlebnis. Seither reagierte

Kirstys Körper auf Alkohol überempfindlich. Das wusste sie, aber es interessierte sie nicht. Es war eine Qual mit anzusehen, wie sie sich selbst zerstörte.

Ich bat meine Tochter, sich helfen zu lassen. Doch davon wollte sie nichts hören. Ein paarmal bemühte sie sich zwar um einen Termin bei einer Therapeutin, ging dann aber nicht hin. Lieber ertränkte sie ihre Sorgen im Alkohol. Es war, als wollte sie gar nicht, dass es ihr besser ging und dass sie ihr Leben wieder in den Griff bekam. »Ich bin Dreck«, behauptete sie immer wieder. »Ich bin wertlos. Ich werde sowieso genau wie er.«

Immer wieder versicherte ich ihr, dass sie sich täuschte. Aber ich drang nicht zu ihr durch. Ganz allein wollte ich sie ihren Kampf dennoch nicht kämpfen lassen.

Zusammen mit Kelly fuhr ich von nun an drei oder vier Abende pro Woche in seinem weißen Van ohne Sitze, den er für 100 Pfund erstanden hatte, durch die Gegend. Wir suchten Partys, zu denen Kirsty gegangen sein könnte. Wenn wir eine fanden, atmete ich tief durch, stürzte mich – Kellys Warnungen zum Trotz – ins Getümmel und suchte nach meinem kleinen Mädchen. Manchmal kam ich gerade in dem Moment dazu, in dem jemand sie anmachen wollte oder ihr noch mehr Alkohol einflößte. Dann warf ich mich dazwischen, stieß diese Leute von ihr weg und zerrte sie hinaus. Dass das nicht gerade unter vorbildliches mütterliches Benehmen fällt, ist mir klar. Aber nur so konnte ich Kirsty schützen. Die Kampfmutter zu mimen lag mir eigentlich nicht. Doch wenn ich mein Kind in einer brenzligen Situation sah, schaltete ich auf Autopilot, und meine Beschützerinstinkte gingen mit mir durch. Ich wollte allen zeigen, dass man sich besser nicht mit mir anlegte oder meiner Familie irgendwie schadete.

Weil sie so versessen darauf war, sich selbst zu zerstören, war Kirsty oft völlig willenlos. Die Idioten, mit denen sie herumhing, nutzten diesen Zustand hemmungslos aus. Dabei konnte ich nicht tatenlos zusehen. Kirsty hasste mich für meine Aktionen. Aber irgendetwas musste ich doch tun.

***

Den Kampf um Kirsty kämpften Kelly und ich gemeinsam. Immer wenn wir besondere Herausforderungen zu meistern hatten, war unsere Beziehung besonders eng und belastbar. Problemen stellten wir uns gemeinsam, und in meinen Augen war das gut. Wir mochten uns gelegentlich verantwortungslos verhalten. Doch wenn es hart auf hart kam, hielten wir zusammen.

Auch die anderen Kinder litten unter Kirstys Problemen. Sie hatten sich immer an ihr orientiert, weil sie die Älteste und Vernünftigste war. Die Jüngeren liebten Kirsty gerade wegen ihrer Charakterstärke. Sie jetzt so haltlos zu erleben brachte sie völlig durcheinander. Sam und Alicia machten sich furchtbare Sorgen. Doch ich ermunterte sie, einfach wie normale Teenager weiterzuleben, sich mit Freunden zu treffen und ins Kino zu gehen, damit sie nicht ständig über die Nöte ihrer großen Schwester nachgrübelten.

Der kleine Jamie bekam immer öfter besorgniserregende Zornanfälle. Er spürte die Anspannung im Haus und reagierte darauf auf seine Weise. Seine Lehrer sagten uns, er verhielte sich anderen Kindern in der Schule gegenüber aggressiv und würde Schlägereien anzetteln. An Kirk schienen unsere Dramen zum Glück weitgehend abzuprallen. Ich wünschte, das hätte ich auch über den Rest der Familie können. Es war so unfair, dass David selbst vom Knast aus noch einen derart negativen Einfluss auf unser Leben hatte.

In Kelly fanden die Kinder eine so wertvolle Stütze, dass sie anfingen, ihn Dad zu nennen. Als Sam das Wort zum ersten Mal aussprach, blieb Kelly stocksteif stehen. Tränen stiegen ihm in die Augen, doch er lächelte. Er war überglücklich, dass die Kinder ihn endlich als Vater betrachteten. Das war wie eine Auszeichnung für die aufopferungsvolle Fürsorge, mit der er uns durch die schwere Zeit geholfen hatte. Ein bisschen benommen flüsterte er: »Ich kann's nicht glauben.« Und ich war voller Freude, dass meine Kinder nun endlich eine ähnliche Vaterfigur hatten wie ich damals: stark, verlässlich und liebevoll. Ich wünschte mir nur, Kirsty würde erkennen, dass Kelly viel mehr ihr Vater war, als David es je sein konnte.

Wir alle wollten Kirsty helfen. Doch es schien, als könnte nichts den Nebel aus Kummer und Ekel durchdringen, in dem sie umherirrte.

Eines Abends war sie so betrunken, dass sie ihrer Schwester Sam sehr wehtat. Die beiden balgten sich zum Spaß. Aber weil Kirsty getrunken hatte, vergaß sie, wie stark sie war, und ging zu weit.

»Aua!« Sam schluchzte auf und krümmte sich vor Schmerz. »Du hast mich getreten! Was soll das?«

»O mein Gott. Was habe ich getan?« Kirsty wurde blass. »Ich wollte das nicht. Bist du in Ordnung? Es tut mir so leid.«

Kelly hatte die Schreie gehört und kam angerannt. »Was ist los, Sam? Ärgerst du deine Schwester?«

»Nein.« Kirstys Stimme zitterte. »Ich war's. Es tut mir leid. Ich war zu wild.«

Sam fehlte nichts, doch Kirsty hatte einen Riesenschreck bekommen. Vermutlich begriff sie in diesem Augenblick, dass es so nicht weitergehen konnte. Sie liebte ihre Geschwister und hatte sie als die Älteste immer beschützt. Aber weil sie inzwischen fast ununterbrochen betrunken war, benahm sie sich verantwortungslos. Endlich gingen Kirsty die Augen auf.

»So kann ich nicht weitermachen, Mum«, sagte sie, als Sam im Bett war. »Du hast recht. Ich mache alles kaputt.«

Ich nahm sie in den Arm und versprach ihr, ihr zu helfen.

Die Leute von Mosaic vermittelten ihr einen Termin in einer Suchtberatungsstelle namens Cedar Project. Die Frau, die sich dort um Kirsty kümmerte, half ihr zu verstehen, warum sie zur Flasche griff. Von da an trank Kirsty von Woche zu Woche weniger Alkohol und nach drei Monaten schließlich gar nichts mehr.

Bald lief meine Tochter zu neuer Hochform auf. Ich war ungeheuer stolz auf sie. Sie half mir und Kelly mit den anderen Kindern und wurde wieder Teil der Familie. Ich habe immer an Kirsty geglaubt und sie für eine starke Persönlichkeit gehalten. Sie hatte etwas Besseres verdient als das Leben in den Brennpunktvierteln, in denen sie aufgewachsen war. Trotzdem hatte sie sich im Gegensatz zu vielen anderen Kindern von Ärger immer ferngehalten. Für mich war das der Beweis, wie vernünftig sie war und dass sie die Stärke besaß, Nein zu sagen. Doch auch ihren vorübergehenden Absturz konnte ich verstehen. Sie war durch die Hölle gegangen und hatte nicht gewusst, wie sie wieder herausfinden sollte. Und ich hatte mich nur mit meinen eigenen Problemen beschäftigt, anstatt sie zu unterstützen. Dass Kirsty ihr Tief bewältigt hatte, zeugte von großem Mut und innerer Kraft. Gerne würde ich sagen, dass sie zu einer so wunderbaren jungen Frau herangereift ist, würde sie vor allem mir verdanken. Doch das wäre mehr als anmaßend. Sicher ist nur, dass ich sehr stolz auf sie bin. Und ich weiß, mein Dad wäre es auch gewesen.

Kirsty überlegte sich, ob sie an einem technischen College eine Ausbildung zur Automechanikerin machen sollte. Genau wie ihr Großvater liebte sie Motoren und wollte etwas Sinnvolles tun.

Doch das Schicksal hielt für Kirsty ein anderes Abenteuer parat. Anfang 2008 lernte sie Joe kennen und verliebte sich in ihn. Die beiden verbrachten viel Zeit miteinander, und Joe war ein guter Junge, der gerade seine Facharbeiterlehre absolvierte. Ich freute mich, dass Kirsty jemanden gefunden hatte, der sie liebte und der sie glücklich machte. Doch nach ein paar Wochen stellte sie fest, dass sie schwanger war. Das war ein großer Schock, weil es so plötzlich und unerwartet kam. Doch Kirsty strahlte vor Glück. Kinder hatte sie sich schon immer gewünscht und sich von Anfang an um Kirk gekümmert wie um einen eigenen Sohn. Für den Umgang mit Babys hatte sie ein natürliches Geschick, und ich wusste, sie würde eine großartige Mutter sein. Mit zwanzig das erste Kind zu bekommen war für unsere Gegend ziemlich gut. Als Kirsty mir von ihrer Schwangerschaft erzählte, drückte ich sie fest an mich. Nach den leidvollen letzten Jahren war das eine aufregende und schöne Sache. Es fühlte sich an wie ein Neuanfang.

Kirsty war schon immer sehr zierlich gewesen, die Schwangerschaft sah man ihr kaum an. Erst als sie im sechsten Monat war, zeigte sich langsam ein Babybäuchlein. Der Arzt versicherte uns, es wäre alles in Ordnung.

Wir fingen an, uns auf die Geburt vorzubereiten, und richteten in Mums Haus für ihren Urenkel ein Kinderzimmer ein.

Doch am ersten August bekam Kirsty unerwartet Probleme. Sie lag dösend auf Mums Sofa vor dem Fernseher, da spürte sie plötzlich einen heftigen Krampf. Kirsty weiß noch, dass sie sich hin und her wand und glaubte, sie hätte sich den Magen verdorben oder litte an Verstopfung. Doch Mum war sofort klar, dass es sich um Wehen handelte. Ein Krankenwagen wurde gerufen, und Joe rief Kelly an.

»Vicky, wir müssen ins Krankenhaus. Kirsty hat Wehen«, hörte ich Kelly rufen.

»Wie bitte?«, schrie ich.

Wir zwängten uns in Kellys Van und rasten zum Gray's Hospital. Als wir dort ankamen, hing Kirsty auf der Geburtshilfestation am Tropf, und die Schwestern versuchten, dafür zu sorgen, dass das Baby blieb, wo es war. Vierundzwanzig Stunden lang gab der Kleine Ruhe. Dann wollte er unbedingt das Licht der Welt erblicken. Drei Monate zu früh. Die Ärzte konnten ihn nicht daran hindern.

Angespannt wartete ich im Familienzimmer, während Mum mit im Kreißsaal war und Kirstys Hand hielt. Meine Erstgeborene bekam ein Kind. Der Gedanke war überwältigend. Plötzlich stürzte Joe herein.

»Vicky, sie will dich bei sich haben!«, rief er. Einen Augenblick lang zögerte ich.

»Schnell.« Kelly schob mich zur Tür. Als wir vor dem Kreißsaal standen, kam Mum heraus. Ich ging hinein, nahm die Hand meines kleinen Mädchens und stellte mich ans Kopfende des Bettes. Immer wieder wischte ich ihr mit einem feuchten Waschlappen die Stirn ab und ließ sie meine Hand fest zusammenpressen, wenn sie es brauchte.

Der kleine Danny Lee kam am 2. August zur Welt. Er wog 1.984 Gramm, doch Kirsty durfte ihr süßes Baby nicht einmal im Arm halten. Ihr Söhnchen wurde sofort in den Brutkasten gelegt.

»Er ist wunderschön.« Ich streichelte Kirstys Haar. »Er wird sicher bald groß und stark.«

Ich versuchte, so gelassen zu klingen wie nur möglich. Doch innerlich fühlte ich Panik. Bitte, lieber Gott, nimm uns dieses eine Gute jetzt nicht weg.

Die eigene Tochter ein Kind zur Welt bringen zu sehen war tief beeindruckend. Ich war sehr froh, bei diesem wunderbaren Ereignis dabei gewesen zu sein. Nun war ich eine dreiunddreißigjährige Großmutter. Dass nach all dem Schlimmen, das wir durchgemacht hatten, etwas so Schönes passierte, konnte ich beinahe nicht fassen.

In den nächsten drei Monaten entwickelte sich der kleine Danny prächtig. Kirsty nahm jeden Tag die halbstündige Fahrt ins Krankenhaus auf sich, setzte sich zu ihm und pumpte Milch für ihn ab. Doch nach einiger Zeit versiegte der Fluss, und Danny bekam das Fläschchen. Die Ärzte und Schwestern staunten über seine Fortschritte. Schon nach einem Monat wog er 3.700 Gramm und fing an, seine bis dahin noch schlaffe Haut auszufüllen.

Sobald Kirsty Mutter geworden war, sah ich sie in einem ganz anderen Licht. Mein erstes Kind würde sie immer bleiben, aber sie war jetzt erwachsen. Fast über Nacht blühte sie noch einmal richtig auf, wurde selbstbewusst und glücklich. Ich freute mich, dass meine Tochter ihre Mutterschaft als selbstsichere, reife Frau genießen konnte und nicht, wie ich damals, als traumatisiertes kleines Mädchen. Wenn ich doch Kirsty nur ohne die schrecklichen Umstände hätte bekommen können, die zu ihrer Geburt geführt hatten! Meine Liebe zu ihr wurde dadurch zwar nie geschmälert, doch ich weiß, dass es Zeiten gab, in denen ich sie vernachlässigte. Das bedaure ich inzwischen sehr, und ich hoffe, Joe wird zu Kirsty und Danny stehen und den beiden das Leben ermöglichen, das sie verdienen.

Mum, Kirsty und ich haben uns noch nie zusammengesetzt und alles durchgesprochen, was passiert ist. Und ich weiß nicht, ob wir das je tun werden. Mich hält die Angst davon ab, bei den beiden Wunden aufzureißen, und ich weiß, dass die zwei ebenfalls befürchten, mir wehzutun. Gelegentlich spekulieren wir über Davids Entlassungstermin. Doch über die Vergangenheit sprechen wir nie. Kelly hat mit Mum und Kirsty geredet und ihnen erzählt, was sie über damals wissen mussten. Doch im Herzen unserer Familie herrscht noch immer ein merkwürdiges Schweigen, das vielleicht niemals gebrochen werden wird. Deshalb bin ich froh, dass Kirsty nun jemanden zum Reden hat.

Kelly erzählte mir, dass Kirsty sich eine Zeit lang mit dem Gedanken trug, David im Gefängnis zu besuchen. Sie hatte eine lange Liste von Fragen. Doch letztendlich brachte sie es nicht fertig. Sie schaffte es nicht, ihm noch einmal in die Augen zu sehen.

Kirsty ist ein Beweis dafür, dass kein Mensch so werden muss wie seine Eltern. Ganz egal, wer und wie sie sein mögen. Sie hat eine Weile gebraucht, bis ihr das klar war. Doch jetzt arbeitet sie an einer glücklichen Zukunft für sich und ihren kleinen Sohn. Wenn ich sie mit Danny auf dem Arm sehe, stockt mir der Atem. Ich bin so stolz.

Den Mund aufmachen

Seit den Tagen, in denen ich als unschuldige Zwölfjährige im Garten eines Pubs mit meinem geliebten Hund Ben spielte, habe ich einen langen, beschwerlichen Weg zurückgelegt. Es fällt schwer, nicht wütend zu werden, wenn man daran denkt, dass ich achtzehn Jahre lang zum Schweigen verurteilt war. Angst, Einschüchterung und tiefe Unsicherheit schlossen mein Geheimnis in mir ein – und mich in meinem Geheimnis. Mitzuerleben, wie David immer mehr Menschen Unheil brachte, verstärkte meine Angst. Er zeigte mir ständig aufs Neue, wozu er fähig war, und leider ging seine Rechnung auf. Jedes Mal, wenn er etwas Schlimmes tat, vergrub ich die Missbrauchserlebnisse noch tiefer in mir. Nun endlich ist mein Schweigen gebrochen, und David sitzt im Knast, wo er hingehört. Im Moment.

Besonders belastend ist das Wissen, dass meine Reise noch nicht zu Ende ist. David sitzt seit drei Jahren, und ein Kontaktbeamter der Polizei hat mir mitgeteilt, er könnte demnächst in ein Freigängerprogramm aufgenommen werden. Die vergangenen Jahre hat mein Bruder im geschlossenen Vollzug verbracht, wo strenge Sicherheitsmaßnahmen die Gefangenen am Ausbrechen hindern. Jetzt könnte er als sogenannter Kategorie-D-Häftling in den offenen Vollzug wechseln. Damit wäre es ihm möglich, sich auf dem Knastgelände und in der Stadt frei zu bewegen – er muss sich nur täglich zu einer Art Zählappell melden. Ein solches offenes Gefängnis gibt es ganz in unserer Nähe in Tilbury. Was ist, wenn er dort landet? Mir und der ganzen Familie würde das schwer zu schaffen machen, und ich fürchte, dass unsere Probleme dann wieder von vorn anfangen würden.

Schon jetzt träume ich nachts davon, was David tun könnte, wenn er entlassen wird. In meinen Albträumen spürt er uns auf und bestraft jeden Einzelnen von uns auf brutalste Weise. Ich glaube nicht daran, dass er sich geändert hat oder dass ihm die letzten drei Jahre in Haft eine Lehre waren. In meinen dunkelsten Momenten stelle ich mir vor, dass er, sobald er entlassen wird, Rache sucht und erst ruht, wenn er bekommen hat, was er will. Ich mag inzwischen Mutter und sogar Großmutter geworden sein – Angst habe ich trotzdem noch vor ihm.

Dass der Richter der Meinung war, drei Jahre Haft wären angemessen, obwohl David mir fast zwanzig Jahre meines eigenen Lebens geraubt hatte, macht mich traurig. Gerechtigkeit stelle ich mir anders vor.

Aber ich möchte nicht, dass dieses Strafmaß auch nur ein einziges Opfer einer Vergewaltigung oder von Missbrauch davon abhält, den Täter anzuzeigen. Dieses Buch habe ich geschrieben, damit jeder erfährt, wie viel Schmerz und Kummer ich mir auflud, indem ich mein Geheimnis für mich behielt. Aus Angst, meiner Familie zu schaden, und aus Angst, David könnte mir Schaden zufügen, habe ich geschwiegen. Ich glaubte, keine andere Wahl zu haben. Dabei trug mein Schweigen vielleicht sogar dazu bei, dass David immer noch weitere Verbrechen begehen und andere Familien zerstören konnte: Helens und Sarahs. Damit muss ich nun leben. Mich quälen Schuldgefühle, weil ich vielleicht weiteres Unheil hätte verhindern können, wenn ich eher etwas gesagt hätte. David kann ich nicht verzeihen. Genauso wenig wie mir selbst. Ich war ein verstörtes kleines Mädchen, das sich vor der Welt und der Realität zurückzog. Das muss ich nun so akzeptieren.

Was David mir angetan hat, ist mir nicht mehr peinlich. Ich schäme mich nicht mehr, dass ich als Zwölfjährige nicht den Mut fand, mich gegen ihn zu wehren. Wer alles erfährt, dass ich missbraucht wurde, ist mir egal. Im Gegenteil: Je mehr Menschen dieses Buch lesen, desto besser. Vielleicht hilft es manchen von ihnen. Niemand muss sich schämen, vergewaltigt worden zu sein. Es ist nicht die Schuld des Opfers. Egal, was meine Leser sonst von diesem Buch halten – diese Botschaft sollten sie auf jeden Fall verstanden haben.

Wenn ich an die vielen Momente denke, in denen ich beinahe etwas gesagt hätte, möchte ich am liebsten weinen. Hätte ich damals doch nur meine Stimme und die richtigen Worte gefunden. Das einzig Gute an meinem langen Schweigen ist, dass mein Vater nie die Wahrheit erfahren musste. Das ist zwar ein schwacher Trost, aber wenigstens starb er, ohne zu wissen, was David mir angetan hatte.

Wenn ich irgendetwas gelernt habe, dann das: Opfer von Vergewaltigungen und sexuellem Missbrauch müssen die Kraft finden, sich Gehör zu verschaffen und für Gerechtigkeit zu kämpfen. Wir können die Täter nicht gewinnen lassen. Meine Geschichte soll anderen als Lehre dienen: Ein Geheimnis für sich zu behalten hilft niemandem. Schon gar nicht dem Opfer. Betroffene sollten sich an eine Person wenden, die stark ist und der sie vertrauen. Hat man diesen Menschen gefunden, muss man unbedingt den Mund aufmachen. Sonst vergiftet das Schweigen das Leben des Opfers und erhöht gleichzeitig das Risiko, dass noch weitere Frauen und Kinder zu Schaden kommen.

Erst schließt man ein Geheimnis in sich ein – dann wird man selbst zu seinem Gefangenen. Eines Tages werden meine Kinder dieses Buch sicher lesen und dann sehen, wie schmerzhaft die Jahre nach den Vergewaltigungen für mich waren. Hoffentlich zeigt ihnen das Buch, warum es Zeiten gab, in denen ich nicht wirklich für sie da war. Ich hasse mich für jeden Tag, an dem ich so tief in meine eigenen Probleme verstrickt war, dass meine Kinder nicht an erster Stelle standen. Von nun an möchte ich ihnen gerne zuverlässig eine gute Mutter sein und meine schlimmen Erfahrungen dazu nutzen, anderen zu helfen.

Ich träume davon, eine Hilfseinrichtung für Kinder zu gründen, denen es so erging wie mir. Ich möchte denjenigen helfen, die sich an den Rand gedrängt, vergessen und eingeschüchtert fühlten. Wenn dieses Buch nur einem Menschen Kraft gibt oder das Gefühl, weniger allein zu sein, wenn es nur eine einzige betroffene Person dazu bringt, den Mund aufzumachen, habe ich erreicht, was ich wollte.

Nachdem mein Bruder meiner Kindheit ein brutales Ende gesetzt hatte, als ich gerade einmal zwölf Jahre alt gewesen war, verlor ich die Lebenslust und den Drang, aus meinem Leben etwas zu machen. Ich wollte nicht mehr aus dem Haus, wollte mich nur noch an einem sicheren Ort verstecken. Inzwischen habe ich wieder Hoffnung und kann daran glauben, dass alles besser wird. Ich habe am eigenen Leib erfahren, dass man durch die Hölle gehen, diese Prüfung überstehen und gestärkt daraus hervorgehen kann. Jetzt bin ich in der Lage, Pläne für eine bessere Zukunft zu schmieden. Ich möchte etwas Sinnvolles tun. Dieses Buch zu schreiben war in gewisser Weise wie eine einzige, sehr lange Therapiesitzung. Es gab mir die Chance, alles noch einmal zu durchdenken und neu zu bewerten. Ich bin begierig darauf, in die große weite Welt hinauszutreten und nachzuholen, was ich alles verpasst habe. Ich möchte mit anderen Menschen zusammen sein und Spaß haben. Gerne würde ich an einem College eine Ausbildung für Alternativtherapien machen und Seniorenwohnprojekte besuchen. Zum ersten Mal im Leben habe ich Träume für mich selbst und nicht nur für meine Familie.

Dabei weiß ich genau, dass ich es ohne Kelly nie so weit geschafft hätte. Er ist mehr als nur mein rettender Ritter geworden – er hat mir zu einem neuen Leben verholfen. Leicht habe ich es ihm dabei nicht gemacht. Auch er hat viel gelitten. Er spricht darüber, als wäre es seine Pflicht gewesen, uns zur Seite zu stehen. Doch ich weiß, dass sehr viele Männer einfach verschwunden wären. Er tat es nicht. Er blieb und war da, als es hart auf hart kam. Hier sind seine Gedanken:

> Als Vicky ihr Schweigen brach, änderte sich mein Leben komplett. Ich wurde endgültig zum Mann. Ich musste erwachsen werden und erkennen, was es wirklich bedeutet, Verantwortung zu übernehmen. Bevor ich Vicky kennenlernte, driftete ich einfach so dahin. Doch durch sie habe ich gelernt, dass man nach einer schwierigen Phase und einer harten Zeit am Ende ein besserer Mensch sein kann.
>
> Meine Familie ist jetzt der Mittelpunkt meines Lebens. Wenn ich nicht bei meinen Lieben bin, fürchte ich immer, ihnen könnte etwas zustoßen. Ich möchte sie am liebsten rund um die Uhr beschützen.
>
> Viel zu oft hatte ich Angst, Vicky zu verlieren. Sie war so tief unten, so deprimiert, dass ich nicht wusste, wie ich ihr noch helfen sollte. Aber gemeinsam haben wir es geschafft. Ich habe ihr gezeigt, wie stark wahre Liebe

ist. Manchmal brachte die Angst mich fast um. Die Angst um Vicky, um mich und unsere Familie. Aber auch diese Phase haben wir gemeinsam überstanden.
An meiner Liebe zu Vicky zweifelte ich nie. Es gab Zeiten, in denen ich mich fragte, ob sie mich liebt. Ständig versuchte ich ihr klarzumachen, dass meine Liebe echt war und dass ich mich nicht aus dem Staub machen würde. Für mich änderte sich nichts, als ich hörte, was David ihr angetan hatte. Vielleicht wurde meine Liebe dadurch sogar noch tiefer, weil ich mich noch mehr um Vicky kümmern wollte und mir wünschte, ich hätte sie schon damals beschützen können. Noch immer kriege ich am ganzen Körper eine Gänsehaut, wenn ich mir vorstelle, was sie erdulden musste. Als ich unseren Bekannten sagte, was passiert war, war das jedes Mal sehr schmerzhaft. Denn ich sprach nicht über eine Fremde, ich sprach über meine Frau.
Für David empfinde ich bloß Mitleid. Für mich ist er ein ganz jämmerlicher Mann. Er tat alles, um das Leben seiner Familie zu ruinieren, doch das ist ihm nicht gelungen. Letztendlich hat er vor allem sein eigenes Leben zerstört. Wenn er aus dem Knast kommt, werde ich dafür sorgen, dass er weder Vicky noch den Mädchen auf irgendeine Art zu nahe kommt. Ich werde alles tun, was in meiner Macht steht, damit sie ihn nicht mehr sehen müssen.
Stolz bin ich, weil Vicky sich nach achtzehn langen

Jahren ausgerechnet mir anvertraut hat. Sie hat ihre tiefsten, dunkelsten Geheimnisse mit mir geteilt, und das vergesse ich ihr nie. Ich hoffe nur, dass ich ihr helfen konnte und sie das Gefühl hat, dass ihr Vertrauen in mich gerechtfertigt war.

Kelly und ich sind jetzt viel glücklicher. Wir reden und lachen häufig miteinander. Ich weiß nicht einmal, wann wir uns zuletzt gestritten haben. Noch immer nehmen wir jeden Tag, wie er kommt, denn noch sind nicht alle Wunden verheilt.

Die Geburt des kleinen Danny hat uns allen geholfen, wieder an die Zukunft zu glauben und einen Neuanfang zu wagen. Das gilt auch für Mum. Weil Jamie und Kirk mich ziemlich auf Trab halten, fährt Mum jeden Tag mit Kirsty zu Danny ins Krankenhaus. Sie unterstützt ihre Enkelin sehr und ist eine begeisterte Urgroßmutter. Eigentlich müsste ich nichts als tiefe Dankbarkeit empfinden. Doch mein Verhältnis zu Mum hat nach wie vor Höhen und Tiefen. Vermutlich ist das nach allem, was wir durchgemacht haben, ganz normal. Die Vergangenheit loszulassen fällt uns schwerer, als mir lieb ist. Ich stehe für immer in Mums Schuld, weil sie Kirsty zu sich genommen und sich um sie gekümmert hat, als ich ihr keine richtige Mutter sein konnte. Doch über die Jahre ist mein Geheimnis zwischen Mum und mir zu einer Mauer geworden, die sich selbst jetzt nur sehr schwer wieder abtragen lässt.

Dafür, dass ich nicht über David reden will, hat Mum Verständnis. Sie stellt keine Fragen. Aber vielleicht will ein Teil von ihr auch gar nicht hören, was ich zu sagen hätte. Auch ich möchte lieber nicht allzu genau wissen, was Mum inzwischen für meinen Bruder empfindet. Sie hat ihn immer bedingungslos geliebt und geradezu vergöttert. Deshalb könnte ich mir vorstellen, dass sie im Grunde ihres Herzens noch immer hofft, er würde sich ändern. Für mich hingegen ist mein Bruder, nach allem, was er mir, Helen und Sarah angetan hat, nicht mehr und nicht weniger als ein Monster.

Als ich noch ein kleines Mädchen war, wurde mir mein Leben von einem Menschen entrissen, dem ich eigentlich hätte vertrauen sollen. Danach schlug ich mich achtzehn Jahre lang mit einem dunklen, vergiftenden Geheimnis herum. Anstatt mit meinen Puppen zu spielen, musste ich plötzlich Mutter sein. Nichts konnte ich mehr mit der Unbeschwertheit anderer Mädchen in meinem Alter tun. An allem klebten Angst und Ekel. Wie sich Bitterkeit anfühlt, lernte ich früher als andere Mädchen, und darüber bin ich noch immer sehr wütend. Wenn ich Gleichaltrige lachen und spielen sah, empfand ich den Neid auf sie wie einen körperlichen Schmerz. Ich wünschte mir, ich könnte die Zeit zurückdrehen und die Vergewaltigungen ungeschehen machen. Doch leider war das nicht möglich.

Die exzessive Partyphase, die ich später durchlief, war

nur der verzweifelte Versuch, wieder ein unbeschwertes junges Mädchen zu sein. Meine Töchter nun als ganz normale Teenager zu erleben, die all die Dinge tun, die ich verpasst habe, begeistert mich. Es macht Spaß, mit ihnen über Jungs zu reden, über Mode und die Schule. Dass sie so glücklich sind, ist in gewisser Weise eine Entschädigung dafür, dass David mir meine eigene Jugend gestohlen hat.

Wenn ich Sam, meine jüngste Tochter, ansehe und mir überlege, wie deprimiert und verwirrt ich in ihrem Alter war, steigen mir manchmal Tränen in die Augen. Ich kann mir einfach nicht vorstellen, was einen erwachsenen Mann dazu bringt, über ein hilfloses Kind herzufallen. Wenn jemand Sam oder meinen anderen Kindern so etwas antun würde, wäre ich zu allem fähig.

Die Tortur, die hinter mir liegt, hat mich Männern gegenüber vielleicht zu misstrauisch werden lassen. Schon jetzt mache ich mir Sorgen, was passieren kann, wenn meine Mädchen sich eines Tages verlieben. Denn wer verliebt ist, ist verwundbar. Am liebsten würde ich sie in Watte packen und vor jedem und allem schützen. Doch ich weiß, dass das nicht geht. Ich gebe mir Mühe, meine Einstellung zu Männern nicht auf meine Töchter abfärben zu lassen. Sie sollen ein glückliches Leben führen, das nicht von Angst beherrscht wird.

Wenn ich mir für meine Kinder etwas wünschen könnte, dann, dass sie immer jemanden haben, dem sie sich anvertrauen können und der sie liebt. In mancher

Hinsicht haben meine Erfahrungen mich zu einer besseren Mutter werden lassen. Meine Kinder können mit jedem Problem zu mir kommen. Keines von ihnen soll je erleiden müssen, was ich erlitten habe – vor lauter Angst, von einem Geheimnis erdrückt zu werden.

Auch für mich hat die Geschichte ein glückliches Ende gefunden. Mit Kellys Unterstützung habe ich die Kraft gefunden, mich gegen meinen Vergewaltiger zu wehren, indem ich über seine Taten sprach. Dass ich die Wahrheit gesagt habe, bereue ich nicht. Der lange, emotional so beschwerliche Weg, den ich dafür zurücklegen musste, hat sich gelohnt. An dem Tag, an dem ich endlich beschloss, den Mund aufzumachen, wurde mir mein Leben neu geschenkt.

Epilog

Das letzte Wort soll meine tapfere und wunderbare Kirsty haben, die trotz aller Widrigkeiten eine starke Frau und großartige Mutter geworden ist. Und die beste Tochter, die eine Mutter sich wünschen kann.

> Als ich noch jünger war, hat David mich immer anders behandelt als meine Geschwister. Sam und Alicia besuchten mich oft bei Oma, und weil auch er häufig da war, fielen mir ein paar Sachen auf.
> Wenn Sam oder Alicia David störten oder aus dem Schlaf rissen, wurde er wütend und schrie sie an. Mir gegenüber benahm er sich anders. Das merkte ich ziemlich bald.
> Hin und wieder weckte ich ihn absichtlich, um es auszuprobieren. Doch er sagte nie ein Wort. Als Kind fand ich das lustig und fühlte mich privilegiert, weil ich mir alles herausnehmen konnte. Den Grund für Davids Verhalten kannte ich ja nicht. Zu allen anderen war er widerlich und hatte keine Geduld mit ihnen. Mit mir unterhielt er sich und war nett. Ich glaubte, das sei so, weil ich älter und reifer war als meine Geschwister und auch weil er und ich bei seiner Mutter zusammen unter einem Dach lebten. Aber als ich die schreckliche Wahrheit erfuhr, ver-

stand ich, was wirklich hinter seinem Verhalten steckte.
Kurz bevor Mums Geheimnis ans Licht kam, hatte ich einen Berufsberatungstermin beim Prince's Trust. Sehr selbstbewusst bin ich nie gewesen, deshalb war ich ziemlich nervös. Ich machte mir viel zu viele Gedanken, und als die Damen vom Trust an Omas Tür klingelten, flüchtete ich aus dem Haus. Ich wusste nicht, wohin, und stand irgendwann plötzlich am Flussufer. Erstaunlicherweise lief David mir nach und sah mich dort stehen. Er wirkte so ruhig, dass es schon unheimlich war.
»Ist alles klar?«, fragte er. »Wovor bist du denn weggelaufen?« Dann versuchte er, mich zu beruhigen und mir zu erklären, wie ich meine Nerven in den Griff bekommen konnte. Er zeigte mir eine Atemtechnik, mit deren Hilfe ich es schaffen sollte, das Gespräch durchzustehen. Als wir nach Hause kamen, waren die Frauen bereits wieder gegangen. Aber David half mir, einen neuen Termin zu vereinbaren.
Dass ich Davids Liebling zu sein schien, war mir manchmal regelrecht unangenehm. Es war merkwürdig, dass er mich so nett behandelte und sich allen anderen gegenüber so aggressiv verhielt. Wegen seiner Unberechenbarkeit waren mir seine Anfälle von Freundlichkeit oft unheimlich. Etwas an ihm war stets rätselhaft und irgendwie bedrohlich. Als Kind verstand ich das nicht. Für einen typischen Onkel

war er nicht normal genug, für einen Ersatzbruder zu distanziert. Er passte einfach in keine Schublade. Irgendwann war David für mich nur noch der Mann, der nett zu mir sein wollte, den meine Mutter hasste und der ständig Ärger hatte. An ihm war so vieles so seltsam, dass ich keine Worte dafür fand.

Mein Leben lang hatte ich mich gefragt, wer wohl mein Vater war. Mum hatte mir erzählt, mein Erzeuger sei ein Junge in ihrem Alter gewesen, den sie auf einem Campingplatz kennengelernt hatte. Dieses Märchen tischte sie allen auf. Weil sie beide so jung gewesen seien, behauptete sie, hätte der Junge die Verantwortung für mich abgelehnt. Selbstverständlich log sie mich nicht gerne an. Aber damals hatte sie diese Lüge bereits so vielen Leuten erzählt, dass sie sie langsam selbst glaubte. Oft überlegte ich, ob ich meinem Dad wohl ähnlich sah. Dachte er manchmal an mich? Als Teenager brachte ich es nicht mehr fertig, meiner Mutter Fragen zu stellen. Ich wusste, dass sie nicht über meinen Vater reden wollte, und ich wollte ihr nicht wehtun, indem ich immer wieder davon anfing. Deshalb vermied ich das Thema. Ich hatte eine gute Familie, eine Mutter und eine Großmutter, die mich liebten. Also zwang ich mich, nicht mehr darüber nachzugrübeln, wer mein Vater sein mochte.

Mit siebzehn zerbrach meine Welt. Zu erfahren, dass David mein Vater war, stürzte mich in einen hochkomplizierten emotionalen Zustand – eine Mischung aus Schock, Ekel und dem Gefühl, nun manches viel besser verstehen zu können. Immer hatte ich Genaueres über meinen Vater wissen wollen. Aber als ich es dann erfuhr, bedeutete es die größte denkbare Enttäuschung. Was ich hörte, wollte einfach nicht in meinen Kopf. Mein Vater war gleichzeitig mein Onkel und hatte meine Mutter vergewaltigt. Ich hoffte, das wäre alles ein gigantisches Missverständnis. Doch meine Mutter kannte die Wahrheit.

Die ersten Tränen kamen im Schock. Später weinte ich aus Mitleid für meine Mutter. Ich liebte sie so sehr, und bei dem Gedanken, dass sie vergewaltigt worden war, bekam ich eine Gänsehaut. Dass sie so schrecklich gelitten hatte, konnte ich nicht akzeptieren. Was ich erfahren hatte, verarbeitete ich nur Stück für Stück. Anfangs verstand ich bloß, dass Mum missbraucht worden war. Ich schob meine eigenen Gefühle beiseite und dachte nur an sie. Für Mum müssen diese Erlebnisse grauenhaft gewesen sein. Für mich war es leichter, alles aus ihrer Perspektive zu sehen, mich mehr mit ihrem Schmerz zu beschäftigen als mit meinem. Weshalb sie diese scheußliche Wahrheit so lange für sich behalten hatte, verstand ich gut. Wie sollte man Worte finden, um ein so schreckliches Geheimnis mit jemandem zu teilen?

Manchmal frage ich mich, ob es nicht besser für mich gewesen wäre, wenn ich nie erfahren hätte, wer mein Vater ist. Eine Antwort auf diese Frage gibt es nicht.

Ich weiß, dass Mum Probleme hatte, mit ihrem Leben klarzukommen. Am Ende blieb ihr keine andere Wahl, als uns einzuweihen. Letztlich verhalf ihr das zu einem gewissen inneren Frieden. Mit ihren Lügen wollte sie mich eigentlich schützen. Deshalb kann ich sie ihr nicht übel nehmen. Jetzt, wo ich ein eigenes Kind habe, verstehe ich dieses Bedürfnis, alles Schlimme um jeden Preis von ihm fernzuhalten. Mum tat damals, was sie für das Beste hielt, und das kann ich ihr nicht vorwerfen. Außerdem war sie, als alles passierte, noch ein Kind.

Anfangs sorgte der bevorstehende Prozess für so viel Wirbel, dass es leicht war, meinen Schmerz weiterhin wegzuschieben. Doch immer, wenn ich allein in meinem Zimmer saß, dachte ich an David, empfand bitteren Hass und Schmerz. Ihn als meinen Vater zu betrachten, das konnte ich nicht. Lieber konzentrierte ich mich wieder auf Mum – das war einfacher. Doch nach einiger Zeit konnte ich meinen eigenen Kummer nicht mehr verdrängen.

Dachte ich an David, dann dachte ich auch an meine Kindheit. Nun wusste ich, warum er so nett zu mir gewesen war und mich anders behandelt hatte als die anderen – aber auch, warum es mir unmöglich gewesen war, sein Verhalten zu verstehen. Nie wäre ich darauf gekommen, dass er mein Vater sein könnte. Er war ein brutaler Vergewaltiger und Killer und ich seine Tochter. Als mir das immer bewusster wurde, fühlte ich nur noch Ekel und Kälte. Was sollten die Leute von mir denken? Würden sie mich ebenfalls hassen? Ich fragte mich, ob ich eines Tages genauso sein würde wie David – dazu verdammt, ein Leben voller Verbrechen und Gewalt zu führen. Durch meine Adern floss sein Blut. War ich so brutal und herzlos wie er? Während ich mich um eine Mutter gesorgt hatte, hatte ich meine eigenen Gefühle absichtlich verdrängt. Doch nun wuchs der Selbsthass in mir, weil ich Davids Tochter war. Ich verachtete mich. Aber Mum und Oma halfen mir, meine innere Stärke wiederzufinden. Nach einiger Zeit erkannte ich zum Glück, dass ich nicht wie David war.

»Du bist eine eigenständige Persönlichkeit, Kirsty«, sagte Oma.

»Was aus deinem Leben wird, bestimmst du.«

Langsam glaubte ich selbst wieder, dass es an mir lag, was ich aus meinem Leben machte. Ich versprach mir, nie so zu werden wie David.

Inzwischen habe ich mehr Angst vor ihm als damals als Kind. Als kleines Mädchen ahnte ich ja nicht, was er anderen Menschen angetan hatte. Aber seit ich das ganze Ausmaß dessen kenne, wozu er fähig ist, fürchte ich ihn wirklich. Ein Teil von mir will mit ihm reden, will auf viele Fragen Antworten haben. Doch ich bin schon so lange ohne einen Vater klargekommen und weiß jetzt, dass ich ohne ihn besser dran bin. Genau wie Mum will ich ihn nicht mehr in unserem Leben haben.

Immer noch denke ich hin und wieder darüber nach, was uns als Familie alles passiert ist. Doch im Lauf der Zeit werden diese Momente seltener. Ich möchte einfach weiterleben, denn inzwischen habe ich selbst ein Kind und sehe das Leben mit anderen Augen. Mein Sohn bedeutet mir alles, für mich ist er das Wichtigste, was es gibt. Selbst Mutter zu werden hat mir gezeigt, warum Mum mich vom Augenblick meiner Geburt an geliebt hat, obwohl ich durch eine Vergewaltigung gezeugt wurde. Ein Kind zur Welt zu bringen ist ein Akt der Liebe, und die Liebe, die in diesem Augenblick geboren wird, ist größer als alles andere.

Mir wird auch immer klarer, warum Mum ihr Geheimnis so lange für sich behalten hat. Sie wollte mich schützen, und ich würde für Danny dasselbe tun.

Einmal wollte ich mich umbringen, aller Verwirrung und allem Schmerz entfliehen. Doch ich bin erwachsener geworden. Jetzt ist Danny mein Leben, und ich möchte die Zeit mit ihm genießen. David ist nur eine ferne Erinnerung; er hat jetzt nichts mehr mit unserer Familie zu tun. Ich hoffe, er verrottet im Knast.

Die Liebe einer Familie ist unbezahlbar, und meine Mutter liebt mich von ganzem Herzen. Sein ganzes Leben lang soll mein Sohn Danny sich von mir ebenso geliebt fühlen wie ich mich von Mum.